JÖRG STEINERT

LA LEGION
DIE SPANISCHE ELITETRUPPE

BOEL-Kämpfer beim Überwinden eines tiefen Geländeeinschnittes am Hochseil.

JÖRG STEINERT

LA LEGION

DIE SPANISCHE ELITETRUPPE

Einbandgestaltung: Nicole Lechner, unter Verwendung einer Vorlage des Verfassers.

Vorsatz vorne: Wüstenkrieger, wüste Krieger? »Pepe« Razena, inzwischen Hauptmann, führt eine Gruppe Legionäre durch wüstenähnliches Gebiet. Der Offizier war immer Legionär und will als Legionär sterben.
Er dient jetzt der Legion in Albanien.
Vorsatz hinten: BOEL-Legionäre üben den Bajonettangriff unter gefechtsnahen Bedingungen.

Bildnachweis:
Copyright © by Agentur WHITE STAR/Hamburg

ISBN 3-613-01852-7

Copyright © by Motorbuch Verlag, Postfach 10 37 42, 70032 Stuttgart.
Ein Unternehmen der Paul Pietsch-Verlage GmbH & Co.

1. Auflage 1997
Der Nachdruck, auch einzelner Teile, ist verboten. Das Urheberrecht und sämtliche weiteren Rechte sind dem Verlag vorbehalten. Übersetzung, Speicherung, Vervielfältigung und Verbreitung einschließlich Übernahme auf elektronische Datenträger wie CD-Rom, Bildplatte usw. sowie Einspeicherung in elektronische Medien wie Bildschirmtext, Internet usw. ist ohne vorherige schriftliche Genehmigung des Verlages unzulässig und strafbar.

Lektor: Martin Benz M.A.
Innengestaltung: Viktor Stern
Reproduktion: Gerold Schmid, 70469 Stuttgart
Druck: Studio-Druck, 72622 Raidwangen
Bindung: E. Riethmüller, 70176 Stuttgart
Printed in Germany

AUFRUF
Wer Fotos, Briefe, Aufzeichnungen, Erlebnisberichte von/über die spanische Fremden-Legion besitzt, oder eine Quelle benennen kann – veröffentlicht oder nicht veröffentlicht – und diese Unterlagen oder Fotos für eine weitere Veröffentlichung über die spanische Legion (1920 bis 1990) zur Verfügung stellen möchte, wende sich bitte an:

Spanish Connexion
Brüderstrasse 2
20355 Hamburg

Dank

Zuvor ein Wort zur spanischen Legion: Sie hat ein Problem, das höher angelegt ist, als das übliche Latten-Maß für Soldaten-Verbände in Demokratien. Die Legion leidet an einem ausgereiften Kommunikations-Syndrom: Die Öffentlichkeit scheint der ausgemachte Feind der Legion zu sein, und umgekehrt gilt der spanischen Legion alle Haßliebe der Sensations-Reporter, die mit schlecht recherchierten Knallern in ihren Blätter Leser locken.

Die einst kunterbunte, verwegene und nur auf treue Gefolgschaft eingeschworene Truppe der Legionäre fühlt sich von den heutigen Medien ungerecht behandelt – was richtig ist – unternimmt jedoch, außer ein paar lahmen Aktionen, nichts, um das Bild von *La Legión* zu ändern.

Wie agieren nun die Oberen von *La Legión* auf dem umstrittenen Feld für eine saubere Berichterstattung und für ein sachliches, propperes Selbst-Bildnis der Legion? Überhaupt nicht, die Truppe igelt sich ein. Nicht die einfachen Legionäre trotzen, nicht die Unteroffiziere, nicht die Leutnants und nicht die Hauptleute verwehren der Presse den Zutritt in ihre Kasernen und Camps. Im Gegenteil: Sie wären begeistert, wenn über ihr Dasein berichtet werden würde. Aber ab *Comandante,* ab Major schwindet alle Begeisterungs-Fähigkeit.

Gegen jedes Übel gibt es eine Waffe. Meine hieß **Mirjana**. Unermüdlich stellte sie der Geister-Truppe nach und schaffte es – nach vielleicht 354 Versuchen, Kontakte zu den jeweiligen *Chefes*, für kurze Zeit und leidlich haltbar, zu knüpfen. Ohne Mirjanas Hilfe und die vielen Entlastungs-Operationen meiner Mitarbeiterinnen **Petra, Monica** und **Judith** wären nicht die Fotos entstanden und nicht dieses Buch. Dafür sollte ihnen die Legion danken, ich jedenfalls tue es überschwenglich und geniere mich für die *Novios de la Muerte* ab Majors-Rang. Sollte ich jemals in Verlegenheit kommen, eine Legions-Einheit aufstellen zu müssen, würde ich, zumindest beim ersten Anlauf, Frauen wählen…

Zwei *Chefes de la Legión* in potenter Stellung möchte ich von meinem Genörgel ausdrücklich ausnehmen: **Coronel Máximo de Miguel Page,** Chef des *Tercios* »Gran Capitan« in Melilla, und **Teniente Coronel** José López Hijós, Gründer und Chef der BOEL in Ronda, beide heute Generäle. Ihr herzliches, aufrichtiges und sehr offen-direktes Entgegenkommen haben mich davor bewahrt, an der Legion zu verzweifeln. Ihnen und dem deutschen **Oberst Ulrich Twrsnick** möchte ich für ihre Geduld, die sie mit mir in reichem Maße hatten, danken.

Madrid, November 1998 Jörg Steinert

Inhalt

Vorwort 6

Einzug in Afrika

Millán Astray: Warum, wo und wie er
die Legion gründet 7

Kämpfe in Marokko

Das Desaster von Annual und der
Wettlauf um Melilla 19
Die Niederwerfung des Rifs 37

Das ideologische Rüstzeug der Legion

Die Hymne und das Lied vom
»Verlobten des Todes« 83
Die zwölf Gebote des Millán Astray . . 96
Buschido – Der Legionär als Samurai . 109

Cristo de la Buena Muerte – Die
Legion als Pate eines Gekreuzigten . . 121

Auszug aus Afrika

Deserteure, Putschisten,
Flugzeugentführer 131

Fluchtpunkt Legion: Endstation oder neue Chance

Entweder tot oder als Held 145
Eine neue Haut ist wie ein neues
Leben – aber zuerst gehts durch
die Hölle. 161

Frieden für andere – Neue Aufgaben für Legionäre

Eine Reportage 165

Einzug in Afrika

Millán Astray: Warum, wo und wie er die Legion gründet

Betrunken war der Mann wie sieben Russen, eingedreckt bis über den Mützenrand von Zementbrocken und Erde, wild entschlossen den furiosen Auftakt der Ballsaison der Anarchisten noch nach bürgerlichen Regeln zu eröffnen: »Schenken Sie mir dieses Tänzchen, Gnädigste, ich bitte ergebenst darum,« krähte er heiser und riss sich für eine wilde, weitausholende Verbeugung die Mütze vom Schädel, was einen mittleren Sandsturm zur Folge hatte. Sodann packte er mit beiden Händen, nachdem er seine Kopfbedeckung wieder schwungvoll an der alten Stelle angelandet und mit einem Ruck festgesetzt hatte, seine Tanzpartnerin – ein Bündel aus schwarzem Tuch und weißen Kopfbandagen, eine Nonne im Zustande fortgeschrittener Verwesung, einem Sarg entnommen. Johlend hob er die Tote hoch und schwenkte sie nach Kräften im Kreise, bis auch der letzte Halt, den die Leiche noch hatte, zerriß.

Der Totentänzer ließ die Knochen fallen, lachte und wandte sich seinen Kumpeln zu, die damit beschäftigt waren, unter derben Verwünschungen Heilige von den Säulen zu stoßen: »Hier kommt ein Schwuler geflogen, Schwesterchen, ein Bote des Himmels!« Krachend und splitternd sausten die Figuren zwischen skelettierte Nonnen, die man alle-

Rifeños, **aufständische Rif-Kabylen, einer** *Harca moruna,* **eines etwa 800 Mann starken Bataillons.**

samt aus ihren moderigen Grüften geholt hatte, beleuchtet vom hellen Widerschein der Klostermauern, befeuert von der roten Glut zusammengeschobener und in Brand gesteckter Kirchenbänke und Beichtstühle.

Betrunkene Arbeiter riskierten noch viele Tänzchen im Totenreich der frommen Schwestern, dann kam das Standrecht über sie. Die Armee schoß den Aufstand anarchistischer Arbeiter der militanten Organisation »Schwarze Hand« zusammen, Spanien hatte einen Begriff mehr für politische Wirren: *Semana trágica* – Tragische Woche: 163 Anarchisten, Polizisten, Zivilisten blieben auf der Strecke. Der Brandgeruch von 48 Kirchen und Klöstern, die im Verlauf des Aufruhrs in Barcelona in Flammen aufgingen, lag über der Stadt am Mittelmeer. Man schrieb das Jahr 1909, die Hauptstadt der Katalanen galt bereits als »politisch stürmischte Stadt Europas«, Spanien hatte mit Generalstreik, Bombenanschlägen, Krawallen und Manifestationen jeglicher Art bereits ausreichend Erfahrungen sammeln können. Es sollte noch dicker kommen...

«Die Welt ist alles, was eine Falle ist»

Schuld am Aufruhr in Barcelona hatte die Armee, die in Nordafrika im Kampf gegen die berberischen Rif-Kabylen eine schmähliche Niederlage bei Melilla erlitten hatte und in aller Eile katalanische Reservisten einberief, um die wankende Front zu stabilisieren. Das brachte den afrikanischen Blut-Bottich – ein ungelenk gezimmertes Fass ohne Maß, Boden und Deckel – zum überlaufen: Katalanen, Nationalisten und Anarchisten wollten nicht länger in einen spanischen Krieg ziehen, dessen Sinn sie nicht verstanden: Spanische Bürger hatten in Marokko nichts zu suchen, der Krieg ruinierte die Staatsfinanzen und war nicht zu gewinnen. Der Aufstand, der anfänglich der Militärführung galt – die Aufständischen hofften, ihre Rebellion würde in die Reihen der Truppen getragen werden – richtete sich am Ende gegen die ganze alte Ordnung, die den Staat trug und die von den besitzlosen Spaniern immer weniger ertragen wurde.

Nach drei Bürgerkriegen, sieben Staatsstreichen und sechs Verfassungen in knapp 100 Jahren war

Ein erstes Werbeplakat der Legion: »Spanier und Ausländer! Auf zur Truppe!... Die Legion erwartet Euch!« Unten wird die Besoldung und das Handgeld aufgelistet.

Spanien am Ende und die Armee in politischen und militärischen Auseinandersetzungen verschlissen. Totentanz in Spanien. Keiner ahnte einen mörderischen Marathon mit allen Schikanen voraus: Niederlage, Sieg und schließlich Flucht aus der afrikanischen Kür, abrupte Partnerwechsel bei diversen Staatsgalas mit Bomben und Pistolen, gefolgt von Darbietungen blutberauschter muselmanischer Säbeltänzer aus Afrika auf christlichem Boden, singender Kreuzzug-Legionäre, internationaler und roter Brigaden auf spanischen Äckern.

Kein Mensch mit noch so hohen seherischen Gaben wäre in der Lage gewesen, das vorauszusagen, aber alle Spanier und die Freunde Spaniens mühten sich in der Vergangenheit nach Kräften, damit es so kommen mußte. Jeder trug auf seine Weise dazu bei und hoffte auf die guten Folgen. Schicksal nennt man den Lauf der Dinge und alle liefen mit, ein jeder in seine Falle. Die Zukunft wird nicht anders zu erreichen sein. »Die Welt ist alles, was eine Falle ist«, wußte schon Ludwig Wittgenstein, Vater der modernen Logistik und österreichisch-englischer Philosoph (1889–1951).

Ein knappes Dutzend Jahre nach der *Semana trágica*, die afrikanischen Truppen Spaniens sind noch härter in Bedrängnis, kleben an den Häuserwänden Barcelonas und anderer Hafenstädte plötzlich Plakate, die Aufsehen erregen: »Ausländer! Schreibt Euch in die Truppe ein! Das *Tercio* der Ausländer ist ein Infanteriekorps und seine Soldaten stehen unter dem Schutz der Truppe. Es ist ein ehrenhaftes Korps. In den Schlachten werdet Ihr einen ehrenwürdigen Platz einnehmen. Die Uniform ist prächtig, die Bezahlung gut, das Essen regelmäßig und ausreichend. Es werden ordentliche, disziplinierte, tapfere Soldaten verlangt, die eine ehrenvolle Waffen-Karriere erwartet!«

Auf den Plakaten reckte sich ein straffer Uniform-Träger wie ein kerzengerader Flaggenmast in den Himmel empor, ein flammender Löwe und die spanische Flagge sorgten für weiteren Informations-Hintergrund. Darauf stand gedruckt, was damals viele Hungerleider interessierte: Wer sich für fünf Jahre verpflichtete, bekam als Ausländer 600 Peseten sofort auf die Hand, bei vier Jahren 400 Peseten. Und dann ein kleiner Unterschied in der Werteskala: Spanischen Freiwilligen – auch die waren gefordert – winkten jeweils 100 Peseten Handgeld mehr.

Oberst Millán Astray Terreros (1879–1954), Gründer der spanischen Fremdenlegion. (Aufnahme von 1927).

Die ersten, die sich meldeten, gehörten zur verlorenen Generation

Erwartet wurden Spanier und Ausländer, die nicht älter als 40 Jahre waren. Für die Zukunft wurde ihnen versprochen: Eine erneute Geld-Prämie bei Weiterverpflichtung, Austieg in Krieg und Frieden, Kreuze und Medaillen. Eine Dienstzeit der Spanier in der Armee sollte angerechnet werde. Verschwiegen wurde, daß die Ausländer mit Militärerfahrung ganz von vorne anfangen mußten. Und von denen waren 1920 viele auf Achse, der Hoffnung folgend, wie der Hund der Wurst, daß nur der die Möglichkeit besitzt noch alles zu werden, der nichts ist.

Der Weltkrieg war knapp zwei Jahre zuvor desaströs ausgegangen, Europa suchte nach einer neuen Ordnung – sie sollte erst nach einem erneuten Waffengang gefunden werden. Entwurzelte Soldaten auf der Seite der Verlierer und der Sieger tippelten auf Sinnsuche durch Europa. »The lost generation«, die verlorene Generation, ihr waren die Leitbilder abhanden gekommen. Der Krieg, Vater vieler Dinge, schien etlichen Gesellen ohne richtiges Vaterland ein erträglicher Verbündeter im Kampf um das nackte Überleben, denn die Rekrutierungsbüros der neuen Truppe erlebten einen ungeahnten Ansturm von Ausländern und Spaniern, die von ihrer regulären Armee enttäuscht waren und im Zivilleben keine Arbeit gefunden hatten. Einen Oberstleutnant im nordafrikanischen Ceuta erfreute das besonders, *Teniente Coronel* José Millán Astray, ein Mann der Infanterie, der in Spanien als Militär etwas galt, ein Nationalheld aus der Zeit des Krieges um die Phillipinen, hochdekoriert als Leutnant von 17 Jahren.

Er hatte dem spanischen Kriegsminister und der Generalität so lange in den Ohren gelegen, bis sie seinem Plan von einer spanischen Fremden-Legion am Ende auch noch begeistert zustimmten. Millán Astray machte sich auf die Reise nach Algerien zu den im Marokko-Krieg verbündeten Franzosen, nach Sidi Bel Abbès, übersetzt etwa »schöne, gute Herrin«, dem Hauptquartier der französischen Fremdenlegion, auch sie im Clinch mit aufständischen Berberstämmen.

Ein deutscher Legionär kommandierte die erste französische Legion in Spanien

Schon einmal hatten Franzosen und Spanier ein gemeinsames Legions-Erlebnis, das für die betroffenen Legionäre überwiegend tödlich ausging. Die erste Legions-Gründung in der jüngeren Geschichte begann mit einer Anordnung des Bürgerkönig Louis Philippe (1830–1848): »Wir haben befohlen..., es wird eine Legion aus Landesfremden rekrutiert...« Die französische Truppe entstand 1831 und war zur erfolgreichen Eroberung Algeriens auserkoren, die mit den regulären Armee-Einheiten in ihren Anfängen stecken geblieben war.

Schon drei Jahre später aber wurde die Legion an die Spanier für 800.000 Francs verschachert. Die Spanier, in Thronstreitigkeiten verwickelt, verheizten in kürzester Zeit die Legion im Ersten Krieg gegen die Karlisten (1833–1839), einer von dreien. Von 4021 Legionären und 123 Offizieren unter dem Befehl des hühnenhaften Deutschen Konrad, genannt Le vieux Fritz, der alte Fritz. Er fiel, bevor er sich 1837 mit seinen restlichen Mannen über die Grenze zurück nach Frankreich in Sicherheit bringen konnte. Das chaotische Spanien hatte Kleinholz aus der Truppe gemacht – verheizt eben: 163 Legionäre und 66 Offiziere retteten ihr Leben – um es gleich wieder an die inzwischen neu entstandene Fremdenlegion II zu verpfänden, Bedarf bestand zu allen Zeiten und auf allen Seiten.

Römischen Legionären ging es besser in Spanien, als den Spaniern

Wie der spanische Wunsch nach einer schlagkräftigen Truppe am besten in Szene zu setzen war, studierte Millán Astray nun am überkommenen Objekt der Legionsgeschichte in Sidi Bel Abbès, wo die Söldner der Franzosen einen blühenden Garten hatten entstehen lassen, mit Bewässerungskanälen, Wehren, Brücken; erreichbar über lange Autopisten, ebenfalls von Legionären planiert. »Eine großartige Arbeit, würdig den Baukünsten der römischer Legionäre«, lobte ein französischer General.

Er vergaß zu erwähnen, daß die Römer ihre Legionäre besser bezahlten, versorgten und im Alter ausreichend umsorgten, als später die Franzosen oder die Spanier es taten. Kulturelle Einrichtung aus der Vorzeit für römische Pensionisten – Brot und Spiele – wie das römische Theater und das Amphitheater im spanischen Merida, wären leicht zu studieren gewesen. Aber für hochfliegende Pläne fehlte den Spaniern der lange Atem der Geschichte. Mit jedem Tag zerbröselte ihr Rest-Reich ein wenig mehr, die Zeit drängte. Im Jahre 1919 erreichte der Sog der Auflösung des spanischen Gemeinwesens Spitzen-Geschwindigkeiten: Die Madrider Zentral-Gewalt war so gut wie wirkungslos geworden, die Armee, mit der Niederwerfung marokkanischer Aufstände überfordert und blockiert, war unfähig sich zu reorganisieren.

Die tödlichen Berber aus dem Rif: Die Kabylen

Über die Meerenge nach Marokko entsandte Einheiten bestanden zum größten Teil aus Reservisten, die ihre Dienstvorschriften vergessen hatten, und, wenn sie überhaupt etwas zum schießen hatten, nach den Regeln eines antiquierten Exerzierdienstes wie in Linie antraten. Linien aber gab es keine im Kampf mit den Rif-Kabylen. Die kriegerischen berberischen Bergstämme, Meister der Tarnung, griffen aus sicherem Gelände überfallartig an und verschwanden wieder so schnell, wie sie gekommen waren – Kleinkrieg, Guerilla-Taktik, eigentlich ein germanisch-spanisches Wort, seit grauer Vorzeit im Gebrauch, die einzige mögliche Kampfart eines materiell schwächeren Gegners gegen eine Besatzungs- oder Großmacht, als die den Kabylen Spanien damals noch galt. An Kampfmut waren sie ihrem Gegner schon von Haus aus überlegen. Es heißt, daß ein Kabylen-Jüngling erst dann als Mann anerkannt wurde, wenn er einen anderen Mann im Kampf getötet hatte – entsprechend heiß ging es her zwischen den Stämmen im Rif-Gebirge.

Eine schnelle Marschiertruppe wollte Millán Astray, angriffsfreudiger als die Legion der Franzosen. Seine nomadisierenden Söldner sollten die Aufständischen in ihren Verstecken aufstöbern, immer wieder beunruhigen, hetzen und zusammentreiben. Die grobe Arbeit sollte dann das Heer mit seinen Kanonen übernehmen, dem er auch gern den Stellungskrieg überlassen würde. So läßt sich vorzüglich planen, wenn man das Heft des Krieges in der Hand hält. Der Gegner aus dem Rif aber diktierte mit, lange Zeit bestimmte er das Geschehen.

Ganoven aus Italien, fantastische Deutsche...

»Laß sie kommen«, befahl Oberstleutnant José Millán Astray seinem Oberleutnant Olavide. Der hatte den Auftrag, die ersten Freiwilligen der Rekrutierungsstelle Barcelona der Legion ins Hauptquartier nach Ceuta zu zu lotsen. Auf zehn Freiwillige pro Tag hatte Millán Astray gehofft, aber es meldeten sich in den Anwerbestellen der Legion Hunderte von Männern, in Barcelona 400 in drei Tagen.

Teniente Olavide brachte zunächst ein wenig Licht ins Dunkel der unterschiedlich abgewirtschafteten Hundertschaften, ein Einerlei aus aller Herren Länder: Ein kleines Handgeld erzeugte erstes Strahlen, das nach einem Pflichtbad für alle heller wurde, mit neuer Kleidung und Haarschnitt natürlicher wirkte, und nach aufpäppelnden Mahlzeit in satte Zufriedenheit abzurutschen drohte. So war das nicht gemeint, dagegen half nur richtige Gangart: »Links-zwei-drei-vier, links-zwei-drei-vier! Und mal nicht so müde, Ihr seid hier nicht zur Erholung!« Die Grundlagen der Disziplin, an-befohlen von *Teniente* Olavide, der Tritt in die Zukunft.

Im Gleichschritt, so sieht das die Legion selbst, bewegten sich vom ersten Augenblick an »Ganoven und Künstler aus Italien, Polen mit romantischem Blick, flüchtige Russen, Amerikaner, Spanier, Malteser, Krakeeler aus Frankreich, fantastische Deutsche« – eine höfliche Umschreibung der Spanier für die sonst landesübliche Bezeichnung *Cabeza cuadrado*, Quadratschädel, weil die Deutschen prinzipientreu mit dem Kopf durch die Wand gehen. Da waren sie in der Legion gerade richtig.

Teniente Olavide stellte einen Trupp von 200 Freiwilligen zusammen und expedierte ihn nach Algeciras, dem letzten großen Hafen am Ende Europas. Auf der anderen Seite der Küste lag Afrika im Dunst, eine kleine und eine große Erhebung markierten Ceuta, das Ziel der Schiffspassage auf den Planken der GENERAL FERNANDEZ SILVESTRE. Ein Name, der auch noch in der Wirklichkeit existierte und Truppen in Marokko exerzierte, und mit dessen Name die Feuertaufe der Legion schicksalhaft verbunden sein würde.

»Ihr werdet sterben, vielleicht alle!«

20. September 1920: Im Innenhof des Cuartel del Rey sind die 200 Zivilsten aus Barcelona versammelt. Trotz der kosmetischen Korrekturen durch *Teniente* Olavide auf seinem »Lumpenball« in Barcelona, wirkt der Haufen inmitten der nüchternen Kasernenarchitektur reichlich exotisch. Rauchende Männer unter zerzausten Strohhüten lesen sich gegenseitig die Sprüche auf den Wänden vor und kommentieren sie:

»Ihr könnt Kapitäne der Legion werden!« Nicht schlecht, allgemeine Zustimmung. »Es ist schrecklich, als Feigling zu leben!« Ja, richtig, obwohl...? Na, ja, kommt drauf an. »Man stirbt nur einmal!« Da haben´se recht, die meinen doch nicht etwa uns? Unterbrochen wird das Gebrabbel plötzlich von spanischen Habt-acht-Kommandos und einem gellenden Stoß aus einem langen Kornett. Alle Augen richten sich auf den Mann mit zwei großen Sternen am Unterärmel. »Ich bin *Teniente Coronel* Millán Astray und wenn wir uns einig werden, bin ich Euer Chef«, sagt er. »Ihr seid angekommen, um das ehrenvollste Versprechen Eures Lebens abzugeben: Ihr werdet Euch der Legion widmen. Sie empfängt Euch mit offenen Armen und bietet Euch Ehre, Ruhm und auch

Legions-Väter José Millán Astray (links) und Francisco Franco.

Vergessenheit!« Pause. Der für einen spanischen Offizier ungewöhnlich hagere und mit seinen knapp 180 Zentimetern recht große Mann hebt beschwörend den rechten Arm und setzt seine Ansprache fort: »Ihr werdet einen bis jetzt für Euch unbekannten Stolz empfinden – den, ein Legionär zu sein. Ihr könnt Tressen, Litzen und Sterne erreichen! Aber im Tausch dafür müßt Ihr beständig Opfer bringen: In der Schlacht verteidigt Ihr die härtesten und gefährlichsten Plätze, und viele von Euch werden sterben! Ja, sterben, vielleicht alle!« Pause, Arm runter. Der lange Offizier winkelt nun beide Arme leicht an, die Handflächen sind nach oben geöffnet, aufnahmebereit wie für eine spirituelle Himmelsbotschaft, und erklärt:

»Es gibt nichts wundervolleres als in Ehre für den Ruhm Spaniens und seiner Armee zu sterben. Ihr werdet das schon noch lernen! *Viva la Legión!*« Bei seinem letzten Satz hat der Offizier die Arme heruntergerissen und die Hände zu Fäusten geballt. Alle Reden enden bei Millán Astray mit einem Hoch auf die Legion und später auch die Kämpfe.

Den Legions-Anwärtern gefiel, was Millán Astray noch zu sagen hatte: »Ihr habt Zeit, in Eure Heimat zurückzukehren, denn noch habt ihr kein Versprechen unterschrieben,« mahnte er und lud jeden einzeln zu einem Gespräch unter vier Augen vor. »Weißt Du warum Du hier hergekommen bist?«, will Millán Astray von dem Neuen wissen. Keine Antwort. »Du bist hergekommen, um zu sterben. Ja, Du bist gekommen, um zu sterben. Denn seitdem Du die Meeresenge überquertest, hast Du keine Mutter, keine Verlobte, keine Familie mehr. Das alles wird ab heute für Dich die Legion sein. Der Dienst steht über allem, Du wirst in Ehren der Legion und Spanien dienen. Du hast noch Zeit darüber nachzudenken, ob Du stark genug bist, dieses Opfer bringen zu können. Deine endgültige Entscheidung kannst Du dem Adjutanten des Kapitän mitteilen!«

Millán Astray erwies sich als überraschender Redner, der Dinge pathetisch und offen aussprach, die andere Militärs lieber sprachlich verschleierten. Auch beharrte er darauf, den treuen Kameraden des Soldaten, den Tod, ständig auf die Bühne zu holen: »Der Tod kommt schnell und es tut nicht weh,« versprach er. Dann wieder lockte und schreckte er: »Zur Legion kommt man nicht, um Wohlstand zu genießen. Die Arbeit ist hart mit viel Entbehrungen. Der Feind schießt gut und die Kugeln sind schmerzhaft, erst recht wenn sie einen Knochen treffen. Aber in der Legion findet ihr Liebe, Schutz und Freundschaft. Man verlangt von Euch Tapferkeit und Disziplin. Dafür erhaltet Ihr die Möglichkeit, Ruhm zu erlangen, den versprochenen Lohn, gesundes Essen, Kleidung und Belohnungen. Möge Gott Euch geben, was Ihr sucht, und mögt Ihr glücklich werden!«

Erstaunlich, keiner sprang ab, alle unterschrieben. Der erste, der zur Unterschrift die fünf Fingerspitzen seiner rechten Hand mit aufs Papier brachte, war Carlos Expresati de la Vega aus dem Schürfgebiet der Provinz Huelva, Afrika gegenüber. In seinem Personalbogen wurde eingetragen: 32 Jahre alt, 6 Monate und drei Tage. Ohne Beruf, Junggeselle, dunkelhaarig, 168,5 Zentimeter groß, schwarze Augen. Ein Muttermal rechts vorne und drei am linken Wangenknochen. Vorher *Sargento* der Armee – nach eigenen Angaben. Eingestuft als *Legionario* 1°, ein Dienstgrad zwischen einem Schützen und Gefreiten. Er fiel später als Unteroffizier bei der Einnahme des Malmusi Alto, einem Hügel an der Bucht von Alhucemas – zwei Tage nach Ablauf seiner Dienstverpflichtung. Ob er »Nachschlag« bei der Legion genommen hatte oder das Datum einfach vergaß? Wer weiß?

Ausbildung von Legionären am Feldgeschütz, Marokko 1920.

Die Vereidigung der ersten Legionäre auf die Fahne des *Tercios No 1* am Rio Seco Tarajal, 21. Oktober 1920. *Comandante* Francisco Franco hält das Fahnentuch, das die Legionäre küssen. Hinter dem Fahnenträger *Teniente Coronel* Millán Astray.

Für fünf Jahre verpfändeten die ersten Legionärs-Rekruten ihr Leben an die spanische Sache, einer Sache, von der sie nicht allzuviel wußten, außer vielleicht, daß sie den Hals kosten könnte, wenn sie den Krummdolchen der Berber ausgeliefert wären. Eine ungemütliche Vorstellung. Dann doch lieber Halsschmerzen? »Sag dem Arzt, der Dich untersucht, Du hättest Halsschmerzen, wenn Du es Dir doch noch anders überlegt haben solltest,« riet Millán Astray den Freiwilligen als allerletzte Gelegenheit, der Legion zu entkommen, »der Doktor weiß, was das heißt, und Du kannst gehen, wohin Du willst.« Keiner ging, nur debile, chronisch Kranke und energieschwache Bewerber wurden vom Truppenarzt Lopéz Pérez aussortiert. Halsschmerzen aber heißt seit 1920 in der Legion: Angst haben. Halsschmerz ist als Krankheit in der Legion gestrichen.

Der Lohn des Legionärs betrug weniger als einen *Duro*. Spanier rechneten gern – bis zur Einführung des Euros – in fünf-Peseten-Sprüngen. Der Legionär bekam für seine Hüpfer durch Feindesland 4,10 Peseten am Tag, die aber wurden pünktlich bezahlt. Zu seiner Grundausstattung – Kleidung von bester Qualität, Koppel im englischen Stil, Stiefel, aber auch wüstengerechte Leinenschuhe, Karabiner und Bajonett – erhielt er regelmäßig das vielfach versprochene gute Essen, in vielen Armeen zu jener Zeit keineswegs selbstverständlich. Auch in der Legion wurde der Speisezettel trotz eigener Mästerei und Gartenbestellung nicht immer eingehalten, ja, es wurde auch gehungert, daß die Zähne ausfielen.

Auf das Äußere legte die Legions-Führung großen Wert. Millán Astray bestimmte die weißen Handschuhe als Teil des Dienstanzuges. Das grüne

Hemd entwarf *Comandante Mayor* Adolfo Vara de Rey. Die Legionäre führten später die Sitte ein, das Hemd bis zum Bauchnabel aufgeknüpft zu tragen. *Mayor* Francisco Franco, er war von Anfang an dabei und galt als zweiter Mann und Mitbegründer der Legion, legte den Gebrauch des *Chambergos* fest, ein breitkrempiger Schlapphut, der als Schattenspender gerne genommen wurde. Das Emblem der ersten Legionseinheit entwarf *Capitan* Justo Pardo. Der Chef der Kommandantur von Ceuta blieb auch nicht untätig. Er entwarf den Kapuzenumhang, eine Anlehnung an den *Chilaba* des Marokkaners und den *Burnos* des Beduinen. Das praktische Wüstenkleid gab dem Legionär bereits bei leichtem Wind etwas von einer Fledermaus im Steigflug, unheimlich war das Tuch, praktisch und höchst dekorativ.

Auch die Standarten der ersten Kompanien entstanden direkt aus dem Kopf und wohl auch aus dem Herzen heraus. *Mayor* Franco befehligte das 1. Bataillon, *Bandera*, Fahne, genannt und wählte als Symbol das Waffen-Wappen des Hauses Burgund: Zwei Wildschweine um einen Eichzweig kämpfend auf schwarzen Grund. Fernando Cirujeda, *Comandante* der 2. *Bandera*, nahm die Waffenfarben von Karl V. an, ein Doppelkopfadler auf rotem Grund, auf der Brust das Emblem der Legion. Der Tiger wurde das Wappentier der 3. *Bandera*, Candeira Sesteló suchte ihn aus. Der Chef der 4. *Bandera*, Villega wählte extrastarke Zeichen der Vergangenheit: Christus am Kreuz, der schon auf dem Banner von Juan von Österreich in der Schlacht von Lepanto mitflatterte. Liniers 5. *Bandera* erhielt die Waffenfarben des Eroberers von Granada, den Gran Capitan aus dem Hause Medina-Sedonia und das Kriegswappen des Gran Duque de Alba findet sich auf der Standarte der 6. *Bandera* wieder. Nun mußte nur noch Flagge gezeigt werden.

Schon knapp nach einem Monat verlegte Francisco Franco seine Einheit nach Dar-Riffien, einige Kilometer südlich von Ceuta. Es sollte die Wiege der Legion werden, ein Ausdruck, der bei der fortgeschrittenen Reife der Legions-Krieger, komisch klang. In Dar-Riffien wenigstens entstand das Hauptquartier der Legion aus dem Nichts. Das handwerkliche Geschick der Legionäre schuf im Laufe der Jahre einen Kasernenkomplex mit der Anmutung eines andalusischen Dorfes samt eines wehrhaften, riesigen Cortijos, wie der herrschaftliche Sitz eines Großgrundbesitzers in Südspanien genannt wird, der sich vor landlosen Bauern und räuberischen Muselmanen fürchtete – wenigstens sah es so aus.

Noch gerade zur rechten Zeit konnte Millán-Astray und Franco seinen im Eiltempo ausgebildeten Legionärs-Rekruten den Fahneneid abnehmen – wüstengerecht in einem trockenen Flussbett – dann wurde schon nach den neuen Einheiten gerufen, denn überall war Not am Mann. Als seelisches Rüstzeug gab der Chef der Legion seinen Mannen das Credo Legionario mit auf den Weg, eine Zwölf-Punkte-Anweisung für Höchstleistungen vor dem Feind - (s. Seite 96 ff), den Schlachtruf »Viva la Muerte!« (s. ab Seite 83) und die Gewißheit, daß seine Legionäre nicht einfach ordinäre Söldner wären, sondern *Caballeros Legionarios,* Edelleute – ein Titel, der jedem Legionär bis auf den heutigen Tag nach dem Fahneneid zusteht, einmalig in der Militärgeschichte und der Geschichte der Söldner.

Francos Legionäre sind 44 Tage in der Waffenausbildung, da kam der Marschbefehl, nach Süden auszurücken. El Raisuni, ein unruhiger Rebellenchef an der Mittelmeerküste von Gomara, griff seit geraumer Zeit Außenposten und Stützpunkte der Spanier an. Der Oberbefehlshaber der spanischen Truppen und Hochkommissar der spanischen Krone in Marokko, General Dámasco Berenguer, befahl, das Feuer der Rebellion sofort auszutreten. Da brauchten die Spanier schon sehr große Füsse, denn El Ruisuni war ein notorischer Rebell. Die Legionäre sollten helfen, aber noch nicht kämpfen. Nur kleine Scharmützel durften sie führen, um Erfahrungen zu sammeln. In der übrigen Zeit mußten sie Sandsäcke auffüllen und Befestigungen bauen. Schon sangen die regulären Soldaten Spottlieder über die Sandsäcke von der Legion, die mit den schönen Hüten. Doch am 27. Juni wurde es ernster für die Legionäre. Auf den Hügelpositionen »Muñoz Crespo« und »Buharrat«, schlug konzentriertes Feuer der El-Raisuni-Kämpfer ein und die Legion hielt die Stellung, jagte El Raisuni sogar einen gehörigen Schrecken ein, als er seine Leute zählte, vierzig Mann waren ihm verlorengegangen. Dann aber fallen die Würfel für die junge Legion. Nachts um zwei Uhr am 22. Juli informierte Millan Astray *Comandante* Franco über eine aufziehende Katastrophe, genaues wußte man noch nicht, aber Melilla wäre in Gefahr, hieße es. Franco stutzte. Melilla war weit weg im Nordosten des Protektorats, wie sollte man dahin kommen? Zu Fuß, mit dem Zug und mit dem Schiff, antwortete Millán Astray, und das sofort.

Zwei Stunden später marschierte Francos *Bandera*, verstärkt von Teilen der 3. *Bandera*, Richtung Tetuan. Die Legionäre marschierten vor der aufgehenden Sonne los, und als die Sonne unterging, marschierten sie noch immer. Erst stand der Feuerball auf der rechten Seite, dann Stunde um Stunde direkt über ihnen, und gegen Abend heizte die Sonne den Marschierern von Westen her ein, unter den Füßen das höllische Geröll der verbrannten Erde. Nach Mitternacht dann die erste Rast, rechts und links der Strasse sanken die Legionäre in Tiefschlaf. Aber schon drei Stunden später ließ Franco die *Bandera* wieder antreten. Keiner trat an, alle Legionäre schliefen weiter, sie hatten nichts gehört, so sehr auch die Offiziere und Unteroffizire brüllten und der Kornettist ins Horn stieß – nichts rührte sich. Da weckte Franco Mann für Mann persönlich auf und trieb sie aus dem Strassengraben. Er trieb sie bis zum Bahnhof von Tetuan. Als die Legionäre morgens gegen 10 Uhr auf die Bänke des Zuges niedersackten, hatten sie 60 Meilen Wüstenstrecke hinter sich und zählten zwei Mann weniger. Die beiden waren an Erschöpfung gestorben.

Comandante Mayor Francisco Franco an der Spitze seiner Truppe beim Vormarsch auf Tetuan. Die Legionäre tragen die von Franco eingeführten praktischen *Chambergo*-Hüte.

Kämpfe in Marokko

Das Desaster von Annual und der Wettlauf um Melilla

In nur 30 Stunden nach dem Abmarsch von Tazarut, wo die Legions-Einheiten an den Hängen Rokba Gozal gerade ihr Camp aufgeschlagen hatten, waren die Fremdenlegionäre über 100 Kilometer nach Tetuan marschiert. In Ceuta stand bereits das Fährschiff CIUDAD de CADIZ mächtig unter Dampf, als die Einheiten aus dem Süden Marokkos mit der Eisenbahn anrollten, ungeduldig erwartet vom »Löwen des Rif«, General José Sanjurjo, und Oberstleutnant Millán Astray.

»Caballeros Legionarios«, begrüßte Millán Astray seine Truppe, »Melilla hat uns um Hilfe gerufen. Die Stunde der Legionäre ist gekommen. Die Situation dort ist schlimm, vielleicht müssen wir alle bei diesem Einsatz sterben! *Caballeros Legionarios!* Wenn unter Euch jemand ist, der nicht mit uns mitkommen will, soll er aus der Reihe treten, er kann gehen und wird sofort beurlaubt!«

Kein Legionär trat aus der Reihe.

Millán Astray an die Truppe, die wie ein Mann stand:

»*Caballeros Legionarios!* Schwört Ihr alle, zu sterben, wenn es der Einsatz in Melilla verlangt?»

»Ja, wir schwören!«, antwortete die Truppe.

Darauf Millán Astray: »Es lebe Spanien! Es lebe der König! Es lebe die Legion!»

Abends gegen sechs Uhr schiffte die Legion ein. Die Soldaten kauerten sich zwischen Ankerspill und

Während eines Angriffs im *Blocao bei Dar Drius*. Ein verwundeter Legionär wird verbunden.

achterlichem Flaggenmast zusammen. Rücken an Rücken, Mann gegen Mann. Kaum einer von ihnen sprach ein Wort, die Stimmung war nicht gedrückt und nicht zuversichtlich. Es gab keine Stimmung. Dazu waren die Söldner zu erschöpft. Nur die Offiziere Francisco Franco und José Millán Astray streiften über die Decks des vibrierenden Schiffes, das die Hafenmole von Ceuta bereits verlassen hatte und mit Volldampf entlang der afrikanischen Küste ostwärts nach Melilla (Me-lie-ja) stampfte.

Volldampf? Die CIUDAD de CADIZ hatte die besten Jahre schon lange hinter sich, die Maschine dröhnte hohl und die Propellerwelle wummerte in ihren ölschlürfenden Lagerschalen. »Mehr ist nicht drin, meine Herren,« beschied der Kapitän den nach mehr Fahrt drängenden Legions-Kommandanten, »ein paar Schaufeln Kohlen extra aufs Feuer und der Kessel explodiert!« Gut, dann – was jetzt geschah, lag nicht mehr im Machbaren der Offiziere und Mannschaften dieser multinationalen Kriegs-Truppe, die in diesem Augenblick nur ein Schmerz verband, der kaputter Füße. Die Fremdenlegion war ein höchst verfügbarer Infanterie-Verband mit noch geringer Kampferfahrung zwar, aber die Legionäre hatten ihr bestes gegeben, um Melilla noch vor dem Fall zu erreichen. Würde Melilla von den Rif-Kabylen überrannt werden, da waren sich alle sicher, wäre die See vor der alten Hafenstadt vom Blut der Einwohner sehr bald dick wie erstarrte rote Tinte.

Keine Spione, aber Schönredner

Vermutlich hätten die Fledderer der Schlachtfelder, die Historiker, sodann die Archive, wenn sie denn durften, nach verwertbaren Papierchen durchforscht, sie analog sortiert und den eventuellen Fall der Stadt als eine schicksalhafte Verstrickung von Irrtümern dargestellt. Dabei wäre es nur ein ordinärer Fall von Unfähigkeit gewesen: Zu keinem Zeitpunkt war die spanische Aufklärung in der Lage gewesen, fundierte Nachrichten über den Gegner zu sammeln. Der Spionage-Lücke und dem fatalen Hang der Militärführung im marokkanischen Hauptquartier Tetuan und in Madrid, die Dinge schön zu reden, fiel zwar am Ende nicht die Stadt zum Opfer, wohl aber eine Armee. Der höfische Klüngel in Madrid hatte sich längst als politisch hilflos entlarvt und war nicht im Stande, das afrikanische Abenteuer zu beenden. Francisco Franco sollte kurze Zeit später seinem Tagebuch anvertrauen: »Die Nation hat keinerlei Beziehungen zu dem Marokko-Feldzug und sieht den aufopfernden Kämpfen ihrer Armee... gleichgültig zu...« Warum sollte die spanische Bevölkerung auch einer Obrigkeit vertrauen, die General José Sanjurjo eine aus dem Boden gestampfte 140.000-Mann-Truppe zuführte, als das marokkanische Protektorat der Spanier auf der Kippe stand, von denen aber keine 36.000 Mann wirksam bewaffnet werden konnten? Die aufständischen Berber hatten weniger Feuerkraft und weniger Krieger, aber sie hatten eine Idee und für die kämpften sie im eigenen Land. Sie wollten keine Spanier, keine Kolonialherren und keine Ungläubigen mehr an der Küste des Islam. Sie wollten die Christenhunde ins Meer treiben – »in sha´ Allah!«, so Gott will.

Tod in der Wolfs-Schlucht

Die Gerüchte um Melilla hatten sich inzwischen zur Gewißheit verdichtet: Die Stadt war ohne Schutz. Die Truppe der Garnison Melilla starb 125 Kilometer entfernt bei Annual im langgestreckten »Barranco de Lobo«, der Wolfs-Schlucht, gerade einen vieltausendfachen Tod, während die Legion von West-Marokko zum Einsatz für das bedrängte Melilla ins östliche Marokko fuhr. »Annual war die schauderhafteste Waffentat des spanischen Heeres im 20. Jahrhundert,« urteilte ein spanischer General namens Miguel Caballas. Was war passiert oder besser, was passierte gerade?

General Manuel Fernández Silvestre, Chef der Kommandantur von Melilla, impulsiv und erfolgreich, Freund blendender Kriegsrhetorik und Ordensschnallen, Idol der Hofdamen und des Königs Alfonso XIII, hatte erfolgreich einige Rif-Gebiete im Hinterland von Melilla besetzt. Ein schwacher Erfolg, denn von einer Eroberung oder gar Pazifizierung der Gebiete konnte keine Rede sein. Es waren militärische Punktsiege, denen der Makel eines Verfallsdatum anhaftete: Die spanische Armee hatte 1921 weniger als ein Drittel ihres Protektorats von 30.000 km² unter militärischer Kontrolle, immer in Angst vor Überfällen der Rif-Kabylen. Faktisch waren die gesamte spanische Armee und die spanische

Eine *Bandera* auf beschwerlichem Marsch im Rif. Sogar die Trommeln werden mitgeführt.

Staatskasse an das Problem Marokko gebunden. Wahrlich kein lohnender Landzuwachs, eher ein Handel mit Zitronen, mit denen Spanien doch selbst überreichlich gesegnet war: Die Geröllhalden und die wenigen fruchtbaren Täler nördlich des Rif hatten nur den Vorteil, daß sie Spanien gegenüber lagen, waren aber bis auf ein paar Minen wirtschaftlich nur für Ziegenhirten und Hasch-Farmer (Ketama!) von Bedeutung, abgesehen von den raren küstennahen Feldern, die wenig genug hervorbrachten, gemessen an der Zahl der vielen Hungeraufstände zwischen Nador und Tetuan.

Die Spanier hatten etwas vergessen

Parallel zu den 512 Kilometern marokkanischer Mittelmeerküste, auch wegen ihrer vielen, aber schwer zugänglichen Sandstrände großspurig die »Rifische Côte d´Azur« genannt, verläuft wie eine kompakte Schutzmauer die Rif-Gebirgskette von der Straße von Gibraltar bis an das algerische Sidi-bel-Abbès heran, dem Haupt-Quartier der französischen Fremdenlegion. Wie schwer solche Bergmassive militärisch zu nehmen waren, hatten die Spanier schon bei der Rückeroberung Andalusiens von den Mauren verlustreich erfahren, aber wohl wieder vergessen: Das Rif und die Kordilleren Südspaniens gehörten zusammen wie der Wind und das Meer, bevor die Kontinente Afrika und Europa auseinander drifteten.

Die bis zu 1600 Meter steilen Höhenzüge des Rif bildeten in ihrem Kern das Rückzugs-Gebiet der kriegerischen kabylischen Berber-Clans, verteilt auf Wehrdörfer in häufig extremer Defensiv-Lage, verstreut in tief eingeschnittenen, unerschlossenen, wenig fruchtbaren, im Winter unzugänglichen Tälern, stets übervölkert von Bauern, die zu viele hungrige Mäuler stopfen mußten. Dieses Gebiet zu erobern hatten sich die Spanier vorgenommen. Die bereits bezogenen blutigen Nasen schienen sie nicht zu beeindrucken. Trotz der hohen Beweglichkeit, die dem spanischen Gemüt eigen ist, benutzen die iberischen Militärs den Kopf gelegentlich als Quadratschädel, ein starrsinniges Verhalten, das sie gern und generell den Deutschen vorhalten. Die Spanier wollten mit dem Kopf durch die Wand, durch die Rif-Steilwände.

Schon immer verfolgten sie im spanisch-nordafrikanischen Konflikt eine Ideal-Linie: Malaga, Alhucemas, über die Berge und ab nach Féz! Denn der Bucht von Malaga genau gegenüber lag die weitgeöffnete Bai von d´Al Hoceima, Alhucemas auf spanisch, die einzige taugliche Bucht an der marokkanischen Küste, um schnell in den Rücken der Rif-Kabylen zu gelangen, der Schlüssel zum Kolonialreich im Osten Marokkos. Immer wieder war den Spaniern die große Bucht von Alhucemas eine Expedition wert. Erst im Mai 1921 war ein Angriff auf Alhucemas im Feuer der Rif-Kabylen stecken geblieben. Die Spanier waren mit 12.000 eigenen Soldaten und 4000 dienstwilligen Marokkanern in das Vorhaben gezogen, viele der Einheimischen desertierten wieder, als sie »arbeiten« sollten. Die Truppe war schlecht gerüstet an Moral und Waffen. Nur 36 Kanonen begleiteten die Eroberer, die Geschütze alt und verbraucht, der Feldzug mißlang trotz hoher Opfer. Von einem Oberleutnant, der später die höchste spanische Tapferkeitsauszeichnung erhielt und nach dem in Melilla eine Straße benannt ist, Diego Flomesta Moya, wird folgendes berichtet:

Der Artillerist geriet in die Gefangenschaft der Kabylen; er war verletzt, erholte aber sich wieder, trotz miserabler Kost. Viele seiner Kameraden waren tot, die vier Kanonen seiner Batterie gehörten jetzt den Rebellen. Die konnten mit den Geschützen nichts anfangen, wollten aber gerne, nur, wie bediente man sie und wie zielte man mit ihnen? Den Oberleutnant umlagerten plötzlich nur noch kabylische Grinse-Menschen, alles Freunde. Er erhielt allerlei Vergünstigungen und für die Zukunft sollte alles in Rosa sein. Keine Probleme, Kamerad! Allah ist mächtig!

Aber der Spanier zeigte sich uneinsichtig, setzte auf seinen Gott und seine Militär-Doktrin, wollte die Funktion der Geschütze nicht erklären. Druck erwiderte er mit Hungerstreik; stoisch erst, dann im Todeskampf, starb er am 30. Tag einen etwas anderen Soldatentod und war beim nächsten Waffengang nach Alhucema, den General Silvestre plante, nicht mehr dabei.

Irrtum am Busen der Natur

In den baumlosen Schotter Nordmarokkos pflanzten Silvestres Soldaten nach und nach 144 Garnisonen mit abkommandierten Truppenteilen in befestigten, bunkerähnlichen Stellungen *(Blocaos)* und kleinen Festungswerken *(Pequeños fuertes)* mit zwölf bis 20 Mann Besatzung. Die *Blocao*-Posten von El-Batel, Dar Drius, Buy Meyan und Annual bildeten mit einer Besatzung von über 800 Soldaten militärische Schwerpunkte auf den Hügelketten zwischen Sidi Dris am Mittelmeer und dem 154 Kilometer südlicher gelegenen Zoco el-Telata de Metalsa, dem spanischen Einflußgebiet – dahinter begann todsicheres Berber-Land. In dem Gebiet von Melilla bis 130 Kilometer weiter westwärts, Annual, wähnten sich die Spanier als Herren der Lage (Karte S. 66/67).

Nun fehlte wieder nur noch das Stückchen Wegs bis zum Mittelmeer nach Alhucemas, dieser großen, weit geschwungenen Bucht, die ins karstige Marokko hineinragt wie der pralle Milchbusen einer Amme – wer möchte da nicht sein und anlegen! Schon Spaniens »Hoher Kommissar für das Protektorat Marokko und Oberbefehlshaber der Spanischen Kolonial-Truppen«, General Dámaso Berenguer, hatte wegen der natürlichen Lage und strategischen Bedeutung den Meerbusen auf der Landkarte mit dem Finger angetippt. Erste Erkundungen hatten gar den Eindruck erweckt, daß die Chefs der Berberstämme Beni Said, Ben Tieb, Buy Meyan und etliche Anführer des mächtigen Clans Beni Urriaguel – man palaverte am Strand – es gut mit den Spaniern meinten und die Besetzung ihrer Territorien keine nennenswerte Schwierigkeiten machen dürfte. Ein fatale Fehleinschätzung des Strandgeplauders bei Tee und süßem Gebäck.

Denn nach Tisch tauchte wie immer Abd el Krim bei den Berber-Häuptlingen in den Bergen auf und redete ihnen zu, die Spanier nicht weiter ins Land ziehen zu lassen: »Brüder, die Ihr Muslime seid«, schwor er die Stämme ein, »der Frieden mit den Spaniern war Euch ein hohes Gut, aber den Spaniern ist er nichts wert. Sie wollen allein unser Land besetzen und mit Gewalt unser Eigentum an sich reißen; un-

Abd el Krim, genialer Führer und Präsident der Rif-Kabylen, an seinem Schreibtisch (ca. 1925).

sere Frauen und unsere Religion sollen wir im Stich lassen… Der Koran sagt: »Wer im Heiligen Krieg stirbt, wird selig werden«.« Sie bestimmten Abd el Krim zu ihrem Kriegsführer.

Mohamed ben Abd el Krim el Khattabi, sein vollständiger Name bedeutet »Mohamed (Allahs Prophet), Sohn des Abd el Krim (der Edelmütige), abstammend vom Klan der Khattabi«, die wiederum zum Großstamm der Beni Urriaguel gehören, führte den Aufstand gegen die Spanier. Abd el Krim war in Melilla Übersetzer, Lehrer, Journalist und Richter, bevor er in die Berge entschwand und sich als überlegener Kriegsmann erwies. Jetzt wartete er auf eine Gelegenheit, vernichtend zuzuschlagen, um den noch zaudernden Berber-Stämmen zu zeigen, daß die Christen auch von rückständigen Hirtenvölkern vom Erdboden zu tilgen waren.

Tödlicher Segen

Abd el Krims Stunde war gekommen, als General Silvestre gegen die Befehle des kommandierenden Generals Berenguer aus Tetuan handelte und mit seiner Truppe von 25.700 Mann gegen Annual vorrückte, »um mit wenigen Verlusten maximalen Geländegewinn« zu erstreiten. Mut zum Ungehorsam machte Silvestre ausgerechnet der König der Spanier, Alfonso XIII., dessen Hauptcharakterzug es war, überall mitmischen zu wollen, und der es dabei zu einer gewissen Raffinesse gebracht hatte, die ihm dann vermutlich später auch den Kopf rettete, als sein Anteil an dem Desaster von Annual untersucht werden sollte.*

Seine königliche Raffiniertheit jedenfalls bestärkte den Statthalter von Melilla, General Silvestre, in seinem Vorgehen. Ein tödlicher königlicher Segen. General Silvestres Plan sah vor, fünf Kilometer südlich von Annual in den Hügeln von Igueriben mehrere Stützpunkte einzurichten, danach konnte der Angriff auf Sidi Dris vorangetrieben werden, mit dem Ziel der endgültigen Einnahme der Bucht von Alhucema.

---

* Pikanterweise wurde 1996 die Brigade der Legion in Almeria auf den Namen des Bourbonen eingeschworen, wohl weil Alfonso XIII. die Gründung der Legion 1920 verfügt hatte.

Titanische Verhängnisse

Der General des Eroberungs-Heeres des spanischen Königs durchmaß die Halbwüste der Rif-Niederungen so bedenkenlos, wie wenige Jahre zuvor der Kapitän der TITANIC den Ozean bedenkenlos durchpflügt hatte, um für die englische Reederei Cunard das Blaue Band der schnellsten Atlantik-Überquerung zu ergattern. Nach Lage der Dinge hätten beide Kommandanten die Fahrt drosseln müssen. Der Kapitän wegen der allgemeinen Unsicherheit durch Eisberge und dem Mangel an Rettungsbooten, der General wegen der allgemeinen Unsicherheit durch Berg-Berber und dem Mangel an Munition. Silvestres Infanteristen hatten jeder 40 Schuß fürs Gewehr zugeteilt bekommen – ein anständiger Soldat im Kampf verpulvert solch einen schmalen Vorrat im Morgengrauen, um überhaupt in Stimmung zu kommen! Den Artilleristen hatte der General 600 Granaten für den Marsch genehmigen lassen – für weit mehr als 100 Kanonen! Nicht mal genug Sandsäcke befehligte des Königs General. In manchen *Blocaos* reichten die Sandsack-Wälle bis zur Brust, andere Schanzen bestanden nur aus einer Linie mit gerade einen Meter langen Stummeln an der Seite. Jeder große Komponist hat seine »Unvollendete«, die Silvestre-Armee auch: Sie hieß Abarran und war 64 Meter lang und zwölf Meter breit, aber nur 150 Zentimeter hoch – da jumpte jeder alte Sack drüber. Die Verhaue des Fort Igueriben fielen so armselig aus, daß der Gegner sie ungesehen passieren konnte, was er dann auch ausgiebig tat. Warum war für die 130 Kilometer bis Annual logistisch nicht mehr Kriegs-Zeug möglich gewesen?

Unfähigkeit und Fehleinschätzungen der Lage, ein fataler Hang zur positiven Lagebeurteilung seitens von Hof und Regierung, allgemeine Flaute in den Staatskassen, Amigismo und Intrigen im undurchsichtigen Beziehungsgeflecht der Politik. Aber das allein war es nicht.

In der Geschichte tauchen immer wieder Hasardeure auf, die für sich alleine genommen noch keine zwangsläufige Gefahr bedeuten. Im Gegenteil. Manch einer, der in die Gefahr verliebt ist, kommt gerade wegen solcher Eigenschaften ganz groß raus – ohne Hasardeure und Opportunisten kommt die Chose Krieg nicht recht vom Fleck. Bei General Silvestre löste ein eitler Augenblick die Katastrophe aus, als ihn sein König zur Eile ermunterte. Beim Kapitän der TITANIC drückte sein Reeder aufs Tempo. So waren beide Kommandanten am Ende bereit, sich selbst das Risiko erst schön- und dann auszureden. Das Ende ist bekannt.

Krieg der knurrenden Mägen

Das Land, die Berge, die Küste, das Wasser kontrollierten die aufständischen Rif-Kabylen. Jeder Stockfisch, jede Bohne und jeder Tropfen Wasser mußte von den spanischen Truppen an seinen Bestimmungsort eskortiert werden. Die Kolonialtruppe, 5100 Soldaten von ihnen waren *Regulares*, Marrokaner im Sold der Spanier, war in der Vergangenheit so schlecht und unregelmäßig bezahlt worden, daß viele müde Krieger versuchten, sich in Melilla durch einen Zweitberuf das Existenz-Minimum zu sichern.*

Malaria grassierte, die Sanitätseinrichtungen waren ein Skandal, aus den Militär-Kantinen kam ein Fraß, der schlicht ungenießbar war. General Silvestre verteilte sogar noch Teile der kargen Soldaten-Rationen an die einheimische Bevölkerung, weil auch ihr der Magen knurrte. Kurz, die Stimmung war vor den Kasernen und in den Kasernen miserabel. Mit so einer vor Entbehrungen knurrenden Truppe in den Krieg zu ziehen, war tollkühn bis lebensgefährlich.

---

* Auch Offiziere wurden durch den Krieg nicht reich, die jährliche Besoldung war, bezogen auf das Risiko, eher jämmerlich: Zwischen 1921 und 1926 wurden im Durchschnitt besoldet: Ein General-Kapitän mit 30.000 Pesetas; General-Leutnante 25.000; Divisions-Generäle 20.000; Brigade-Generäle 15.000; Obristen 10.000; Oberstleutnante 8000; Majore 6500; Hauptleute 4500; Oberleutnante 3500; Leutnante 3000 Pesetas. Der Kommandeur der Legion, Millán Astray, hatte nicht genügend Geld für ein standesgemäßes Hemd zu einer Gala-Veranstaltung. Sein König, Alfonso XIII., ließ ihm eines zukommen. Danach trug er es in diversen Kämpfen und schrieb seinem König: »Ich trug Ihr Hemd bei...!«

In der Falle

Die Kundschafter der Berber meldeten in das 300 Kilometer lange Siedlungsgebiet der marokkanischen Rif-Kabylen das erneute Anrücken der Spanier Richtung Alhucemas. Stammeskrieger für Stammeskrieger sickerte, unbemerkt von den Spaniern, in das Invasionsgebiet ein und zog verdeckt mit, bis die Truppen des General Silvestre ihr erstes Etappenziel bei Annual erreicht hatten und sich auf den Hügelketten von Igueriben einzurichten begannen.

Plötzlich, am 17. Juli, brach der Angriff der Berber los. Sie griffen aus höher gelegenen Stellungen die lange Linie der ausgedehnten Silvestre-Truppe an und umkreisten die Hügel von Igueriben – soweit das Auge reichte, eine riesige Falle für die Spanier! Die Hügel boten keinen ausreichenden Schutz, aber 360 Grad Schußfeld für Abd el Krims Krieger. Die Spanier saßen wie auf dem Präsentier-Teller, auf vielen Präsentier-Tellern, und die Verbindung unter den Tellern war abgeschnitten: Keine Munition kam durch, kein Wasser, kein Sterbesakrament.

Die später auf 4000 Berber-Schützen geschätzte Rebellen-Truppe brauchte sich nur zu bedienen und sie bediente sich, wenn sie nicht abwartete. Am 19. Juli muß sich General Silvestre seiner ausweglosen Situation klar geworden sein. Er sandte eine Serie von Telegrammen an General Dámaso Berenguer. Immer panischer forderte darin der eingekesselte Silvestre Hilfe und mehr Soldaten.

Vom ungefähr 35 Kilometer entfernten Dar Drius blinkte General Navarro, stellvertretender Kommandant von Melilla, per Heliographen-Kette an den Igueriben-Kommandanten Benitez: »Helden von Igueriben! Im Namen der Ehre Spaniens, haltet aus!« Benitez hatte bereits eine Aufforderung zur Kapitulation abgelehnt. Nun blinkte er an General Navarro zurück: »Haben Ihre Heliograph-Botschaft mit *Viva España* quittiert. Die Truppe schwört Ihnen, daß wir uns nur als Tote ergeben werden!« So war es. Die Toten stanken in der Hitze des Tages bereits zum Himmel.

Die Lebenden waren halb wahnsinnig vor Durst. Erst tranken sie die Flüssigkeit, in denen die Paprikaschoten in den Konserven dümpelten, dann Essig, dann Rasierwasser, dann Tinte, dann den eigenen Urin mit Zucker versetzt. Die einzige Wasserstelle,

Des Königs fataler General: Weil General Manuel Fernández Silvestre auf seinen König hörte und nicht auf den kommandierenden General Dámaso Berenguer, starb eine Armee.

die sie, die Spanier, kannten, war fünf Kilometer weit weg bei Annual. Innerhalb zweier Stunden starben 152 Soldaten, sie hatten sich auf den einzigen möglichen Weg zum Wasser gemacht, durch eine Schlucht.

Vom Wasser kommt alles, zum Wasser drängt alles, keiner wußte das besser als die Berber. Also warteten sie am Wasserloch auf die Spanier. Sie selbst hatten sich auf das Wüstenklima eingerichtet. Unter ihrem *Chilaba* trugen sie alles was sie brauchten: Einen Ziegenlederbeutel mit Wasser, ein paar Feigen, Fladenbrot, Tabak und Munition. Das wars, den Rest besorgten sie sich aus der Natur.

Am 22. Juli im Morgengrauen, um fünf Minuten vor fünf Uhr – die Fremdenlegion marschierte gerade erst eine Stunde auf dem Weg nach Tetuan – setzte General Manuel Fernández Silvestre sein letztes Telegramm ab. Lapidar teilte er mit, daß sich die Truppe zurückziehen müsse. Man hat nie wieder etwas vom General oder Offizieren seines Stabes gesehen. Bis auf einen.

Hauptmann Fortea, einer der wenigen Gefangenen der Rif-Kabylen, erzählte später, Abd el Krim sei zwei Tage mit der blutigen Bauchbinde des Generals, einer roten Schärpe mit zwei golddurchwirkten Quasten, umherstolziert. Den abgeschlagenen Kopf des Generals Silvestre habe der Rebell auf dem ganzen Wege bis in das Gebiet von Tetuan mitgeschleppt. So nahe kam Abd el Krim den Spaniern in deren Hauptquartier in der spanischen Protektoratszone, Tetuan-Stadt, erbaut in andalusischem Stil. Tetuan ist berberisch und heißt »Öffne Deine Augen«, denn in Tetuan-Stadt und -Land gabs schon immer viel zu gucken und zu staunen, zur Piratenzeit, aber erst richtig in Zeiten der Rebellion.

Der Rebellenchef machte den Sippenchefs der verschiedenen Berber-Clans seine Aufwartung, um für ihre gemeinsame Sache zu werben. Er war auf Public-Relations-Tour, würde man heute sagen, und General Silvestre war wohl immer dabei, um den Sieg der Rif-Kabylen über den General glaubhaft vor Augen zu führen – amtlich auf kabylisch: »Bringt uns den Kopf von Manuel Fernández Silvestre!«

Man mag sich gar nicht vorstellen, wie makaber und traurig am Ende der zu Lebzeiten stets wilhelminisch steil gen Himmel gezwirbelte Bart des schneidigen Silvestre ausgesehen haben mag, als sein Kopf immer wieder unter die Berber geriet. General Silvestre und seine Männer hatte es Kopf und Kragen gekostet. Aber, beim Barte des Propheten, von den Spaniern ging keine Furcht mehr aus! Sie hatten das Gesicht verloren. Das Kühne im Manne, das Herrliche, das Sieghafte – wie ließ es sich besser darstellen, als durch so einen Bart der angewandten imperialen Art? Jedenfalls war es die bevorzugte Bartmode zur Kolonialzeit! Zwischen Washington und Wladiwostok trug, wer konnte, seinen *barbar erectus* wie eine überdemensionierte Zieleinrichtung im Gesicht, nur in Berlin war durch das Ergebnis des Weltkrieges der Bart ab und den Gewaltigen von Tokio wuchs aus genetischen Gründen nichts Wuchtiges im Gesicht.

Die Spanier halfen sich über ihren ersten Schock hinweg, indem sie glaubten, daß ja nichts so recht belegt sei, denn schließlich tauchte die Schärpe des Unglücklichen in der Garnison von Melilla auf. Oder war die Generals-Schärpe nach Osten geschmuggelt worden, der Schädel des Heerführers aber im Sattel der Sieger nach Westen mitgeritten? Könnte alles so sein, auch wenn die Menschen des Rif erzählten, der General sei zerhackt worden. Seine Einzelteile habe man weggeworfen, den Rest habe dann der Wind, die Sonne und der Schakal besorgt. Vom Kopf war nicht die Rede gewesen.

Vielleicht waren auch ein paar Geier beteiligt. Im Film von Saenz de Heredia, »*Historias de la Radio*«, erinnert der Lehrer Don Anselmo an das Desaster von Annual: »Am folgenden Tag fraßen die Geier nur Kommandanten und Höhere....« Der verschreckten spanischen Öffentlichkeit entwickelten die Hofberichterstatter der Zeitungen gediegene Geschichten vom letzten Augenblick des Generals. Daß er sich für sein ungezügeltes Vorgehen in diesem Feldzug selbst gerichtet hätte, wollten wohl die meisten Militärs am liebsten glauben… Nur der Oberst Gabriel Morales kam einigermaßen normal unter die Erde. Der *Coronel* gehörte zum Stab des General Silvestre, war Vorgesetzter der Eingeborenen-Polizei von Melilla, sprach rifenisch, respektierte die Marokkaner und kannte Abd el Krim sehr gut. Abd el Krim lohnte dem Militär die Männerfreundschaft, indem er den Leichnam des gefallenen Morales nach Melilla schickte, damit er in christlicher Tradition begraben werden könne.

Wer heute Soldaten, Zivilisten, Ungediente oder Gediente an das Geschehen zwischen Annual und Melilla erinnert, bekommt irgendwann die Bemerkung mit auf den Weg, »…daß damals richtig gestorben wurde und endlich auch mal tüchtig viele Generäle und andere höhere Dienstgrade unter den Gefallenen waren!«

Leichen säumten den Fluchtweg nach Melilla, viele, sehr viele im Kilometer langen *Barranco de Lobo*. Kein Einheitsführer fand sich, der die panische Flucht der eigenen Truppe mit gezieltem Maschinengewehrfeuer über die Köpfe hinweg, vor die Stiefel oder in die kopflosen Massen hinein zum Stehen brachte. So kamen sie fast alle um ihr Leben, ohne darum zu kämpfen.

Ganze Kompanien flüchteten wie erschreckte Eidechsen. Wer sich ergab oder gestellt wurde, lebte noch minutenlang. So lange braucht es, bis vom vor Angst rasenden Herzen alles Blut aus einer klaffenden Wunde am Hals herausgepumpt ist. Ein Schnitt mit dem Dolch durch die Kehle. Mehr nicht. Kein Schreien. Nur Gurgeln und Röcheln, die Stimme ist gekappt. Das Lächeln des Berbers, *Le sourire berbère*, nannten die französischen Legionäre gallisch die Wunde vom linken Ohr über die Gurgel hin bis zum Nackenwirbel. Sie hatten mit der islamischen Spezialität schon etwas früher Bekanntschaft gemacht als die Spanier.

Mit dem Schnitt bestraft und befreit ein fanatisierter muselmanischer Krieger bis auf den heutigen Tag seine Gegner, wenn ihm danach ist und er Zeit hat, damit auch sie einen Platz im Paradiese Allahs finden – es können, wie in Algerien, auch Kinder und Frauen sein. Denn nur wer vorher noch ausgiebig Zeit auf Erden hatte, seine Sünden zu bereuen und seinen eigenen Tod mit zu erleben, kann rein vor den erhaben Schöpfer treten. Das ist der Sinn des harschen Kehlenschnitts »Jadbah«, wie Marokkaner es Spaniern erklären, der jeden trifft, der nicht punktgenau dasselbe glaubt.

Damit der Delinquent weiß, was ihm die Stunde geschlagen hat, reißt der Messermann dem gefesselten Opfer den Kopf nach hinten – zwischen die schreckglotzenden Augen und Allah schwingen sich dann nur noch der Engel des Todes und der Züchtigung, »Malaica«, mit dem Krummdolch »Genjall« und der Himmel. Danach holt das Engelchen »Arsen« den Verröchelten heim in ein Ewig-Reich, glauben die Moros, eine Nation von Märchen-Erzählern aus nackter Not.*

Wer im Land der Scheiche, Kalifen, Sultane und Emire ein offenes Wort riskierte, verlor schnell seinen Kopf, ein sprachlich-sozialpsychologisches Phänomen, das auch in streng katholischen Ländern bekannt ist und die Verniedlichungsform kreierte, die Umschreibung eines Tatbestandes förderte statt einer klaren Aussage (heute: sprachliches rumeiern) oder das mit Recht so beliebte »jein« unter die Leute brachte, man konnte ja »seiner Sache nie sicher sein«. Die Fahrt des Messers durch die Kehle ist natürlich kein Märchen und löst schreckliche Phantasien aus, aber: Beim Schnitt werden die Karotiden, die Halsschlagadern, durchtrennt und augenblicklich wird das Gehirn von der Blutversorgung abgeschnitten. In Sekundenschnelle (ein bis zwei Sekunden) stellt es den Betrieb ein. Es bleibt nicht einmal Zeit zum Bereuen. Schlag nach bei Störtebeker!

Eingang in die Weltliteratur fand Claus Störtebeker, ein Seeräuber im Sold des dänischen Königs, einer Fremdenlegion zur See zu Zeiten der Hanse. Die Hamburger lieben noch heute ihren Claus, erstens, weil er die Hamburger Kaufleute, auch Pfeffersäcke genannt, mächtig gebeutelt hat, und zweitens, weil er sich im Stehen den Kopf abschlagen ließ, als man ihn erwischte, um dann noch, bar seines Hauptes, an der langen Reihe seiner alten Mitstreiter entlang zu staksen. Was in seinem Kopf vorging, weiß man nicht, der lag ja im Sand des Grasbrooks, aber, daß er an sieben Kameraden vorbeikam, das weiß nun die ganze Welt, denn diese sieben durften mit Kopf die Richtstätte verlassen und in die (Große) Freiheit gehen. Gott sei Dank gab es damals noch nicht das dusseligste Buch auf Erden, das Guiness-Buch der Rekorde, sonst würde das Idol von richtigen Hamburger Jungs womöglich noch da drin stehen!

Die Beute gehört Allah

Die rituelle Tötung erwischte nicht alle der auf spanischer Seite gefallenen Soldaten. Bei 13.192 Toten, diese Zahl will das spanische Parlament ermittelt haben, wäre das kaum möglich gewesen. Die Verlustliste der Spanier ist nicht als amtlich zu bewerten, weil ein bestellter Untersuchungsausschuß seine Arbeit nie aufnahm. Eine Vielzahl von Schätzungen rechnete die Toten der Spanier auf 19.000 bis 30.000, die marokkanische Seite gar bis auf 60.000 Soldaten hoch, eine Zahl, die gerne von Reiseführern wie den »Apa-Guides« übernommen wird,

---

* Auch der Himmel über Europa ist grün(d)lich bereitet für die Uraufführung »Lächeln des Berbers« – abwarten, einen »thé à la menthe« schlürfen und sich erinnern: Zwischen Christen und Moslems herrscht spätestens seit dem Jahre 711 Unfriede, als der Berber Tariq mit 7000 Berbern und einigen Arabern bei Gibraltar an Land ging und das westgotische Heer unter König Roderich an der Laguna de la Janda am 19. Juli schlug. Der Kampf der Religionen ist alt, nur unterbrochen von langen Phasen relativer Ruhe. »Dar al-Islam«, Haus des Islam, heißt der muslimische Teil der Welt. Der Teil der Welt, der nicht dem Islam unterworfen ist, wird Haus des Krieges genannt, »Dar al-harb«. Diese Territorien sind vom »Djihad« bedroht, dem »Heiligen«, dem »Gerechten Krieg« gegen Ungläubige.

weil diese Branche hauptsächlich von der Übertreibung lebt. Die Rif-Kabylen erbeuteten um die 20.000 Gewehre, 400 Maschinengewehre, 129 Kanonen – leergeschossen – und später Munitionsdepots – eine prächtige Beute und sie gehörte Allah, der Kanonen und Gewehre gegen die Ungläubigen wenden würde, um noch viele Soldaten und Zivilisten in Staub und Steine Marokkos beißen zu lassen. Die Verluste der Berber hat Abd el Krim nie verraten. Schätzungen sprechen von vielleicht 1000 toten Kriegern. Die Bewaffnung der Rif-Kabilen war bis Sommer 1921 armselig: Drei- bis höchstens sechstausend Aufständische – nur im Rif – teilten sich eine kleine Zahl geschmuggelter französischer Gewehre und spanischer Mauser-Karabiner, die sie marokkanisch-spanischen Hilfssoldaten abgenommen oder abgekauft hatten. Nur an Messern mangelte es den Krim-Kriegern nicht.

Vernichtet waren auch Eisenbahnenlinien der Spanier, Minen, kultiviertes Agrarland, einige Ambulanzen und Schulen sowie Militärpositionen. Die Arbeit von zwölf Jahren Protektorats-Geschichte löste sich innerhalb von 20 Tagen in Rauch auf, angefacht von primitiven Stämmen. Wie war das möglich, wie konnten sie es wagen?

Die Antwort lag ein Dutzend Jahre zurück, als bei Melilla ein Drama ablief, bei dem die Spanier und ihre marokkanischen Vasallen durch die Kabylen Senge bezogen. Es wurde für die Rif-Bewohner ein Aha-Erlebnis, ein geschichtlicher Wendepunkt, der Keim, aus dem viele Rebellionen sprossen: Die verschiedenen Berber-Clans hatten vereint die Spanier und ihre moderne europäische Militär-Maschinerie attackiert und schwer in Bedrängnis gebracht – die Kolonialisten waren verwundbar! Das wußten sie nun sicher, die Würfel gegen die Fremden waren gefallen. Alles war nur noch eine Frage der Zeit und die maß Allah zu.

Für die Spanier führten die Ereignisse von Melilla 1909 in Barcelona zur *Semana Trágica*, die Flammen des Aufruhrs in der Marokko-Kolonie sprangen aufs Mutterland über (siehe Seite 7 ff). Eingebrockt hatten sich die Spanier die Fast-Niederlage von 1909 durch einen seltsamen Verbündeten, mit dem sie ihre Geschäfte an den einheimischen Stämmen vorbei betrieben. Er hieß Jilali Ben Driz, war ein Beamter aus Taza in der Nähe von Fèz, sehr gläubig und sehr gierig. Er besaß in der Nähe von Melilla eine Munitionsfabrik und Bergwerke (Erz) und Blei (Monte Afra), die er durch die Spanier auf 99 Jahre ausbeuten ließ. Er scheffelte mehr als eine Million Dollar zusammen, die er auf einer spanischen Bank deponierte. Er nannte sich Sultan von Taza und erhob als *Rogui* Anspruch auf den Thron von Marokko. Beliebt war er nur bei den Spaniern, die ihn hofierten.

Bei der Bevölkerung war er als Verräter, Blutsauger und Schwein im Dienste der Ungläubigen verhaßt. Er war der Feind aller Berber und die schnappten sich ihn eines Tages im Jahre 1909 unter den Augen der Spanier. Das war offene Rebellion, aber es nützte dem Vasallen der Spanier wenig. Die Aufständischen schleppten den Sultan von Taza nach Fèz, steckten ihn in einen Holzkäfig und trugen ihn wie einen erbeuteten Affen durch die Straßen. Der Jubel war groß.

Tazas Sultan wurde sodann nach dem letzten Stand einer bereits in Jahrhunderten hochentwickelten Foltertechnik ausgiebig malträtiert und danach in einen trockenen Brunnen-Schacht geworfen, in dem bereits ein Löwe auf ihn wartete. Die Rächer von Fèz wollten sicher gehen und schickten alsbald einen Sklaven (!) mit einem Messer in den Abgrund, der Jibali Ben Driz, oder was davon übrig war, erstach. Zuletzt verbrannten sie den Dollar-Millionär. Scheheraza(e)de, Geschichten aus Tausendundeiner Nacht; die Marokkaner müssen wohl sehr wütend auf den Verbündeten der Spanier gewesen sein.

Fortan schliefen die Kolonisten schlecht. Keine Siesta, keine Nacht ohne Berber-Überfälle. Immer dreister näherten die Berber sich den Garnisonen und schossen die Soldaten zusammen. Arbeiter, mit Brücken- und Straßenbau beschäftigt, waren ebenso Zielscheibe der Aufständischen wie Landbesteller. Wer noch laufen konnte, floh im Juli 1909 nach Melilla: »Die Berber kommen!«

Die Stadt – von den Spaniern 1497 im Handstreich genommen – drohte 1909 per Handstreich durch die Berber wieder an die Muslime zurückzufallen.

Auch Berber lesen Zeitungen

Melillas Stadtkommandant General Marina forderte umgehend mehr Geld und Soldaten, er verlangte eine Macht-Demonstration aus Madrid. Die Folge der

Anstrengung war ein Aufstand in Spanien. Aus der Demonstration der Stärke wurde eine Demonstration der Schwäche. Auch Berber lesen Zeitungen. Die Brüder Mohamed und Mhamed ben Abd el Krim, der eine 1909 bereits 27, der andere 17 Jahre alt, studierten die Zeitungen in Melilla besonders genau. Sie waren die Söhne eines mohammedanischen Gesetzeskundigen an der Moschee von Axdir nahe der Bucht Alhucemas. Dort, in Ait Yussef ou Ali, waren sie auch geboren worden und aufgewachsen.

Rund 40 Jahre später waren die Söhne Abd el Krim der Weltpresse etliche Schlagzeilen wert. Sie hatten sich der entsetzten Öffentlichkeit als entschlossene Anführer der Rif-Kabylen vorgestellt, die sich nicht gescheut hatten, rund 20.000 spanische Soldaten auf dem kurzen Weg von Melilla nach Annual über die Klinge springen zu lassen. Der Weg an die Bucht von Alhucemas, das Objekt der spanischen Begierde, endete derart schmählich, daß die Welt aufstöhnte.

Es war ja auch barbarisch, was sich auf den 130 Kilometern zwischen Annual und Melilla abspielte. Zu den aufständischen Berbern gesellten sich plötzlich die Duckmäuser der Nation. Jeder, der ein Gewehr tragen konnte, und fast jeder Marokkaner hatte zumindest eine Schrotflinte für die Jagd im Schrank, feuerte auf die Spanier, die wie Hasen um ihr Leben liefen. Viele Spontis, *Mujahidins* aus einem günstigen Augenblick heraus, nahmen blutige Rache an den Eroberern.*

Manche Besatzungen militärischer Stützpunkte kämpften bis zum letzten Mann, wie die des Kommandanten Benitez. *Regulares* unter dem Kommando von Hauptmann Cebollino fochten um jede Handfläche Boden. Die marokkanischen Freiwilligen wußten, was ihnen blühen würde, wenn sie in die Hände der Aufständischen fielen. Die Kabylen machten wenige Gefangene und sie wären mit Sicherheit nicht darunter gewesen.**

Aufruhr am Stadteingang

Aber auch Unglaubliches geschah: Die (s)panische Truppe ließ ihre Verwundeten einfach liegen und flüchtete. Mannschaften erschossen – in der Hoffnung auf Verschonung – ihre Offiziere und boten den Aufständischen Uniformen und Wertsachen der ermordeten Truppenführer als Bakschisch an.

Die Redakteure des *Telegrama del Rif*, die Zeitung Melillas im Jahre 1921, begriffen die Katastrophe von Annual nur häppchenweise. Am 21. Juli verlautbarten sie in ihrem Blatt: »Die Rebellen haben Nachschub bekommen, korrekt interpretiert bedeutet es die Steigerung der Rebellion der Kabylen. Man attackiert die vorderen Positionen, ...speziell auf dem Weg von Annual« Eine böse Ahnung beschlich die Journalisten dennoch: »...die große Ernte von 1921 wird in andere Hände fallen...«

Einen Tag später, am 22. Juli 1921, lasen die Melillenser erste Details von den Heldentaten der Soldaten des Kommandanten Benitez und Hauptmann Cebollino und seinen *Regulares* im Kampf an den vordersten Linien. Dann erwies sich aber für die Zeitungskäufer von Mellila, daß im Krieg nichts so alt ist wie die Zeitung von heute, denn durch ihre Stadttore drängten bereits die ersten Flüchtlinge we-

---

* Um die Jahrhundertwende und noch etliche Jahrzehnte danach waren Niedertracht und Maßlosigkeit anscheinend noch natürliche Attribute menschlichen Verhaltens im Kampf. Nur um das Treiben der Spanier und der Marokkaner zu dieser Zeit ein wenig zu relativieren, sei daran erinnert, daß selbst im entferntesten Winkel der Welt, zum Beispiel in Tasmanien, die englisch sprechende Bevölkerung in der Freizeit Jagd auf die Ureinwohner machte. Der letzte Tasmane war eine Frau. Sie wurde 1915 geschossen, erlegt – *stalking, old boy, just for fun!* Und in den Nachbarkolonien war die Situation nicht viel besser.

** Wer nicht erschossen, erstochen, verbrannt, entkehlt, geköpft wurde – oder alles zusammen, den kaufte 18 Monate später der Industrielle und Bankier Horacio Echevarrieta aus Bilbao für vier Millionen Peseten aus der Gefangenschaft frei. Im Januar 1923 erreichten von 560 Annual-Überlebenden nur 359 Melilla. Jämmerlich sahen die 44 Offiziere, 239 Soldaten, 43 Zivilisten und 33 Frauen mit Kindern aus, vor Kälte erstarrt, unterernährt, mit tiefen Einschnitten von Ketten in der Haut. Die anderen waren in der Gefangenschaft an Typhus gestorben. Der Freikauf durch den Industriellen war nur möglich geworden, weil dieser schon vor dem Desaster von Annual mit Abd el Krim ins Geschäft zu kommen suchte. In einer äußerst delikaten Mission mühte sich Horacio Echevarrieta, den Rif-Kabylen-Führer Abd el Krim für sieben Millionen Dollar zu kaufen, ein sicheres Exil in Frankreich mit eigener Leibgarde, ausgerüstet mit modernen Waffen und jeder Art von Munition, inbegriffen. Einzige Gegenleistung Abd el Krims: Er solle die Besetzung der Bucht von Alhucemas durch die Spanier erlauben. Echevarrieta, der etliche Lizenzen für Minen in Marokko hielt, bekam von Abd el Krim eine Abfuhr. Das bedauerte niemand mehr als die Leiter des Mannesmann-Konzerns in Deutschland, in dessen Auftrag Echevarrieta die Lizenzen besorgt hatte...

gen des Kampfgeschehens um Annual und die Bucht von Alhucemas – man brauchte nur über den Blattrand zu schauen: Aus dem Süden, der offenen Stadtgrenze zu Marokko hin, kamen Farmer mit ihren Familien auf mit Hausrat vollgepackten Maulesel-Gespannen an. Die Gesichter der Flüchtlinge verrieten Panik.

Marokkaner mit großen Bündeln auf dem Rücken, an denen Teekessel baumelten, strebten eilig durch die Stadttore, mißtrauisch beäugt, aber nicht kontrolliert von den wenigen Grenzpolizisten, die dem Ansturm der Landbewohner nicht gewachsen waren. Auf höher gelegenen Gebäuden hatten Bürger Posten bezogen. Sie spähten nach Norden und Osten, auf die Wasserseite von Melilla – bis zur Kimme kein Schiff in Sicht, keine Hilfe, keine Truppen-Transporter, die aus dem Westen hätten kommen müssen und frühestens am Cabo Tres Forcas sichtbar geworden wären (Karte S. 66/67).

Nichts! Nur diese verdammte, graublaue Masse dummes, erhabenes Meer. Keine Arche Noah, keine Fluchtdampfer, von denen sich die bis zur Hysterie verängstigte melillensische Bürgerschar eine Armada herbeisehnte. Weg! Nur weg, bevor die Tage und die Nächte der langen Messer kämen. Wer nicht aufs Meer plierte, starrte Richtung Berge, die Melilla wie ein Kragen umgeben. Man erwartete den Berber-Sturm von den Hängen. Noch nie schienen die sanften, in der Hitze des Juli und seinem Dunst fast entschwundenen Hänge so nahe an die Stadt gerückt zu sein wie in diesen panischen Augenblicken des 23. Juli 1921. Melilla im Würgeisen der Angst.

Aufruhr am Stadttor. Immer mehr Flüchtlinge aus der südlich gelegenen Stadt Nador suchten Schutz in Melilla. Der Leutnant einer Marine-Kompanie des Hafens – mehr Soldaten standen in diesen Stunden zur Verteidigung von Melilla nicht bereit – brach am Süd-Stadteingang blutend zusammen. Aus der aufgewühlten Menge heraus hatte ein Flüchtling seinen Dolch in den Bauch des Mariners gerammt, als dieser den Strom der drängenden Menge auf Feind und Freund überprüfen wollte.

Der Hoch-Kommissar von Marokko, General Dámasco Berenguer, faßt die Lage für das Kriegsministerium zusammen: »Die General-Kommandantur von Melilla ist innerhalb weniger Tage zusammengeschmolzen. Alles muß neu organisiert werden.«

Für die Besatzer des großen Forts auf Monte Arruit, gut 30 Kilometer südlich von Melilla als Vorposten der Städte Nador und Melilla erbaut, rückte die Stunde der Wahrheit näher. Seit Tagen berannten die Rif-Kabylen die langgezogenen Wälle. Die Soldaten hatten sich verschossen – fast. Nun sollten 40 Grenzpolizisten unter Leitung eines Offiziers Munition heranschaffen. Weit kamen sie nicht. Bereits bei Nador, nur 10 Kilometer von Melilla entfernt, blieben die Grenzer im Feuer der Aufständischen stecken. Als der Chef der Expedition erschossen wurde, kehrten die Vierzig wieder um. Das war das Todesurteil für die Männer von Monte Arruit, und es sollte barbarisch vollzogen werden.

Wettlauf um eine Stadt

Der Morgen des 24. Juli brachte den Bürgern von Melilla und Umgebung Erste Hilfe gegen jagende Herzen und schmerzende Schädel, in denen die Angst hämmerte: Der Fährdampfer ISLA de MENORCA war im Morgenlicht vor der Küste aufgekreuzt und landete gegen acht Uhr ein Bataillon Infanteristen des *Regimento de la Corona* aus Almeria an. Schnell verloren sich die Kronen-Soldaten in den verlassenen Auffang-Stellungen am Stadtrand. Durch die Süd-Eingänge von Melilla hetzten die letzten Zivilisten von Nador, als sei der leibhaftige Teufel hinter ihnen her. In Nador wurde noch gekämpft und viel gestorben. Die Krieger des Abd el Krim umgingen die Widerstandsnester der Spanier. Vor ihnen lag verlassenes Land bis hin nach Melilla, der kaum geschützten Stadt.

Gegen Mittag, als die Sonne am höchsten stand, schoben sich aus dem Dunst des Meeres, in Höhe des Leuchtfeuers Cabo Tres Forcas, die dunklen Bugaufbauten des Linienschiffes CIUDAD de CADIZ mit der Legion an Bord. Vor dem Dampfer lag stilles Meer bis hin nach Melilla, wo die Angst den Blutdruck der Bürger hochtrieb. Bis nach Melilla ist es für die Legion noch so weit wie für die Kabylen von Nador nach Melilla.

Ein Tankschiff kam der CIUDAD de CADIZ entgegen. Ein Abgesandter der Stadt überbrachte den Offizieren General Sanjurjo, *Coronel* Millán Astray und *Comandante* Franco nackte Tatsachen: »Von der General-Kommandantur ist nichts übrig geblieben. Die Truppen sind vernichtet, die Stadt offen, das

»Euer Leben ist gerettet. Die Legionäre garantieren mit ihrem Leben!« – Ankunft einer *Bandera* Legionäre im Hafen von Melilla auf der CIUDAD de CADIZ, 24. Juli 1921.

Volk verrückt vor Angst, der rapide Verfall der Moral der Bevölkerung muß unbedingt gestoppt werden!« Noch sieben Seemeilen bis Melilla.

Gespannt lauschten die Legionäre Richtung Küste. Keine Schüsse. Der Dampfer dampfte entlang der menschenleeren Kap-Küste: Cala Viña – passiert, Punta Bermeja – vorbei, Cala Blanca – steuerbords abgefallen, Cala Tarifa – gestrichen; dann die Zielgerade nach Melilla, winkende Menschen auf dem Molen-Damm und kein Gefechtslärm. Das Rennen war gelaufen.

Landung, Ausschiffung, die Legion formierte sich auf dem Pier von Melilla. Leute waren zusammengelaufen und bildeten einen Halbkreis auf dem Hafenkai: Das also waren die *Caballeros Legionarios*, von denen man in den letzten Monaten einiges lesen konnte und die in der Tradition der spanischen *Hidalgos* stehen sollten? Kleinadelige, auch *Caballeros villanos* tituliert, denen man in früheren, aber nicht so fernen Zeiten durch Gestellung von Pferden, Brustpanzern und Waffen für kriegerische Reiterdienste begrenzte Adelsvorrechte zugestanden hatte? Was die neugierigen Bürger am Hafenkai erblickten, waren Soldaten, deren Uniform sie noch nie vorher gesehen hatten. Sie bemerkten Gesichter unter seltsamen Schlapphüten, die sie nicht aus Spanien kannten. Pferde? Wo waren ihre Pferde? Nur der Chef der Truppe verlangte nach einem Pferd. Sechs Gäule waren sofort zur Stelle. Der Kommandeur der Legion suchte sich eines aus und schwang sich in den Sattel.

Ihr hagerer, baumlanger Anführer sprach vom Pferd herunter mit viel Gestik zu den Städtern:

»Melillenser! Wir grüßen Euch. Es ist die Legion, die kommt, um Euch zu retten, fürchtet nichts, wir garantieren mit unserem Leben!«

In Zeiten der Bedrohung ist der Verteidiger willkommen. Ist die Gefahr gebannt, ist der Soldat schnell lästig. Im Grunde genommen ist es mit den Soldaten so wie mit den Seeleuten: Man freut sich, wenn sie kommen, ist aber heilfroh, wenn sie bald wieder abhauen. Die angesprochenen Bürger jedenfalls waren beeindruckt von der knappen Begrüßung und jubelten den fremden Soldaten zu. Sie hätten sicher jedem zugejubelt, der eine Waffe für sie trug.

Darauf, wie immer, Millán Astray: »Es lebe Spanien! Es lebe der König! Es lebe Melilla!«

Kommandos, seltsam abgehackt und wie aus dem Bauch gebrüllt, trieben die Legionäre an. Alles was jetzt geschah, geschah im Laufschritt. Keine Frage, die Truppe hatte es eilig, sie stand unter Dampf wie der alte Kasten, auf dem sie angekommen war. Schiffswinschen lärmten, Lukendeckel polterten gegen das Schanzkleid der CIUDAD de CADIZ, freilaufende Seile der Schiffsgalgen ratterten, Militärgerät plumpste auf die bereitstehenden Lastwagen, daß deren große Hartgummi-Reifen in die Höhe hüpften, Waffenklirren, und dann gings ab: »Stillgestanden! Rechts um, im Gleichschritt – Maaarsch!«, befahl *Comandante* Franco.

»Ein Lied! Und schön laut, wenn ich bitten darf«, verlangte Franco.

»*Madelón!*«, antwortete die Truppe, »zwei, drei, vier...!«

Mit Musik und dem damaligen Legions-Lied zog die Internationale der Söldner quer durch die Stadt in die verwaiste Kommandantur von Melilla, bereit, für den Gegenwert von täglich vier Peseten und zehn Céntimos im Krieg gegen die Rif-Kabylen buchstäblich den Hals zu riskieren.

Verrückt! Aber die Verrückten der Legion rissen die Leute von Melilla mit. Die Hoffnung auf ein großes Wunder hatte sich erfüllt. Es waren die Legionäre, die den Wettlauf um die Stadt gewonnen hatten: Melilla-Hafen, 24. Juli 1921, zwei Uhr nachmittags – das war die Stunde der Legion, aber auch der Bürger von Melilla. Sie waren dem »Lächeln des Berbers« entkommen. Die letzten, weit vor der Stadt kämpfenden Soldaten, eingeschlossen in den verstreuten *Blocaos* und *Pequeños fuertes*, vom Nachschub abgeschnitten, starben im »Land des Lächelns«, einer nach dem anderen und manchmal auch im Dutzend.

Keiner konnte ihnen helfen, denn noch waren die Legionäre an Melilla gebunden. Die Stadt, seit 424 Jahren der Landekopf der Spanier in diesem Winkel der Erde, sei unter allen Umständen zu halten, so lautete der Befehl, und den wagte kein General mehr zu mißachten, nach allem was geschehen war. Weitere Verstärkung aus Ceuta kam wenige Stunden nach den Legionären mit dem Schiff ESCACLONA: *Regulares* unter dem Kommando von González-Tablas. Sie zählten 28 Offiziere und 641 Mann, aufgeteilt in zwei *Tabors* (Kompanien) und eine Abteilung Artillerie.

Hatten die Moros gemeutert?

Die Bevölkerung traute der marokkanischen Einheit nicht. Sie machte die Eingeborenen-Truppe für das Desaster von Annual verantwortlich, was falsch war. Aber der Führer einer anderen marokkanischen Einheit bei Zoco el Had, Abd el Kadar, fürchtete Rebellion in den eigenen Reihen. Das Gebiet um Benichiar war unverteidigt und dort waren die Familien und Häuser vieler seiner Soldaten: »Wir brauchen unverzüglich Verstärkung,« forderte Abd el Kadar, »sonst desertieren meine Soldaten.« Das taten Marokkaner gern und häufig und es war ein Problem.

Drei weitere Infanterie-Bataillone erreichten Melilla. Die Verstärkung wurde wie Korsettstangen in den Verteidigungsgürtel um Melilla herum gespickt, in der Hoffnung, daß die Linie halten möge.

Dann, endlich, zwei Tage nach ihrer Landung, konnten die Legionäre von der Melilla-Leine – um doch gleich wieder »mit Gewehr bei Fuß« verharren zu müssen. Gemeinsam mit den *Regulares* war die Legion bis Atalayón und Sidi Hamed el Hach vorgestoßen und hatte das hügelige Gelände besetzt. Von dort sahen sie der Tragödie von Nador zu. *Comandante* Franco notierte in seinem Tagebuch: »Große Menschengruppen umgeben die Kirche, das Dorf brennt; von der Tabakfabrik und dem Bahnhof steigen Rauchwolken auf, aus einigen Häusern kommen laute Stimmen, ...bepackte Maultiere ...stehen in den Straßen. (...) Wir haben ein Blinkgerät dabei und rücken bis zum Rande des Hügels vor. Wir bitten (mit dem Blinkgerät) darum, weiter vorrücken

Compagnia de ametrayadoros, eine mit Maultieren ausgestattete Tragtier-Kompanie, 1921/22 vermutlich vor dem Legionslager Dar-Riffien südlich von Ceuta aufgenommen. Die Legionäre tragen die typischen weißen Leinenschuhen, die *Alpargatas blanca,* die Unteroffiziere lassen sich am dunklen Schuhwerk erkennen.

zu dürfen. Man befiehlt uns, dort zu bleiben, wo wir sind. In Sidi Hamed ist der General. Wir bitten ihn, ins Dorf vorstoßen zu dürfen. (...) Der General teilt unsere Emotionen, er möchte auch nach Nador gehen, aber der Platz darf nicht verlassen werden, er ist zu verteidigen. Im Krieg muß man das Herz opfern«, ließ der General als Trost für die Legionäre blinken, eine nettere Umschreibung für das alte Militär-Dogma, ein taktischer Geländegewinn sei für eine Strategie zu opfern.

Piloten entdeckten die Gefallenen

In den nächsten Wochen waren die von der Legion besetzten Hügel von Sidi Hamed und Atalayón Ausgangspunkte für verlustreiche Vorstöße in das von Berbern kontrollierte Land. Die Legionäre eskortierten Maultier-Konvois, die Wasser, Verpflegung und Munition zu den vorgeschobenen Stellungen brachten, in denen sich andere Legionäre hinter hohen Sandsack-Mauern verbarrikadiert hatten. Es waren Himmelfahrts-Kommandos. Wo übersichtliches Flachland war, wuchs plötzlich der unheimliche Gegner aus der Erde. Die Kabylen, Meister der Tarnung, hatten unter einer Lage Sand gelegen und den Konvoi erwartet. Auch hinter jedem Felsen konnten Berber aus sicherem Versteck heraus die Nachschub-Einheiten, die wie verlorene kleine Inseln durch ein Meer von Feinden schwammen, unter Feuer nehmen. Große Chancen bei der Gegenwehr hatten die Legionäre nicht. Die Maultiere und ihre Last bestimmten Art und Tempo der kriegerischen Möglichkeiten. Nur keine Panik unter den Tieren und den Troß zusammenhalten! Das war schon schwer genug; die Kameraden draußen hattens schwerer.

Die vernichtete Truppe von Annual. Die Spanier sammeln ihre Toten ein. Monte Arruit, 1921.

Alles war bei denen abgezählt: Die Wassertropfen, die Kugeln, die Verwundeten, das Verbandszeug, das Brot, die Bajonette, die Lebenden, die Toten, die Schlafstunden, die Wachstunden, die Tabakkrümel, der Schnaps. Nur die *Alcráns*, die Skorpione in der Nacht, und die *Lagartos*, die Eidechsen am Tage, waren in ihrer Zahl variabel und boten dann und wann einen gewissen Unterhaltungswert. Abgerissenen Elefantenfüßen gleich, standen die Befestigungen einsam und verlassen in der vor Hitze flirrenden Landschaft. Bei Luftspiegelungen waren die Legionärs-Burgen »zwei (Elefanten-) Fuß hoch«.

Hinter den genoppten Rundwällen aus Sandsäcken, den *Blocaos*, wurde langsam gestorben, manchmal wochenlang, wenn der Nachschub ausblieb oder keine Ablösung kam. Zahlreich und hartnäckig wie die Fliegen – die aber geben wenigstens nachts Ruhe – belagerten die Mauren die Nachschub-Kolonnen und die Befestigungen – sie hatten selbst von allem zu wenig. Doch nun sollten sich die von den Aufständischen bei Annual eroberten schweren Waffen und ihre Feuerkraft gegen die spanischen Truppen auswirken. Fünf Tage nach der Landung der Legion in Melilla hatten sich die letzten Soldaten, die der Katastrophe von Annual entgangen waren, in die Hafenstadt retten können. Eine klare Vorstellung, wer da draußen noch lebte, entstand durch die Durchgekommenen nicht. Die Lage war höchst verworren.

Erst die Piloten von Aufklärer-Flugzeugen brachten die Erkenntnis – keiner! Die hatten über Monte Arruit und dem benachbarten Zeluán gekreist, dann über der ganzen Horror-Strecke: Leichen, nichts als Leichen nach allen Seiten hin, Kadaver, aufgehäuft an Berghängen, viele zerstückelt an Straßenbiegungen, andere verstreut in den immer noch qualmenden Trümmern niedergebrannter Befestigungen. Auf Monte Arruit und Zeluán starben über 3000 Spanier. Aber wie sie starben, davon konnten sich ihre Landsleute und die Fremden in der Legion erst nach der Rückeroberung dieser Stellungen im Spätsommer aus der Nähe ein Bild machen. Die Legionäre waren ganz nahe dran und was sie sahen, machte Stimmung für den weiteren Kriegsverlauf zwischen ihnen und den Berbern...

Ortstermine in Nador, im Fort Monte Arruit, in der Festung Zeluán, »verzauberter, wundervoller Ort« auf berberisch: Mit langen Baumwollstopfen in der Nase gegen den üblen Geruch und Infektionen, auf ein Stöckchen gestützt, stand General Dámaso Berenguer stumm in den Resten seiner zertrümmerten Ost-Marokko-Armee. Nur die Spitzen seines Zwirbelbartes, der wie ein Anker in seinem regungslosen Gesicht festsaß, zuckten leicht. Zu Füßen des Offiziers entstellte, tote Menschen, schwarz wie die spornbewehrten Stiefel des Oberbefehlshabers im nordafrikanischen Schutzgebiet der Spanier.

Sachkundig lasen die Augen des alten Kriegers die Spuren auf dem Totenfeld: Die Hände vieler verkohlter Soldaten waren mit Draht gefesselt. Dann mußten sie vor den Augen der noch lebenden Kameraden erschossen und verbrannt worden sein. Soldaten ohne Augen, ohne Zunge, ohne Geschlechtsteile, gepfählt mit Pfosten der Drahtverhaue. Soldaten ohne Hände, ohne Füße, Körper an Wände genagelt, in zwei Hälften geteilt...

Gefallene und bereits vor der Kapitulation begrabene Soldaten waren von den Berbern wieder aus der Erde gezerrt und ihrer letzten Habseligkeiten beraubt worden. Auch das kam heraus: Von den Begrabenen waren 167 Soldaten an Wundbrand krepiert, weil es, unvorstellbar, im Fort Arruit keinerlei Sanitätseinrichtungen gab!

Kein Soldat auf dem Kriegsfeld ohne schmerzhafte Grimasse – bei den erstarrten Toten wie bei den zu Tode Erstarrten. Die Legionäre schluckten schwer. Alles mögliche hatten sie von Afrika erwartet, das aber nicht.

Die Barbarei der Berber im marokkanischen Rif und in der algerischen Kabylei blieb nicht ohne Reaktionen. In der Gewißheit eines sicheren und grausamen Todes kämpften die Soldaten der Gegenseite verbissen bis zur berühmten letzten Patrone um ihr Leben. Hatten sie sich verschossen, wehrten sie sich mit dem Bajonett, mit dem Messer oder Spaten, wenn sie überhaupt einen besaßen, oder schleuderten Gesteinsbrocken.

Der Haß auf die Berber, wegen ihrer Grausamkeiten, erweckte wieder längst verschüttet geglaubte Rache-Instinkte. 30 Jahre nach seiner Zeit als Fremdenlegionär – so lange brauchte es, die Erinnerungen zu verarbeiten – beschrieb einer aus der englischen Gentleman-Society, Simon Murray*, wie sich seine Kameraden aus reiner Boshaftigkeit eine Suppe von dem Gehirn eines getöteten Berbers gekocht hatten. Er wußte von Vorgesetzten zu erzählen, denen er begegnet war, die eine Sammlung abgeschnittener und in Alkohol konservierter Ohren von Rebellen in Weckgläsern aufbewahrten. Es gehört nicht viel Phantasie dazu, sich vorzustellen, wie die Legionäre den Berbern in den Ohren lagen, wenn die Flasche kreiste. Böse, böser, böses Blut? Kommt drauf an.

Völkerkundler meinen, Kopfjägerei sei Teil einer – degenerierten – symbolischen Form der Menschenfresserei, entlehnt aus einer Zeit also, als unsere Ahnen ihren Speiseplan noch mit Mythen anreicherten: Verspeise deinen Gegner, und seine Kraft wird dir gehören.**

Wie die Kopfjägerei zu den Mauren kam

Bis heute ist die Menschenfresserei für die Neue Welt nicht belegt, aber auf dem Balkan der Jahrhundertwende ist symbolischer Kannibalismus nachgewiesen, und von dort, bis nach Nordafrika, ist es nicht weit. Aus einem einfachen Grund: In allen von Türken besetzten Gebieten – weit mehr als der Nahe Osten und große Teile Nordafrikas – war es bis um die Jahrhundertwende nicht unüblich, dem Gegner im Krieg den Kopf abzuschlagen, die Zunge rauszureißen und allerlei tödlicher, kultischer Firlefanz mehr. Man löschte dadurch nicht nur des Gegners Leben aus, sondern auch seine Seele.

Das Instrument für die mörderischen Streiche war der kurze Krummdolch *Handschar*, einem Hack-

---

* Simon Murray: Tagebuch eines Fremdenlegionärs. Verlag Lutz B. Damm, A-6200 Rotholz 396 B.
** Das folgende Beispiel beweist, wie lebendig Mythen heute noch sind. In einem andalusischen Dorf, der Name tut nichts zur Sache, laufen seit Jahrhunderten jedes Jahr während der Fiesta spanische Jungmänner mit dem Stier um die Wette. Einige Mädchen sind neuerdings auch dabei, wirken aber unglücklich. Aus gutem Grund: In einem der letzten Jahre tötete so ein Bulle drei Männer und verletzte viele sehr schwer. Alle Tische der umliegenden Kneipen wurden zu Erste-Hilfe-Verbandsplätzen. Es war die Hölle. Am Anfang so eines »*Lunes de Toro*« rennen die Jungs wie panisch durch die Dorfgassen, später aber, die Hatz dauert ziemlich lange, wirkt der Stier ziemlich müde und die Burschen werden ziemlich frech. Die Veränderung ist nicht zu übersehen: Der Jäger wird nun zum Gejagten. Wer mitläuft – Selbsterfahrungs-Gruppen, bitte kommen! – spürt alsbald eine faszinierende Verwandlung in sich selbst und den anderen: Die Kraft des Stieres scheint auf die Menschen überzugehen, sie »färbt ab«. Richtig ist natürlich, daß der Mut der Burschen nur in dem Maße zunimmt, wie die Wucht des angreifenden Stieres abnimmt. Die Fluchtbewegungen der Menschen werden kontrollierter, sie berühren den Stier, fassen sein Horn, springen über ihn hinweg – der Bann ist gebrochen. Eine Täuschung, gewiß, aber eine erregende Kraft-Transformation. Ah, diese Spanier!

messer ähnlich und keine Stichwaffe. Als der *Handschar* im Balkan-Krieg 1912–1913 aus der Mode kam, wandelte sich auch die Methode.*

Überhaupt scheint die ganze Entwicklungs-Geschichte der Menschheit eine Geschichte reduzierter Unsitten zu sein: Auf den Kannibalismus folgte die schnellgängige Kopfjägerei, auf die Kopfjägerei der Schnitt durch die Kehle oder das Einsammeln von Körperteilen – alles symbolische Handlung für die mehrfache Tilgung gefürchteter Gegner. Enthaupten stand aber an erster Stelle. Ob bei den Indianern im Regenwald des Amazonas, bei den Türken in der Wüste, bei den Kosaken-Regimentern im milden Schatten der Granatapfel-Plantagen des Kaukasus, bei der wilden, verwegenen mongolischen Reiterei oder bei der japanischen kaiserlichen Krieger-Kaste – überall waren Köpfe gefordert.

Der Schnitt durch die Kehle ist nichts weiter als eine abermals reduzierte symbolische Form der Vernichtungs-Strategie über den Tod hinaus, grausam und verstümmelnd. Wer verstümmeln will, muß einen besonderen Grund dazu haben. Die Grausamkeit und der Geiz sind die wichtigsten Verbündeten der Feigheit. Diese mickerigen drei sind die Feinde allen Großmuts und eine wesentliche Charakter-Eigenschaft auf der nach oben hin weit offenen Männlichkeits-Skala. Nur Feigheit oder Besessenheit treiben den Menschen zu grausamen Aktionen. Sie entspringen dem mörderischen, mitleidlosen, finstern Teil der menschlichen Seele.

Kulte dieser unheimlichen Art, wahre Hack-Ordnungen, setzen an Blutlinien orientiertes Abstammungsdenken und Ahnenverehrung voraus. Genau das war die Tradition der Gegner der spanischen Kolonialtruppe. Hätten die Spanier den Hofchronisten der spanischen Krone gelesen, Peter Martyrs »Acht Dekaden über die neue Welt«, wäre ihnen beim Einmarsch ins Land der Berber vielleicht einiges erspart geblieben. Die Fremdenlegionäre wußte rein gar nichts von dem was sie erwartete. Nordafrika? Das waren Kamelritte über Wanderdünen, Lagerfeuer-Romantik und Männerfreundschaften à la Karl May, der auch nur ganz schwach Bescheid gewußt hatte.

Im »Lexikon der arabischen Welt« fällt auf, daß die den Kabylen gewidmeten Passagen die Isolation und die »tiefe Verwurzelung der Stämme in uralten Traditionen« betonen. Von »unzugänglichen Bergwänden« ist da die Rede, die »den kriegerischen Geist des Volkes seit Menschengedenken isoliert« hatten. Der Mut und das kriegerische Können der Berber muß die Araber so schwer beeindruckt haben, daß sie bei ihrem Vormarsch nach Nordafrika im 7. Jahrhundert die Ureinwohner lieber umgingen, als sich von ihnen den Hals durchschneiden zu lassen.

Das Gesetz der Blutrache unter den Berg-Berbern wirkte seit jeher wie ein Dampfhammer der Gewalt: Eine Bluttat sühnte die vorhergehende und zog die folgende nach sich. Und weil zur rächenden Bluttat auch die Schädigung des fremden Besitzes gehörte, brannten die Wälder in den Bergen so lange, bis alles kahl war. Blutrache mußte sein, das Angebot von Blutgeldern konnte sein, lag aber den Berbern nicht im Blut. Sie liebten den Krieg, er war für sie eine ganz natürliche Sache. Das hatten rund 400 Jahre zuvor die Spanier schon einmal alles aufgeschrieben, das Wissen von der Lust des Berbers am Kampf, hatten es aber im Laufe der Zeit wieder verlegt.

Nun sollten sie es von neuem lernen müssen, denn es wäre gut gewesen, seinen Gegner vor dem Kampf auf besondere Eigenschaften zu erkunden, um vor Überraschungen sicher zu sein. Kapitel für Kapitel machten die Legionäre ihre Hausaufgaben, und jedes Kapitel der Lektionen, die die Legion von den Rebellen erhielt, wurde mit dem Blut gefallener Legionäre geschrieben.

---

* Noch im zerfallenden Jugoslawien pflegten die Kriegsparteien einen messerscharfen Umgang miteinander. Ihre Geschichte war ja auch noch nicht so alt und nach Vorbildern brauchte man nicht lange zu suchen – zum Beispiel in Montenegro, den »Schwarzen Bergen«: Dort herrschte Rade Petar II. Petrovic Njegos (1813–1851), Staatsmann und Philosoph, Kirchenoberhaupt und Schulgründer, Dichter und Volkserzieher, König und König der Kopfabschneider. Noch heute, nach rund 150 Jahren, hängt das Konterfei von »Rade« in montenegrinischen Wohnstuben. Milovan Djilas, Montenegriner, Mitstreiter Titos im Partisanenkampf – er organisierte den Widerstand gegen die Besatzung der Achsenmächte im Zweiten Weltkrieg und war zeitweise stellvertretender Ministerpräsident Jugoslawiens –, schrieb über die Kopf-ab-Sitten seiner Landsleute: »Ein abgeschnittener Kopf war der größte Stolz und das größte Glück eines Montenegriners. Für ihn war das Kopfabschneiden erhabenste Handlung und seelische Labsal, Trunkenheit von mythischer Geschichte.« Zwischen den Ereignissen in Montenegro zu Zeiten von »Rade« und den Massakern während der Rebellenführerschaft des Abd el Krim liegen 70 Jahre, nicht mehr als ein Schluckauf in der Geschichte. Heute steht übrigens die spanische Fremdenlegion für SFOR an der Grenze zu Montenegro. Ob die Legionäre diesmal wissen, was ihnen blühen kann, wenn sie in schlechte Gesellschaft geraten?

Die Niederwerfung des Rifs

Mit *Teniente Coronel* José Millán Astray und *Comandante* Francisco Franco an der Spitze der Legion, verfügte das *Tercio Extranjero* über zwei außerordentlich tapfere und erfahrene Frontoffiziere. Beide sammelten als junge Offiziere Marokko-Erfahrungen, als sie jeder ein *Tabor Regulares Indígenas* kommandierten, eine Eingeborenen-Polizeitruppe, die am Anfang noch überwiegend aus Algeriern mit spanischen Offizieren bestand und von Dámaso Berenguer gegründet worden war, als der noch zu den Obristen zählte. Der Chef eines *Tabors* befehligte einen Infanterie-Verband in doppelter Kompanie-Stärke mit zusätzlichen Reitern.

Die Loyalität der marokkanischen *Regulares* stand im Ruf, nicht besonders strapazierfähig zu sein, was natürlich war – schließlich sollten sie für Geld auf ihre eigenen Glaubensbrüder schießen. Söldner aus aller Herren Länder mochten sich in Marokko eingefunden haben, weil ihnen Liebe und Glaube abhanden gekommen waren, aber auch die Hoffnung, die angeblich zuletzt stirbt. Was konnten sich marokkanische Söldner im Dienste einer Besatzungsmacht erhoffen, wenn das Kriegsglück ausblieb? Francisco Franco hatte jedoch wenig Grund, sich zu beklagen, seine *Regulares* blieben bei der Fahne und fochten hart. Vielleicht lags auch an *Teniente* Franco.

Teniente Coronel Franco auf dem Vormarsch im Rif, 1922. Als Reitpferde bevorzugte er stets Schimmel, nicht ganz ungefährlich auf dem Schlachtfeld. Und während andere Armeen ihre Feldzeichen spätestens ab 1914 »auf Kammer abgelegt« hatten, führten die *Tercios* ihre Standarten auf den Feldzügen stets mit sich. Ein Legionär hat sich auf dem Foto unkenntlich machen lassen.

Franco will keine Weiber, Schnaps und Messen

Der »kleine Gallego« war wohl auf seine Karriere bedacht, war stets aufmerksam, pünktlich, fleißig, skeptisch, gelassen, vorsichtig, berechnend. Er rauchte nicht, trank nicht und hatte ein eher gezähmtes Verhältnis zu Frauen (den Legionären in Ceuta sollte er später zur Begrüßung sagen: »Ich will hier weder Weiber, Saufgelage oder Messen!« Das mit den Messen nahm er – noch viel später, als Staatsmann – zurück). Francisco Franco war auf dem Gefechtsfeld kein Zauderer, er war gerissen und geduldig wie ein Jäger, besaß eine gehörige Portion *Hombria*, Mut – und schien unverwundbar. Krieg ist schmerzlich mehr als Kino aus der ersten Reihe: Es geht zwar ebenso laut zu und es flimmert, aber es tut auch richtig weh. Um Franco herum flimmerte es immer. Von den 42 spanischen Offizieren der *Regulares* blieben bis 1916 nur sieben unverwundet, die Verluste unter den eingeborenen Soldaten waren ungewöhnlich hoch.

Dann waren es nur noch sechs: Am 28. Juni erwischte es auch Franco, während eines Gefechts gegen die Kabylen bei El Biutz: Bauchschuß, Feldlazarett, Hochsommer-Hitze, Infektionsgefahr. Die Eltern wurden gerufen, man wagte nicht, ihn zu transportieren. Er hatte Glück, wie einer, der unter Millionen garantierter Nieten den großen Treffer zieht: Die ihm zugedachte Kugel war an allen Darmwindungen vorbeigeflogen ohne den Trakt zu zerfetzen.*

Der *Tabor*-Chef wurde zur Erholung nach Spanien verlegt und hängte für einige Zeit den mit der Militär-Medaille, dem Maria-Cristina-Kreuz Erster Klasse und dem Großkreuz des Militär-Verdienstkreuzes schwer dekorierten Uniformrock über den Krankenhausstuhl. Es war nur eine kleine Unterbrechung der insgesamt rasanten Karriere des Galiciers aus El Ferrol, der eigentlich zur Marine gewollt hatte: 1912, mit 19 Jahren, war der schmächtige Oberleutnant Francisco Franco auf eigenes Betreiben nach Afrika versetzt worden. Mit 23 Jahren war er schon Major – auf Betreiben anderer, und immer außer der Reihe normaler Beförderungen. Da hieß der »kleine Gallego« also *Comandantín*, kleiner Major – nun mit Ansatz zum Bauch, der noch deutlicher 1926 zu sehen war, als Francisco Franco, nach zwölf Afrika-Dienstjahren, den Kontinent als jüngster General Europas verließ, und der seinen leiblichen Höhepunkt erreichte, als Franco zum *Caudillo* (Führer) der Spanier aufgestiegen war. Die, die ihn nicht mochten, nannten ihn fortan gehässig den »kleinen Dicken«. Der Mann mit Affinität, aber ohne Affären, machte auch daraus keine.

Mit ihren Bajonetten schufen die Legionäre eine Angst-Legende

Marokko-Erfahrungen hatte Francisco Franco in einem *Diario*, einem Tagebuch, zusammengetragen und einige Lehren für die Legion extrahiert: »*Prevenciones a las Banderas*«, »Vorkehrungen für die Truppen« im Einsatz gegen die Kabylen. »Legions-Offiziere müssen immer den Vorgesetzten bitten, die gefährlichsten Aufgaben übernehmen zu dürfen«, schrieb Franco, »und dies auch den Untergebenen einschärfen. In der Legion sind wir alle Brüder, der Ruhm des einen ist der Ruhm aller.« Franco fand es geschmacklos, nach dem Kampf über den Kampf zu sprechen, »weil es nach einem Kampf immer viele Helden gibt, wie ein russisches Sprichwort sagt.«

Franco verlangte, den *Caballeros Legionarios* sei das »Credo Legionario« beharrlich einzurichten, »und besonders auf die Kraft der Kameradschaft zu achten, die aus dem heiligen Schwur kommt, nie einen Kameraden auf dem Schlachtfeld allein zu lassen, bis alle tot sind. Niemals darf der Legionär an dem Erfolg des Unternehmens zweifeln.« Auch vom Sport versprach sich Franco einiges: »Sport ist das Fluchtventil unserer Energien.« Durch Sport solle der Legionär sich ablenken, müde werden und nicht nachdenken, schrieb er auf.

---

* Dr. Fleming erfand sein entzündungshemmendes Penizillin erst 1929, Darmverletzungen endeten zuvor meist tödlich. Spanische Kämpfer, allen voran die *Toreros*, die gegen den Stier kämpften, schützten sich gegen die Gefahren einer Darmverletzung, indem sie vor dem Kampf den Mageninhalt auskotzten und den Darm durch einen Einlauf entleerten. Aus Dankbarkeit setzten die *Toreros* ihrem »Doctor Fleming« vor der Madrider Arena ein Denkmal: Schließlich hatte die Würgerei mit dem besonders wirksamen Antibiotikum ein Ende, bestand dank Fleming die begründete Hoffnung auf längeres Leben und dauerhafteres Essen. Die Kotz-Angst vor dem Kampf, die blieb.

Wie fast alle Führer regulärer Truppeneinheiten weltweit, beklagte auch Franco die Hinterhältigkeit des Gegners, der gegen eine Besatzungs-Armee die Taktiken des Kleinkrieges anwandte, weil er über keine ausreichenden Reserven an Soldaten und Material verfügte: »Der Feind präsentiert sich nicht in einem entschlossenen, offenherzigen Zustand, er bleibt verheimlicht und macht aus dem Boden seinen Idealschutz... Er scheint zu verschwinden, wenn unsere Artillerie anfängt, unser Vorrücken vorzubereiten; er versteckt sich in den Schluchten der Hügel, die wir besetzen werden, und, wenn wir ankommen, greift er schreiend an, um uns zu überraschen.«

Franco empfiehlt in solchen Fällen Gelassenheit als erste Legionärs-Pflicht, denn »der Maure kommt nicht auf die ‚weise' Waffe, gegen jemanden vorzugehen, der kämpfend auf ihn wartet, wohl aber gegen den, der überrascht und dumm die Flucht ergreift.« Vom Mauren lernen, schrieb Franco in sein Buch, heiße »beim Angriff schreien und alles tun, was den empfindlichen Charakter des Mauren beeinflußt und seine ‚Moral' mindert«. Wenn der Maure angreife, so Franco an anderer Stelle seines Buches, sei die primitive Taktik des Mauren der Überfall, welcher wiederum, wenn von Feindes Seite erwartet, durch entsprechende Sicherung von Schluchten oder unwegsamem Gelände vermieden, oder, wenn er denn doch kommen sollte, mit Tricks und Fallen erwidert werde – der Rat der Schlitzohren unter den Legionären war dann gefragt, aber nicht immer. Denn zunächst kam alles anders als Franco aufgeschrieben hatte.

Die Kabylen erwarteten die Legionäre, mit denen sie noch kaum Bekanntschaft gemacht hatten, vor Casabona, einem Stützpunkt der Spanier, in dem es an allem mangelte, was nötig war, um ihn nachhaltig verteidigen zu können. Casabona schien dem Befehlshaber der Ostzone von Marokko, General Sanjurjo, so wichtig gewesen zu sein, daß er den Kommandeur der Legion und den Stellvertreter beauftragte, gemeinsam die Vorhut eines Versorgungs-Konvois für den Stützpunkt anzuführen. Zur Verstärkung waren José Millán Astray und Francisco Franco noch zwei *Tabors* »*Regulares*« zugeordnet worden. Sie sollten sie brauchen.

Die Kabylen lagen gut verschanzt in Positionen, von denen aus sie die Route nach Casobona beherrschen konnten. Sie waren viele Kämpfer, sehr viele. Wie viele, notierte kein Geschichtsbuch der Spanier, aber der erste heftige Sturmangriff der Legion wurde verzeichnet. Er sollte ihre Spezialität werden.

Die verstärkte Vorhut ging in Stellung, versuchte die Kabylen mit konzentriertem Feuer niederzuhalten, während sich *Regulares* und Legionäre mit Gebrüll auf die Mauren stürzten: »*Viva la Muerte!*«, da war er wieder, der Kampfruf der Legionäre, der Geschichte auf den Schlachtfeldern machen würde und der vor dem Katheder der philosophischen Fakultät der Universität von Salamanca zitiert werden sollte: »*Viva la Muerte!*«, »Es lebe der Tod!« Der Erfinder des Schlachtrufes, Millán Astray, brüllte ihn, hier wie dort.

Auch die Kabylen brüllten, auch die Kabylen griffen an. Ihr Kampfruf war zum Fürchten, ihr Gegenangriff war zum Fürchten: »*Allahu akbar!*«, »Allah ist größer!« begleitet von dem durchdringenden, grellen Triller-Tremolo, das viele Bergvölker benutzen, um sich über weite Strecken verständigen zu können, ein Kriegsgeschrei, dem der nordamerikanischen Indianer nicht unähnlich, wenn sie Jagd auf Skalpe machten. Bei Casabona gings nur um wenig mehr, es ging um Köpfe. Der Nahkampf entschied um wessen. Mehr als 90 Legionäre lagen tot oder schwer verwundet im Staub und um die 100 *Regulares* mit ihnen. Eine Kombination, die noch jahrelang, wie eine Schicksalsgemeinschaft über den Tod hinaus, die spanischen Kampffelder pflastern sollte. Das *Tercio Extranjero* und die *Regulares* siegten im Kampf Mann gegen Mann und trieben die Kabylen nach einem harten Bajonett-Gefecht aus ihren Stellungen. Die »fremden Teufel der Legion« hatten sich einen Namen erstritten, der sich bei den Aufständischen des Rif schnell herumsprach, die *Regulares* hatten schon einen.

Francisco Franco konnte seinem Tagebuch einer *Bandera* im Kapitel »Psychologische Kriegsführung« eine schrille Quintessenz hinzufügen: »Wir haben es geschafft, daß man vor uns Angst hat; erhaltet die Legende und vergrößert sie im Kriege, indem ihr die Angst und den Tod unter den Feind säet!«* (s.S.40).

Die Ereignisse von Casabona hielten auch für die Anekdoten-Sammler der Legion etwas Passendes bereit. Die befreundeten Legionäre Fajardo und Moreno aus der 4. Kompanie der 2. Bandera lagen tot übereinander auf dem Schlachtfeld. Ihr *Teniente*, ein Freund griechischer Göttersagen, nannte sie gern »die Dioskuren, Kastor und Pollux«, Söhne des Zeus.

Sie waren auch im Leben unzertrennlich gewesen, besuchten in Melilla gemeinsam das Barrio Real, wo es Küsse und tiefergehende Dinge billig zu kaufen gab, sie lehnten gemeinsam am Kantinen-Tresen von »Pepe el del Rincon« und tranken ihren Wein. Gemeinsam tot, waren sie nun zu dritt mit der *Novia de la muerte*. Fajardo war im Gefecht gefallen, Moreno war nicht zu halten, ihn zu retten. Die Kugeln waren so dicht geflogen, daß alle Vögel vom Himmel gefallen wären, wenn sie bei Casabona mitgezwitschert hätten.

Ein gewisser *Capitan* Hernández stiftete, als er seine Versetzung aus der Legion in der Tasche hatte und schon weit weg war, diesen Satz über die Legionäre im Marokko-Feldzug: »*Uno no se alista al Tercio para vivir, sino para morir!*« (Man schreibt sich nicht beim *Tercio* ein um zu leben, sondern um zu sterben!) Etwas anderes hatte der Legions-Vorsteher nie versprochen, es stand auch so im *Credo Legionario*, das täglich runtergebetet wurde (siehe Seite 96 ff).

Die Todes-Blockade

Auf den Höhen des Monte Gurugú hatten sich die Krieger des Abd el Krim eingerichtet. Eine ungemütliche Situation für die Spanier und die Stadt Melilla. Vom Monte Gurugú waren die spanischen Stellungen und die belagerte Stadt einsehbar. Die Kabylen fühlten sich in ihren Positionen so sicher, daß sie ihre sonst übliche Guerilla-Taktik – überraschend auftauchen, zuschlagen, verschwinden und an anderer Stelle wieder überraschend zuschlagen und wieder verschwinden, und so endlos weiter – partiell aufgaben und schweres Gerät heranschafften. Mit Kanonen zerdepperten sie, Granate um Granate, die Befestigungen der Spanier. Eine Granate fuhr ins Zentrum der Festung Dar Hamad. Viele Soldaten und ihr Offizier wälzten sich in ihrem Blut, der Widerstand von Dar Hamad drohte zu erlöschen. Sie brauchten dringend Verstärkung, um von den Kabylen nicht endgültig aus ihrer Stellung geworfen zu werden und einen der möglichen Wege nach Melilla frei zu machen.

Der mit seiner Legionärs-Einheit zum »Atalayón«, einem erhöhten Stützpunkt mit Wehrturm, abkommandierte *Teniente* Argulla meldete sich zur Hilfe. Abgelehnt: Truppe zu groß, Atalayón zu wichtig. Eine kleine Gruppe aus 15 Freiwilligen sollte Dar Hamad verstärken. Alle Legionäre meldeten sich, auch *Teniente* Argulla. Der durfte nicht, er mußte bei seiner Truppe bleiben. Argulla suchte nun die Männer aus, die gehen sollten. Alle drängten nach vorn, wollten gehen, wohl ahnend, daß keiner von Dar Haman zurückkehren würde. Die Blockade war wie ein ausgefranster Deich, das Loch war erst zu stopfen, wenn die Flut wich. Wann aber würden die Kabylen weichen?

Schließlich gelang dem *Teniente* die Auswahl; der *Cabo* Suceso Terrero, ein Gefreiter, erhielt den Befehl, die Freiwilligen zu führen gemäß dem Millán Astray-Wort, »in der Legion befehlen auch die *Cabos*«. Die Fünfzehn bereiteten sich spartanisch und undramatisch für das Unternehmen vor. Legionär Lorenzo Camps öffnete die Sicherheitsnadel in seiner Rocktasche und zog die aufgespießten 250 Peseten von der Nadel, seine angesparte Barschaft. »Hier«, sagte er zu *Teniente* Argulla, »geben Sie das Geld dem Roten Kreuz.« Still verließen die Legionäre die Deckung des Atalayón, ohne ein Wort des Abschieds, nur ein paar flüchtige, verstohlene Blicke wechselten zwischen denen, die blieben und denen, die gingen. Wie Hunde, die Hasen jagen, rannten die 15 Legionäre geduckt über das offene Feld. Manch einer, der ihnen nachsah, hätte schwören können, daß die *Novia de la Muerte* unter ihnen sei und schon Gala trug, als sie mit ihren *Caballeros Legionarios* nach Dar Hamad hetzte.

Sie kamen nachts vor der belagerten Festung Dar Hamad an, durchbrachen den Ring der Kabylen, zogen zwei während der Annäherung auf die Feste niedergeschossene Legionäre mit sich durch den Drahtverhau der spanischen Stellung und waren drin in der Falle von Dar Hamad.

Die Nacht gehört den Freischärlern, diese auch. Die Belagerer schleppten gegen die unerwartete Verstärkung Artillerie herbei und begannen, die Befe-

---

* Die Legende wirkt noch. Legionäre begeben sich nur ungern unter einen Stahlhelm; ihre *Gorro isabelino*, Dienstmütze in der Zeit von Isabel II. (1833–1868), mit der blutroten Quaste (Borla) ist ihr unverkennbares Erkennungsmal im Feld und war ursprünglich nur für Offiziere und Truppenchefs entworfen worden: »Wenn der Gegner unser Käppi sieht oder auch nur seinen Schatten, rennt er schon davon,« beschworen Legionäre der 90er Jahre den Fetisch zwischen ihren Ohren. Der Glaube versetzt eben nicht nur Berge, sondern auch feindliche Armeen.

stigung, auch *Secunda caseta* genannt, zweites Häuschen, mit Granaten aus kürzester Entfernung in Grund und Boden zu schießen. Der Feuerschein der Detonationen war weithin zu sehen und wurde auch gesehen. »*Malo!*«, stöhnten die Soldaten unter spanischer Fahne ringsum in den verstreuten Stellungen vor Melilla, wenn sie sahen, daß wieder und wieder die Granaten der Kabylen die Legionäre in der *Secunda caseta* trafen: »*Malo, malo!*« Schlecht, ganz schlecht! Das Feuer der Kabylen überzog das inzwischen zerbröselte »zweite Häuschen« bis nach Mitternacht. Die anfänglichen Gewehrsalven der Verteidiger erstarben allmählich zu unregelmäßigem Streufeuer. Die Morgendämmerung erlebte kein Legionär, die ersten Sonnenstrahlen wärmten nur die Toten von Dar Hamad, die seitdem Todes-Block heißt oder »*El Malo*«, die Schlechte.

Der Chef der Legion, ein Kopfabschneider?

Bis zur zweiten Augustwoche 1921 kontrollierten die Kabylen die Vorstädte von Melilla. Warum versuchten sie nicht, den Brückenkopf, das Bollwerk der Spanier auf dem Boden des Maghreb, ganz an sich zu reißen? Die Verteidigung der Stadt war noch schwach; die 1800 spanischen Soldaten, die in der Stadt geblieben waren, konnten nicht ernsthaft in den Krieg ziehen, so schlecht wie sie ausgebildet waren und so unterernährt.

Zum Glück der Bewohner von Melilla befand sich im Norden der Stadt der Stamm der Beni Sicar, deren Clan-Chef zu den Spaniern hielt. Was die Spanier von ihm hielten, erlauschte er mehr zufällig durch Volkes Stimme auf dem Platz der Souveränität: »Wenn die Rif-Kabylen die Stadt einnehmen, werden sich die Beni Sicar an dem anschließenden Gemetzel beteiligen«, glaubten die Spanier zu wissen. Das aber wußte Abd el Krim nicht. Er fürchtete, beim Sturm auf die Stadt zu viele Kämpfer zu verlieren. Melilla zerfiel in Ober- und Unterstadt. Die modernere Unterstadt war von ihren 40.000 Bewohnern verlassen worden. Sie waren in die befestigte Oberstadt geflüchtet und suchten hinter den dicken Mauern Schutz.

Abd el Krim drückte noch eine andere Sorge – die Presse. Nach den »*Killing fields*« zwischen Annual und Nador fürchtete der Kabylen-Führer, in der Weltöffentlichkeit zum Monster abgestempelt zu werden; wenn seine Truppen Melilla nehmen sollten, dann nur, um den spanischen Einfluß für immer auszurotten. Es schien klar, was dies für die Mehrheit der Bewohner der Zitadelle heißen würde. Auch war Abd el Krim klug genug, die Spanier mit einem Total-Verlust von Melilla nicht noch mehr zu blamieren und zu reizen, denn dies hätte zur Folge haben können, sie zu einen und die nationale Schande einer solchen Schlappe durch eine gemeinsame Kraftanstrengung aller Spanier zu relativieren.

Da war noch etwas, was Abd el Krims Siegerlaune enorm drückte: Seine Krieger wollten mit ihrer Beute endlich nach Hause und ihre Felder bestellen. Die Ernte stand unmittelbar bevor, sie war ihnen im Augenblick wichtiger, als Spanier abzustechen. Wer sollte die Arbeit auf den kargen Böden schaffen? Die Ernte ausfallen zu lassen, hätte den sicheren Hungertod der vielköpfigen Familien bedeutet, Reserven gab es keine. Ein Rif-Veteran beteuerte gegenüber Abd el Krim eine vorübergehende Stillung des Blutdurstes vieler Krieger: »Wir haben nun keine Lust mehr, den Nazarinos die Köpfe abzuschlagen,« sagte der Berber im Dialekt seines Stammes – auf gut spanisch: »*Cortar cabezas*«.

Den Spaniern war der Fachausdruck fürs Köpfen schon lange geläufig. Ein den Spaniern von Castilla-Leon in Hass-Liebe verbundener Katalane, Juan Goytisolo, mit Wohnsitz in Paris (Exil) und Marrakesch (Neigung), fragte kürzlich in seinem Buch *De la Ceca a la Meca* – ein spanischer Ausdruck für »von Pontius zu Pilatus laufen« –: »Waren wir heldenhaft, als wir in ihren (berberischen) Zeltdörfern einfielen und Hunderte von blutenden Köpfen als Trophäen mitnahmen?« Der sonst dem glorifizierenden Spaniertum durchaus nicht abgeneigte Dichterphilosoph Miguel de Unamuno schimpfte im rückeroberten Melilla den Chef der Fremdenlegion, José Millán Astray, einen Kopfabschneider, »*Cortacabeza*«. Das hörte der Mann nicht gern und es führte bekanntlich während des spanischen Bürgerkrieges dazu, daß Millán Astray in Salamanca den Kopf von Unamuno forderte – im übertragenen Sinne, versteht sich.

Köpfe hin, Köpfe her – die kämpfende Afrika-Truppe der Spanier wird Vergeltung geübt haben. Das führte aber nicht dazu, daß den Kabylen das Interesse an fremden Hälsen verleidet wurde und daß sie lieber Hirse auf heimischen Acker schnitten oder Schafe im Einklang mit der entsprechenden Koran-Sure (II-213a) schächteten.*

Das Ritual verlangt vom Muslim etwas Konzentration, die in den Wallungen des Kampfes schnell verloren gehen könnte, das war klar. Aber die ungläubigen Nazarinos von Melilla wochenlang von den Höhenkämmen des Gurugú aus zu belagern – da vergeht selbst einem Kabylen das Lächeln des Berbers. Der unbeständige Charakter der Bauern und Hirten aus dem Rif taugte nicht für die Taktik der Belagerung einer Stadt, auch waren die Mitglieder der konkurrierenden Stämme Kooperations-Absprachen nicht gewöhnt, noch sprachen sie die selbe Sprache.**

Ungeduld machte sich unter den Männern breit, der Druck auf die spanischen Linien wich, die Masse der Abd el Krim-Truppe zog – langsam, »*Palma por palma*«, Handbreite um Handbreite – zurück ins Landesinnere, zu Heim, Herd, Herde und Ernte – das wichtigste im Leben eines Partisanen, neben Bomben und Pistolen. Vorteil für die Spanier.

Massengräber in Nador

Für Oberbefehlshaber General Dámaso Berenguer schien die Zeit gekommen zu sein, verlorenes Terrain zurückzugewinnen. Erstes Angriffsziel war Nador, zwölf Kilometer südlich von Melilla. Im Morgengrauen des 17. September 1921 orgelten und jaulten schwere Granaten über Melilla hinweg und schlugen in den Positionen der berberischen Belagerer auf dem Monte Gurugú ein. Abgeschickt wurden die großkalibrigen Heuler von Teilen der spanischen Kriegsflotte, die über Nacht vor Melilla aufgekreuzt war. Feldartilleristen stimmten mit Geschütz-Salven ein. Sie mühten sich, das Feuer auf die Stellungen ihrer kabylischen Quälgeister auf den

General Dámaso Berenguer, Statthalter des Königs und Befehlshaber der spanischen Truppen in Marokko.

Höhen des Gurugú so punktgenau wie möglich zu legen, als wollten sie sich persönlich dafür rächen, daß die Abd el Krim-Truppen ihnen wochenlang auf den Kopf gespuckt hatten. Auch ihr Segen kam von oben: Eine Staffel Doppeldecker rauschte übers Mittelmeer heran, den Erdkampf suchend wie Raubvögel die huschigen Feldmäuse.

Die Orchestration des Krieges – der Vorhang für die letzte Szene einer Völkerschlacht in Mitteleuropa war vor drei Jahren gefallen – fand ihre Neuein-

---

* Technisch gesehen macht der Schnitt sowieso keinen Unterschied. Er dient dem alleinigen Zweck, das Opfer (»*Dhabiha*«) nach dem Schnitt durch die Gurgel (»*Dhabh*«) sauber ausbluten zu lassen, zu schlachten also (»*Dhaka'a*«). Dabei darf der Kopf nicht abgetrennt werden, der Körper muß auf der linken Seite liegen mit Blickrichtung Mekka (»*Kibla*«), die Schlachtung hat ein notwendiges Vorhaben zu sein, der Name Gottes (»*Allah*«) ist anzurufen.

** Im Laufe der Jahrhunderte hatten sich Dialekte herausgebildet, die in den Bergtälern ein mundartliches Eigenleben führten, einem

kaukasischen Sprachenwirrwarr ähnlich. Die »*Tribus*« (französisch Stämme, Familien, Sippen) waren an ihren unterschiedlichen Turbanen zu erkennen oder spätestens dann, wenn sie den Mund aufmachten, dann orteten sie auch ihre Herkunft und die Geschichte ihres Clans quasi gleich mit, samt aller Fehden mit den Nachbarn. Die ungeschriebenen Gesetze und die schützenden Grenzen ihrer angestammten Reviere waren in den Bergen und Ebenen des Rif zurückgeblieben, das Revierverhalten aber haftete ihnen an.

stimmung an der afrikanischen Küste. Ungezwungen gaben die Franzosen den Ton an; sie hatten sich, im Bündnis mit Engländern, Amerikanern und Russen, die lästigen Deutschen vom Halse geschafft, jetzt wollten sie mit vereinten Kräften Marokko besetzen und besitzen, die Spanier sollten ihnen dabei helfen. Die spielten zwar im Konzert der Mächtigen nur die Zweite Geige – wenn sie ihnen nicht schon zur Ouvertüre, wie bei Annual, ungeschickt und kraftlos aus der Hand glitt – doch sie wollten unbedingt mitspielen, denn zu den Mauren hatten die Spanier schon immer eine ganz besondere Beziehung, und die manifestierte sich in Melilla, der ersten bedeutenderen Beute der Spanier auf Allahs Boden nach der Vertreibung der Mauren von der iberischen Halbinsel.

Als das Bombardement vorüber war, schienen die Absichten der Mariner vielfach ins Leere gegangen zu sein: Die rifische Beute-Artillerie nahm die vorrückende 1. und 2. *Bandera* der Legion, die *Regulares* von Ceuta und die drei spanischen Infanterie-Bataillone unter Feuer. An der Amadi-Schlucht schoß der Gegner wie aus allen Knopflöchern. Die Vorhut auf dem Wege nach Tetas de Nador blieb im Kugelhagel schwerer Maschinengewehre liegen. Vor der Vorhut, ganz vorne, Millán Astray und Franco. Jetzt hieß es für sie, ein Beispiel zu geben, der Augenblick der Wahrheit bei Militärs, die wirklich führen. Beide Offiziere sprangen auf, um den erlahmten Angriff vorwärts zu reißen. »*Viva la Muerte!«, »*Es lebe der Tod!« brüllten sie, rissen die Fäuste mit den Pistolen hoch, das Zeichen zum Angriff. Franco stand, Millán Astray stand – und fiel, wie von einer mächtigen Faust niedergestreckt. »Sie haben mich getötet,« schrie er, dann betrachtete er den üppig blutenden Einschuß über seinem Herzen, sprang auf die Füße und rief in die Schlucht: »Lang lebe Spanien! Lang lebe der König! Lang lebe die Legion!«

Nun war es an Franco, die Führung beider *Banderas* zu übernehmen, nachdem er für Erste Hilfe an Millán Astray gesorgt hatte. Er führte die Legionäre unter heftigem Schußwechsel am Schluchtrand entlang, bis sie offeneres Gelände erreichten. Von da an diktierten die Legionäre das Tempo des Kampfes. Sie verjagten die Berber aus mehreren Hügelstellungen und trieben sie einen Tag lang vor sich her, bis Monte Arbós erreicht war. Am nächsten Tag gelangten die *Banderas* ans Nahziel der Operation: Nador. Schon von weitem wehte ihnen der Gestank verfaulter Leichen entgegen. Nador mußte nicht erobert werden, es bot sich leblos dar, ein Geisterdorf aus stillen Häusern mit aufgerissenen Fenstern und Türen, vor denen grausig verstümmelte Leichen mit aufgerissenen Mäulern lagen, lauter stumme Schreie zur Begrüßung der Legion: Ihr kommt zu spät! Konzentriertes Summen aufgescheuchter Wolken von Fliegen war zu hören, dann und wann das Kotzen von Legionären und sechs Tage lang das Knirschen von Spaten, mit denen die Massengräber ausgehoben wurden.

Eine Frau mit Schnaps am Gürtel

Dreiunddreißig Legionäre waren während der Kämpfe zwischen Melilla und Nador auf der Strecke geblieben. Die Verletzten machten sich, soweit die Füße trugen, nach Melilla auf, um sich im Hospital des Roten Kreuzes versorgen zu lassen. Millán Astray war bereits auf einer Bahre angeliefert worden. Die Verwundeten zu Fuß gestalteten sich die Tour durch Melilla etwas komfortabler. Sie nahmen, den Regeln der damaligen Zeit gehorchend, eines der Sammeltaxis, die quer durch die Stadt fuhren. Waren fünf Fahrgäste zusammen, zuckelte der Fahrer los. Ein Legionär, dessen Wangen durchschossen waren, ein Kopfschuß gewissermaßen, und dessen Name aus verschiedenen Gründen nur aus den Initialen C. J. bestand, wählte diesen Weg ins Hospital. Er saß als erster im Taxi und blutete stark. »Wenn Du mich zur Stierkampf-Arena fährst,« röchelte er dem Fahrer zu, »bezahle ich auch den Rest der Sitzplätze«. In Melilla stand und steht tatsächlich die einzige Stierkampf-Arena Afrikas. C. J. hatte Glück, auch dieser Taximann war helle und verstand den Witz. Er fuhr C. J. statt zu den Veterinären zu den Feldchirurgen, die schon fleißig geübt hatten.

Wer als Verwundeter in Melilla nicht ankam, den sammelten Rotkreuz-Helfer auf, die Front war ja schließlich gleich um die Ecke. Eine Frau namens Roselta war als *Enfermera legionaria,* Legionärs-Krankenschwester, besonders populär. Sie spielte nicht den Engel hinter den Linien, sie war der diensthabende Engel *an* der Linie. Sie kniete in ihrem großkarierten Schottenrock gleich hinter den auf dem Bauch liegenden Legionären, hielt, solange es nichts

Abtransport von verwundeten Legionären im Verwundetensitz *Artolas* auf einem Maulesel durch einen *Moro* der *Regulares*.

für sie zu tun gab, die Kompanie-Standarte hoch, derweil die Söldner luden und schossen. Es war unmöglich, von Roselta nicht gerettet zu werden: Sank einer um, sank er in ihre Arme. Sie trug, wie die Legionäre, englisches Koppelzeug und das Käppi mit dem Bommel, aber statt einer Waffe hingen metallene Flaschen mit Wasser und Schnaps an ihrem Gürtel, Verbandszeug und was der Mensch noch so alles benötigte, wenn er in Not geriet.

Für Hilfe, Trost und ein kleines, stärkendes Schlückchen war bei der Legion gesorgt. Franco schrieb in sein *Diario* über die Behandlung von Legionären: »Fürsorge und Liebe der Vorgesetzten wird den Legionären das Fehlen der Familie ersetzen«. Ein verbreitetes Wort über das Verhältnis der Legionäre untereinander verkürzt den Weg zum Ziel: »Die Legion kennt viele Väter«.

Millán Astray – inzwischen für seine Anführer-Qualitäten in der Schlucht vor Tetas de Nador zum *Coronel*, Oberst, befördert – sah sich gern als »Vater vom Dienst«. Häufig wird in der Legion die Geschichte erzählt, wie in Melilla ein Verwundeter auf der Trage an Millán Astray vorbeigeschafft wurde. »Wer bist du?«, fragte der Oberstleutnant betroffen den stark am Kopf blutenden Legionär. »Ich bin die Tänzerin, *mi Coronel*,« antwortete der Legionär. Millán Astray verstand den Mann auf Anhieb. In den schweren Zeiten Melillas war der »*Circo de Alegria*« gegründet worden; im »Freuden-Zirkus« gaben Legionäre abends Vorstellungen, um die Stimmung der Bevölkerung zu heben. Der verwundete Söldner mimte eine Tänzerin im Legionärs-Ballett, wenn er nicht hinter seinem Maschinengewehr lag – tags Spritze, abends Spitze…

Tod im Westen des Ostens

Weit vorweg, an der Spitze der spanischen Rückkehrer-Truppen, führte die Legion mit den *Regulares* aus Ceuta General Sanjurjos Invasionstruppen an. Es ging nach Westen. Stieß sie auf Widerstand, echote ihr »*Viva la Muerte!*« durch die Schluchten und Hohlwege der nahen Berge vor Melilla. Bei Sept erstürmten sie unwegsames Gelände und die befestigten Grabensysteme der Berber, die sich im Schanzen geübt hatten. Die Verteidiger von Atlatlen und Segangan gerieten vor die Bajonette der Legionäre und wurden niedergeworfen; nach zähen Scharmützeln und Kämpfen Mann gegen Mann besetzten die *Banderas* den Kamm des Monte Gurugú. Damit war Abd el Krim und seinen auf den Höhen des strategisch wichtigen Gurugú verbliebenen Kämpfern der Blick auf Melilla genommen. Für diesen Blickwechsel bezahlte die Legion mit 121 Gefallenen plus 150 Mann, die schon der lange Anmarsch gekostet hatte.

Marschieren, schanzen, kämpfen, stürmen, weitermarschieren – die Kriegsmühle erwischte sie alle und zermalmte gefräßig Stürmer wie Bestürmte. Monte Arruit lag nun wie eine schwärende Wunde vor den Legionären, gemieden von allem, was Atem hatte, selbst den Kukerluken war der Platz zu pestig geworden. Die Söldner fanden hier nichts, was sich bekämpfen und erstürmen ließ, und am meisten versetzte sie in Wut, daß sie wieder einmal als Leichenbestatter gekommen waren. Statt um ihr Leben zu schanzen, gruben sie Leichen ein oder Teile von solchen. Es waren die Reste von Resten der Annual-Expeditions-Armee. Auf Monte Arruit hatte General Navarro, in den letzten Augenblicken der sich abzeichnenden Total-Niederlage, eine Auffangstellung zu errichten versucht. Um die 800 versprengte Soldaten und Posten hatte er um sich versammelt. Zu spät!

Nach der Einnahme von Nador und Zeluán belagerte Abd el Krim mit seiner Hauptmacht Monte Arruit. Nun rächte sich eine ruchlose Tat der Spanier. Als Tage zuvor Botschafter des Abd el Krim zur Übergabe des Forts aufgefordert hatten, wurden die Unterhändler des Kabylen-Führers von den Spaniern ermordet. General Navarro hoffte, seine Kapitulation verhandeln zu können, statt dessen ließ Abd el Krim die Besiegten durch eine lange Messer-Gasse seiner *Harkas* laufen.

Legionär des Rif-Feldzuges. Aquarell eines unbekannten Legions-Malers.

»Ich bin wie das Meer, Du bist wie der Wind!«

Während die Legionäre der 1. und zweiten 2. *Bandera* im Großraum Melilla durch die Kleinkriegs-Künste des Abl el Krim schwer zur Ader gelassen wurden, warben, lockten oder käscherten die Spanier auf der Iberischen Halbinsel in aller Eile neue freiwillige und nicht ganz so freiwillige Legionäre für die leerstehenden Baracken von Ceuta. Die 3. und 4. *Bandera* entstand, und nun gliederte sich die Legion in 16 Kompanien: Die 1. *Bandera* mit der 1., 2., 3. (Maschinengewehr) und der 13. Kompanie; die 2. *Bandera* mit den Kompanien 4, 5, 6 (Maschinengewehr) plus der 14.; in Ceuta nun die 3. *Ban-*

45

Tercios, Banderas und Legionen

Die etwas ungewöhnliche Durchnumerierung einer ungewöhnlichen Truppe war Ausdruck eines hohen Bedarfs an wirksamen Kriegs-Mannschaften – man konnte gar nicht genug Legionäre bekommen und hängte einfach eine weitere Kompanie an die *Banderas* hinten dran. Das ganze war anfänglich das *Tercio de Extranjeros*, von dem Alfonso XIII. wollte, es solle *Tercio* genannt werden, was ignoriert wurde, weil man die exotische Truppe *La Legión* zu nennen beliebte. Als klar wurde, daß es auch Spanier vermehrt ins *Tercio de Extranjeros* zog, setzte sich die Bezeichnung *La Legión* inoffiziell durch. Als König Alfonso XIII. mit der Legion und ihren Leistungen am glücklichsten schien, taufte er die Legion per königliches Dekret vom 16. Februar 1925 um in *Tercio de Marruecos*. Das muß ein Mißgriff gewesen sein, denn am gleichen Tag kam des Königs neue Order: *Tercio* solle sie heißen, die Legion! Um die Verwirrung komplett zu machen, wurde das *Tercio* in zwei Legionen organisiert. Die »Erste Legion« wurde zur »Ost-Legion« mit Quartier in Melilla. Ihr wurden die *Banderas* 1, 2, 3, und 4 zugeteilt. Die »West-Legion« in Ceuta bekam die *Banderas* 5, 6 (gegründet am 1. September 1922), 7 (1. Mai 1925) und 8 (1. Januar 1926). Wären Namen kriegsentscheidend, hätte die Legion verloren. Nun war nämlich das königliche *Tercio* in aller Leute Mund – *La Legion* und die Legionen hießen *Tercios*... Was aber bedeutete *Tercio*? Bevor der Bürgerkrieg in Spanien endete, brachte es die Legion auf 18 *Banderas*. Die letzte mit dem übersetzten Namen »Unsere liebe Frau von Afrika« wurde am 24. April 1938 gegründet. Es gab im Laufe der Legions-Geschichte unabhängige *Banderas*, »*Banderas Independiente*«, die keinem der nach und nach gegründeten vier *Tercios* direkt zugehörten, und solche, die *Tercios* »nahe« standen. Wer sein Herz an korrekte Bezeichnungen hing, kam tiefer ins Rätselraten: Die *Tercios* machten dem Sinne nach viermal ein Drittel *(Tercio)* aus, also ein Ganzes und ein Drittel. Aber wovon? Ganz einfach: Im 16. und 17. Jahrhundert kämpften in Flandern spanische Haufen, die als *Tercios* berühmt wurden. Alles klar?

dera mit der 7., 8., 9. (Maschinengewehr) und der 15. Kompanie, und schließlich die 4. *Bandera* mit der 10., 11., 12. (Maschinengewehr) plus der 16. Kompanie. Es gab Legionäre, die behaupteten, der 13. und 15. Kompanie sei ein leichter Samba-Schritt beim Marschieren eigen gewesen. Dies könnte so gewesen sein, denn die meisten dieser Legionäre stammten aus Lateinamerika und Kuba. Für Cha-Cha-Cha gab es jedoch kaum Gelegenheiten.

Im Westen Marokkos (Ceuta) rückten die Rebellen des Ahmed El Raisuni aus Yebala gegen die Spanier vor und machten mächtig Druck. Die Erfolge Abd el Krims im Osten ermutigten sie – Einigkeit machte stark, – wenigstens vorübergehend alte Streitigkeiten und Rivalitäten unter die zahlreichen Berberteppiche zu kehren.

El Raisuni war das, was man gern flott als eine »schillernde Figur« umschreibt. Er war natürlich mehr, er war eine außerordentlich schillernde Figur. Er war eine bombastische Mischung aus baronisiertem Feudalherren mit staatsmännischem Ehrgeiz, tyrannischem Banditen mit gelegentlichem Robin Hood-Flair. Sie nannten ihn *El Aguila de Zinat*, den Adler von Zinat, der, vielleicht 1871, in das östlich von Tanger gelegene Bergnest geboren wurde und vom *Fahs* – Clan – aufgezogen wurde. In seiner Jugend studierte er die herrschende Religion und die koranischen Gesetze. Er wußte viel über den Koran, über Frauen und über Pferde. Die Antworten, die er für sich suchte, hatte er aber nicht zwischen den Buchdeckeln gefunden. Wie ein wilder Reiter kam er über die Bauern, zündete ihnen die Felder an nur um herauszufinden, ob da einer wäre, der sich gegen ihn stellte. Als die Spanier sich in Marokko breitmachten, war er erst ihr Freund, dann ihr Feind, je nach Epoche. Er machte Millionen durch Lösegeld-Entführungen und Beschlagnahmungen und hoffte, zum Kalifen für Spanisch Marokko ernannt zu werden. Für diesen Job zahlte die spanische Krone eine Aufwandsentschädigung – oder Schmiergeld, wie man will – von 215.000 Dollar. Die spanische Königsfamilie bekam nur 71.000 Dollar mehr als das, was sich Adler El Raisuni jährlich krallen wollte. Am Ende war er Gefangener von Abd el Krim.

Den spanischen Soldaten orakelte El Raisuni, ganz Orientale, die Zukunft. Erst hatte er den Spaniern den Marsch an die marokkanischen Atlantik-Küsten erleichtert. Aber dann stritt er sich mit einem Obersten namens Manuel Fernández Silvestre über

Rebellenchef El Raisuni, der »Adler von Zinat«.

Kompetenzen und Prestige, Dinge, die dem Spanier schon immer einen Streit wert waren. »Du und ich sind zusammen das Unwetter,« sagte das Orakel, »Du bist der tobende Wind, ich bin das ruhige Meer. Du kommst und bläst erbittert. Ich bewege mich hin und her, wühle mich auf und zerschlage zu Schaum. Da hast Du schon das Unwetter. Aber zwischen Dir und mir gibt es einen Unterschied: Ich werde, wie das Meer, nie von meinem Platz weichen. Und Du wirst, wie der Wind, niemals an einem Platz sein.« Einige Jahre später sollte sich El Raisunis Weissagung bei Annual erfüllen. Er sah vom alten Kontrahenten nur den Kopf wieder, den restlichen Silvestre trieb der ruhelose Wind vor sich her.

Mit der Ernennung von General Gómez Jordana zum Hohen Kommissar von Spanien in Marokko (1915) verbesserten sich die Beziehungen zu El Raisuni zeitweilig. Nach einem Zusammentreffen 1919 mit dem Nachfolger Jordanas, General Dámaso Berenguer, liefen die Verbindungen zu dem Feudalherrn erneut ins Leere. Die Herren konnten oder wollten sich nicht verständigen. Die Folgen der Sprachlosigkeit bekämpfte ausgiebig die Legion. Millán Astray, von seiner Brustverletzung nur leidlich genesen, führte die 3. und 4. *Bandera* in das Yebala-Gebiet von El Raisuni und des Beni Aros-Clan. Die im November aufgestellte 5. *Bandera* war mit von der Partie, wurde aber wegen der nur zweimonatigen Ausbildung der Legionäre nicht »ganz vorn« eingesetzt. Es wäre den Neuen auch schlecht bekommen: Die achte Kompanie geriet während eines Rückzuges bei Dráa el Asaf derart unter die Berber, daß sie sich die zehnfach überlegenen Angreifer mit dem Messer vom Halse schaffen mußten, so dicht saßen die ihnen auf. Millán Astray riß es abermals von den Füßen. Ein Schuß ins rechte Bein beendete seinen kurzen Aufenthalt auf El Raisuni-Gebiet. Ihn evakuierte die Truppe erneut nach Spanien.

In den folgenden Monaten hatte der »Adler von Zinat« stets genügend Aufwind, um erst an Höhe zu gewinnen und dann in die Tiefe des Raumes zu entschwinden, wenn die Spanier ihm schon dicht auf den marokkanischen Schlappen waren. El Raisuni entkam den Häschern der Legion auch bei der endgültigen Besetzung von Tazarut. Das Nest, in dem man ihn vermutete, war warm, aber leer.

Kampf um Tizi Azza

Im Märzen, eine noch zaghafte Frühlingssonne regte die Geister von Freund und Feind gleichermaßen zu neuen Taten an, beschloß General Dámaso Berenguer, persönlich den Vormarsch seines östlichen Expeditionsheeres gegen die Territorien der Beni Said und Beni Ulixech zu führen. Dar Drius, südwestlich von Melilla gelegen, war bereits im Januar 1922 wieder eingenommen worden. Dort machten die Spanier eine seltsame Entdeckung: Die im Stellungsbau noch ungeübten Kabylen hatten die Erde der ausgeschachteten Schützengräben nach hinten statt nach vorne geschaufelt, wo sie ihnen als Brüstung dienlich gewesen wäre.

Millán Astray stand wieder auf den Beinen und führte mit der 1. und 2. *Bandera* die Vorhut der Frühjahrs-Offensive. *Comandante* Fontanes, Chef der 2. *Bandera*, erlitt einen der gefürchteten Bauchschüsse und erreichte, wie 86 andere gefallene Legionäre, nicht das gesteckte Ziel der Operation. Unter neuem Kommando kämpfte sich gegen Ende des Jahres die 2. *Bandera* bis Ben Tieb vor und begründete ein großes, vorgeschobenes Legions-Camp ziemlich genau auf der Linie zwischen Dar Drius und Annual. Unweit von Ben Tieb hatten sich zu Beginn des Jahres die Spanier Tizi Azzas bemächtigt, ein Stützpunkt, der, wie die meisten spanischen Befestigungen, auf einem unwegsamen, strategisch bedeutsamen Felsgipfel lag. Tizi Azza sollte im Kriegsplan der Eroberer einmal das entscheidende Sprungbrett für den letzten Großangriff auf die Rif-Verteidiger sein. Zunächst einmal aber mußte Verstärkung her, und die konnte bis zum letzten Zündhütchen nur durch einen schmalen, ungeschützten Engpaß kommen.

Abd el Krim erkannte die Gefahr im Rücken seines Hauptquartiers bei Axdir an der Mittelmeerküste und ließ Tizi Azza von seinen Truppen überrennen. Die erste Schlacht um Tizi Azza kostete die Spanier fast 2000 Soldaten, und so wurde nichts aus dem Angriff gegen das Kabylen-Zentrum im Norden. Der neue Befehlshaber von Spanisch Marokko, General Ricardo Burguete, (General Dámaso Berenguer Fuste war abgelöst worden, um vor dem Madrider Annual-Untersuchungs-Ausschuß aussagen zu können), entschloß sich, den Winter auf den frostigen Höhen abwarten zu lassen. Dafür erschienen die Kabylen abermals vor den Stellungen von Tizi Azza. Die Schlacht verlief blutig, entschied aber nichts. Die Spanier konnten bleiben.

General und Hochkommissar Burguete wollte unter allen Umständen verhindern, daß sein kampftüchtiger Gegner die Wartezeit nutzen würde, Waffen an der Küste anzulanden und weiter aufzurüsten. Schon jetzt hatten die Berber in der Rüstung mächtig zugelegt. Zu Allahs Beute bei Annual kamen noch Lastwagen, Personenwagen und Nachrichten-Übermittlungs-Technik: Abd el Krim besaß ein Telefonnetz und ein Radio-Abhör- und Transmissions-Zentrum. Der Glaube allein und Allahs Eingebungen reichten nicht, den Heiligen Krieg *(Dschihad),* den er führte, zu gewinnen. Seine *Harkas* kriegten nun Ausbildung an erbeuteten und geschmuggelten Waffen-Systemen, sie erhielten patriotischen Unterricht und für den Kampfgang Essen-Rationen, und Besuch bekamen sie auch. Die ausländische Presse, Teil der Abd el Krim'schen psychologischen Kriegsführung, stellte sich ein. Kein Zweifel war mehr erlaubt, der Rebellen-Führer, der bald auch noch einen Rif-Staat mit eigener Währung ausrufen sollte, war ein ungemein tüchtiger Kriegsherr, wirklich zum Fürchten.* General Burguete ließ die Marine, die sich bereits auf lohnende Landziele eingeschossen hatte, vor der Küste kreuzen. Und siehe da, die Kabylen schossen zurück. Abd el Krim hatte Kanonen in Felshöhlen bugsieren lassen und beharkte die Kriegsschiffe sporadisch mit fauchenden Granaten, wenn sie seinen *Harkas* zu nahe kamen oder die Waffenschmuggler unterhalb der Küste bei ihren Anlandungen störten.

Da war noch etwas, was General Burguete mit jedem kalten Tag immer heftiger auf den Nägeln brannte: Die 570 Gefangenen aus dem Annual-Desaster, die der Kabylen-Führer als Faustpfand behielt, und von denen man wußte, daß es ihnen miserabel ging.** General Burguete empfahl gegen diese andauernde Demütigung der Spanier ein Bombardement der Rif-Dörfer durch die Luftstreitkräfte, bis Abd el Krim die Gefangenen herausrückte. Die spanische Regierung unter Garcia Prieto sekundierte dem frühen »Bomber-Harry«, sie wollte die Freilassung der Gefangenen mit allen Mitteln erzwingen. Den Krieg gegen Frauen und Kinder, Alte und Gebrechliche verhinderte ein Millionär aus Bilbao, Freund des Abd el Krim seit langem. Er begab sich für einige, symbolische Stunden in die Gefangenschaft der Kabylen und handelte ein Lösegeld aus.

---

* Im Geschichtsbuch-Material der spanischen Streitkräfte findet sich nichts, was es wert wäre, eine großmütige Geste gegenüber dem ehemaligen Gegner genannt zu werden. Auch die Legion ist sprachlos, Abd el Krim und seine Krieger sind Unpersonen. Daß die Spanier eins auf den Scheitel bekommen hatten, ist eine Sache, die Anerkennung des beherzten Mutes des Gegners eine andere. Können spanische Militärs nur kräftig austeilen, aber nicht einstecken?

** Nicht alle Spanier kehrten zu den Spaniern zurück und einige von denen, die zurückkehrten, lobten die Kabylen: Das Leben der Kabylen sei nicht weniger hart gewesen als das Leben der Gefangenen. Die Grenzen zwischen Feind und Freund hatten sich während der langen Geiselnahme verwischt, ein Phänomen, das viele Jahre später, nach der Erstürmung der Bonner Botschaft in Stockholm und der Befreiung von RAF-Geiseln, als »Stockholm-Syndrom« bekannt wurde. Es hätte auch »Axdir-Syndrom« heißen können.

Millán Astray muß vom Rif lassen

Man muß nicht lange raten, wofür Abd el Krim das Geld ausgab. Waffen kamen auf vielen Wegen ins Land, gekaufte, gespendete, erbeutete. Neben seinen Berber-Kriegern und ihren Clan-Kassen stand dem Rebellen-Chef ein Sympatisantenheer zur Seite: Im arabischen Osten waren die Muslims begierig hinter Abd el Krim-Neuigkeiten her, die Syrer und Libanesen in Brasilien, Argentinien und Nordamerika nicht weniger als die Deutschen. In Frankreich transferierte ein »Komitee gegen den Krieg in Marokko« Geld an die Rebellen. Idealisten waren auf Seiten der Berber und Abenteurer – spanische Bewunderer, ausländische Gegner der spanisch-französischen Landnahme, Kaufleute, mit denen Abd el Krim allerdings nicht viel im Sinn hatte. Er fürchtete um die Unabhängigkeit des Rifs und vermutete – wohl nicht zu Unrecht – daß Kapitalgeber nur an Schürfrechten interessiert waren.

In der ersten Reihe der Bewerber für Minen-Konzessionen standen Deutsche von Mannesmann und Hugo Stinnes. Mannesmann war dem Vater Abd el Krims schon ein alter Bekannter – gute Aussichten für die Zeiten nach dem Krieg. Aus den Reihen englischer und französischer Mitwettbewerber tat sich nur ein gewisser *Capitán* Robert Gordon-Canning hervor, ein reicher Brite mit einer Leidenschaft für islamische Historie und großer Anteilnahme am Rif-Krieg. Er rüstete zwei Expeditionen ins Rif aus: Im November 1924 unter der Flagge des Roten Kreuzes, um verletzten Rif-Kriegern zu helfen. Ein Jahr später im Auftrage der Franzosen: War Abd el Krim zum Frieden bereit, und unter welchen Bedingungen?

Noch war Krieg, und die spanische Presse schrieb an der Legion vorbei: »Marokko ist der Friedhof der spanischen Jugend!« und »Marokko ist ein kaputter Sack, in den der nationale Reichtum gestopft wird!« Die Heimat, die teure, sie schwankte. Die multinationale Fremdenlegion starb indessen weiter für des Königs Generäle und Politiker. In den Grabenkämpfen der Politiker machten 1922–23 die Anti-Afrikanisten Geländegewinn und besetzten viele Positionen neu. Der Afrikanist Millán Astray, der zweifellos glaubte, in Nordafrika eine Mission zu erfüllen, verlor das Kommando über die Legion und bekam ein Regiment in der Provinz von Cádiz – so

Kommandierte nur einen Sommer lang: Oberstleutnant Rafael de Valenzuela, links, mit unbekanntem Hauptmann. Er fiel an der Spitze der Legion beim Angriff in der Schlucht von Iguermisen.

konnte er Marokko zwar sehen, aber nicht antasten. Freund und Kamerad Francisco Franco bat um seine Versetzung. Sie schickten ihn ins asturianische Oviedo, zu seiner alten Einheit zurück.

Neuer Chef der Legion wurde *Teniente Coronel* Rafael de Valenzuela y Urzais, Gründer der *Regulares* von Alhucema, ein nachdenklicher Mann mit vorzüglichen Führer-Eigenschaften. Er führte die Legion nur einen Sommer lang, dann war er tot. Der Legionär Leon Alber – er trug zum Gewehr immer seine Geige auf dem Rücken – und ein Kamerad, genannt *Alejandro Magno*, Alexander der Große, machten sich zu Ehren des Toten in die kahle Bergwelt von Tizi Azza auf. Als sie das Land des Feindes durchquert und den höchsten Gipfel erklommen hatten, nahm Legionär Leon seine Geige vom Rücken, stimmte sie bedächtig und spielte den Trauermarsch von Chopin für Valenzuela. In Zaragoza, zu Füßen der Stadtheiligen, *Virgen del Pilar* – sie trägt das Emblem der Legion am Saum eines ihrer Röcke – begruben sie ihn in der Krypta. In der Zeitung war der Kampf und der Tod Valenzuelas noch einmal nachzulesen:

»Am Morgen des 5. Juni 1923 startete unter dem Kommando von *Coronel* Gómez Morato eine Eskorte Soldaten. Munition und Verpflegung waren in einen belagerten Außenposten von Tizi Azza zu bringen. Wie meist in solchen Fällen, fiel der Legion die Sicherung des Unternehmens zu. Rafael de Valenzuela führte die Vorhut, drei *Banderas* Legionäre und ein *Tabor Regulares*. In der Schlucht von Iguermisen trafen die *Regulares* auf eine starke *Harka*, eingegraben nach allen Regeln des Schanzens. Nur ein massiver Generalangriff aller Einheiten konnte das Bollwerk beseitigen. Der *Coronel*, einen Dienstgrad höher als der neue Legions-Chef, befahl den Angriff. Er lag mit seinen Männern auf der äußersten rechten Position der rechten Schluchtseite, wo die 1. und 2. *Bandera* sich beharrlich vorkämpften, auf der linken Flanke die 4. *Bandera*, ebenfalls sprungbereit und schießend.

Das Feuer der Maschinengewehre der Legionäre lag über der *Harka*, Valenzuela brüllte durch den Gefechtslärm in Richtung 2. *Bandera*: »Legionäre! Der Augenblick ist gekommen, für Spanien zu sterben!« Dann wies er seinen Hornisten an, zum Angriff zu blasen: »Legionäre zum Kampf, Legionäre zum Sterben!« Mit aufgepflanzten Bajonetten rannten sie los, erkletterten den Hang, auf dem die Kabylen-Schanze thronte, dicht gefolgt von Valenzuela und seinem Stab und der 1. *Bandera*. Mit Handgranaten und Bajonetten trieben die Legionäre die Kabylen aus ihren Gräben, ein mörderisches Handgemenge, Mann gegen Mann. Valenzuela stand zwischen den Kämpfern und feuerte mit seiner Pistole auf den Gegner: »Viva la Muerte!«, dann sackte er mit einer Kugel im Kopf und einer in der Brust zusammen. Als man ihn vom Kampfplatz aufklaubte, lagen um ihn herum die Männer seines Begleitkommandos und vier Tragen. Die Legionäre waren allesamt niedergeschossen worden, als sie Valenzuela bergen wollten. Auf der Seite des Gegners mußte einer gewesen sein, dem es wichtig war, der Legion den Kopf zu nehmen.

In dem wüsten Durcheinander formierten sich versprengte Legionäre hinter den nächstbesten Offizieren, die auf dem Schlachtfeld herumirrten und ihre Truppe suchten, und setzten zum letzten, entscheidenden Schlag gegen die Rebellen an, die kurz darauf ihr Heil in der Flucht suchten.« –

Leon Albers Geigenspiel auf dem Gipfel galt auch seinen 185 Legionärs-Kameraden, die in der Schlucht gefallen waren.

Als die Legionäre anfingen, über sich nachzudenken und Daten für eine Chronik sammelten, gaben sie den ersten drei Kommandeuren der Legion einen Beinamen. José Millán Astray verzauberten sie zu »*La Mistica*«, die Mystische. Im keltischen, matriarchalischen Galicien, aus dem er stammte und wo Frauen von Steinen und Meereswellen fruchtbar werden, sind solche Talente gefordert. Rafael de Valenzuela erhoben sie zu »*El Valor*«, der Tapfere. Vehement mutig waren alle drei, jeder auf seine Weise. Bei Francisco Franco schwang im Beinamen Vorsicht mit: »*La Eficacia*«, die Genaue. Er war jetzt dran, die Legion zu führen. Seine Legions-Führerschaft begann mit einer Absage an die »Braut fürs Leben«. Abermals sagte Franco seine Hochzeit in Oviedo ab – fast schon Routine – und eilte, nunmehr *Teniente Coronel*, von *Bandera* zu *Bandera*, eine Inspektionsreise unter Kampfbedingungen. Franco sprach mit allen Offizieren und kämpfte mit jeder Einheit. Eigentlich machte er nur das, was er immer gemacht hatte: Er schuf sich ein Bild von der Lage, und die schafft man sich bekanntlich am besten, wenn man vorn dabei ist, da wo gestorben wird. Wie beim Außenposten Tifaruin, westlich von Melilla an der Mündung des Rio Kert gelegen, und die ganzen Jahre hindurch, hart von den Berbern bedrängt, die in diesem Gebiet Kerntruppen hinter den spanischen Linien unterhielten.

Im August 1923 kam es für Tifaruin ganz dick: 9000 Stammeskrieger des Rif umkreisten den Posten und zogen den Zirkelschlag um die Befestigung immer enger. Es war Franco mit der 1. und 2. *Bandera*, der die Eingeschlossen von Tifaruin heraushaute. Die *Regulares* von Melilla und Alhucemas waren vorgerückt, um einen Durchbruch zu versuchen, kamen aber gegen den harten Widerstand der Berber nur langsam voran, ein zäher Kampf, der Kräfte band und verschliß. Franco führte seine Legionäre in Eilmärschen und in einem weiten Bogen hinter die Rebellen. Gut marschiert, halb gewonnen – nur die Le-

Eilmarsch á la Legion im 180er-Schritt - bis zur »Reform« Ende der 80er Jahre fester Bestandteil des Legions-Defilées bei Paraden.

gionäre waren in der Lage, ein Tempo von 180 Schritten in der Minute über lange Strecken durchzuhalten, eine Schrittfolge, die sie noch zu steigern wußten, wenn es nötig war.* Die plötzlichen Hornsignale der Legion und das rasant einsetzende schwere Maschinengewehr-Feuer im Rücken und in der Flanke der Berber – eine Szene wie im Kino – ließen die ganze, geheiligte militärische Ordnung, und auf die hielten die Abd el Krim-Truppen inzwischen auch etwas, zusammenrasseln wie eine Brücke, der man den stabilsten Pfeiler weggeschossen hat.

Franco brachte es von 1920 (Ait Alva) bis 1927 (Kudia Sebaa) auf rund 200 Operationen unter Gefechtsbedingungen. Namen wie der von Casabona oder des berüchtigten ersten Bajonett-Gefechts, »*El Malo*«, oder »*El blocao de la Muerte*« und »*Blocao de Miscrela*« (Militär-Medaille) waren mit der Tapferkeit Francos verbunden: Die zweimalige Einnahme von Nador und die Eroberung von Monte Arbós, Anua, Tugunts, Ras Medua, Sebts, Ulad Dau und Taxuda wären ohne seine Führungsqualitäten im Kampf schwer vorstellbar gewesen. Die verlustreichen Aktionen von Tizi Azza, Tazza, Adman Zarka,

---

* Der Reform-Legion der späten 80er Jahre nahm die politische Führung das Schauspiel »Eilmarsch à la La Legión«, das diese bis zu diesem Zeitpunkt alljährlich im Oktober zum »Tag der Hispanität« den Madridern geboten hatte. Dem allgemeinen Defilée der spanischen Waffengattungen folgte – ganz am Schluß und mit gehörigem Abstand, damit sie den anderen Einheiten nicht un- versehens auf die Hacken trat – die Legion im 180er Schritt-Tempo. Sie brachte ihre eigene Musik mit, um im Takt zu bleiben. Das Ende ihrer Parade war immer der Höhepunkt des Anlasses, gemessen am Beifall, den die Zivilisten spendeten, wenn der exotische Haufen aus aller Herren Länder wie ein riesiger, eigenartig schwankender, musizierender, sagenhafter Lindwurm im Geschwindschritt vorbeizog.

Comandante **Francisco Franco leitet den Angriff auf Ras Medua während des Rif-Feldzuges 1921.**

Zoco El Arbaá, Anked, Zinet, Afrauy, Sisi Messaud, Xauen und Dar Acoba hätten vielleicht katastrophal geendet, wenn der »*Comandantín*«, der kleine Major, es nicht verstanden hätte, zum richtigen Augenblick klare Befehle mit der nötigen Verve zu geben.

Mag sein, daß Francos pubertäre Wachstumsprobleme seinen Stil in späteren Jahren bestimmten – das Streben der Kleinen nach Größe besetzt ja aufregend viele spannende Kapitel der Menschheitsgeschichte. Als Soldat jedenfalls war der kleine Franco ganz groß. Schade nur, daß er in einem »falschen« Krieg kämpfte. Aber dieses Schicksal teilt er mit Millionen von anderen Soldaten, die auf dem Erdball bisher schon gefochten haben und mit Sicherheit noch fechten werden: Jede Generation macht todsicher ihre eigenen Fehler, und die Generationen danach sehen dann die Dinge anders. Klar doch – die Zeiten haben sich geändert.

Immer brütete Francisco Franco über Karten und Papieren. Brannte draußen ein Feuer, leuchtete in Francos Zelt die Petroleumlampe für das Studium der großen Lage. Nie sah man ihn unter den Legionären bei der kleinen Lage, wenn Wein und Geschichten die Runde machten.

Ein Prinz als Maultier-Treiber der Legion?

Eine Geschichte ohne Ende war die Geschichte von Michelin. Unter diesem Namen trug er sich in der Legion ein. Er war ein Afrikaner und tat Dienst in der 9. Kompanie bei den Mauleseln, weil er im Kampf mit den Berbern das Schloß seines Karabiners verloren hatte – etwas Schlimmeres konnte einem Soldaten nicht passieren. Auch als Maultiertreiber war Michelin oder Menelek ein Versager. Auf dem Anmarsch seiner *Bandera* auf Yebel Adgos stolperte und schwankte Michelins überladenes Maultier durch das Rif, bis die Packladung endgültig ins Rutschen geriet. Menelek kämpfte gerade mit der Ladung, lag mal drauf und lag mal drunter, als sein *Teniente* vorbeikam und Michelin stöhnen hörte: »Oh, wenn die Kaiserin so ihren Enkel sehen würde!« Der *Teniente* wollte natürlich mehr wissen und fragte den Schwarzen nach den sechs »W´s«, deren Beantwortung für das »geistige Auge« von Militärs weltweit unverzichtbar ist: Wer, was, wo, wann, wie, warum?

Also, Michelin war nicht Michelin, sondern Menelek der Dritte. Mit seinen Worten: »Mein Oberleutnant, wegen des Todes meines Vaters, dem Prinzen von Kenia, bin ich unversehens der Nachfolger des Thrones von Abessinien. Ich bitte Sie, mir zu helfen, einen Brief an meine Oma zu schreiben. Die Kaiserin Zado-Itu ignoriert meine Existenz und den Tod meines Vaters!« Das war ja nun eine schöne Geschichte, aber der *Teniente* des Menelek III. schrieb den Brief und beförderte ihn den Nil hinunter. Die Antwort kam Monate später den Nil herauf und wurde ordnungsgemäß im Rif zugestellt. Mal sehen, was drin stand:

»Der Legionär Sherwington Michelin aus Jamaica, nordamerikanischer Staatsbürger, der behauptet, der Enkel seiner Majestät Negus Menelik zu sein, wird gefragt, welche Beweise er anführen könne, damit die Kaiserin seinen Erzählungen Glauben schenken dürfe. Der Prinz von Kenia, Sohn des Menelik II., den die Kaiserin gekannt habe, sei tot. Er sei vor langer Zeit auf Einladung Lord Kitcheners, des ehemaligen Hohen Kommissars Englands in Äthiopien, auf eine Weltreise eingeladen worden und nie wieder an den Nil zurückgekehrt. Der Prinz habe in Haiti geheiratet, was ihn im übrigen die Apanage der kaiserlichen Familie gekostet habe, weil sein Vater, Menelik II., mit der Hochzeit nicht einverstanden gewesen sei. Der Prinz von Kenia, in Boston zum Rechtsanwalt gereift, habe in Zentralamerika bei einem Erdbeben den Tod gefunden.«

Nun war es wieder an Michelin alias Menelik III., den Faden weiterzuspinnen, und – so weit war die Geschichte schon gediehen – die ganze Legion spann mit. Das mit den Rechtsstudien in Boston stimme, ließ sich Legionär Menelek III. ein, aber er sei in Begleitung eines amerikanischen Bischofs nach Europa gekommen, wo sie im galicischen Vigo gelandet wären. Dort habe er sich vom Schiff abgeseilt, wegen eines Skandals an Bord, ausgelöst durch ein Techtelmechtel, das er angefangen habe. Im Hafen von Vigo habe er dann das Legions-Plakat gesehen und sich sofort eingeschrieben, um von der Bildfläche zu verschwinden.

Menelik III., das blaublütige Fluchtwunder von den Quellen des Nils bis zu den emsig kreisenden Schnapsflaschen und Hasch-Pfeifen an den Lagerfeuern der Legion auf den Höhen und in den Tiefen des Rif – und kein Ende. Menelik III. war schon längst als »unnützlich für die Legion« aus dem Söldner-Heer entlassen worden, aber der Schatten des Fast-Königs marschierte noch Jahre mit den Legionären: Der spanische König habe Menelik III. geschrieben, sie würden sich duzen... Eine Ansammlung englischer *Destroyers* (Zerstörer) sei plötzlich in den Gewässern vor Ceuta aufgetaucht und habe ein waghalsiges Manöver zu Ehren seiner königlichen Hoheit Menelik III. gefahren... Die Ehrendamen des spanischen Königshauses hätten den im Kampf für Spanien verletzten Adeligen Menelik III. im Hafen von Algeciras abgeholt, um ihn zu pflegen und seine Wunden zu kurieren... Jedenfalls hatte er Afrika wieder verlassen und nie mehr hörte man etwas von Menelek III. alias Michelin.

Ob Menelik nun Menelik war, blieb, wie es sich für eine gute Geschichte gehört, offen. In der spanischen wie französischen Fremdenlegion nahmen viele Adlige in den Massenunterkünften des Militärs Quartier. Die Beweggründe, auf Schloß, Butler, Kamin, Spitzendecken und Himmelbett zu verzichten, blieben meist im Dunklen, doch darf vermutet werden, daß es eine Flucht vor der Erwartungshaltung anderer war, dem drückenden Erbe mit all seinen hohlen, repräsentativen Verpflichtungen. Dann lieber auf Du und Du mit lauter Unbekannten im Männerclub der Legion, mit ihren Feuern und Freudenhäusern von Agadir bis Sansibar, Adel verpflichtet – zu nichts!

In der Legion der Franzosen, Nachbarn der Spanier in Afrika, tat einer jahrelang als Korporal Dienst, bevor man mehr zufällig entdeckte, den Prinzen Ubaldini in den Reihen zu haben. Anscheinend vermißte auch der Papst den Mann von uraltem römischen Adel nicht, obwohl ein Ubaldini das Amt eines Bischofs zu versehen hatte. Der Prinz brachte es

Alfonso XIII., der spanische König, zu Besuch im Legionslager Dar Riffien, 1927. Alfonso, der Umstrittene, trat 1930 ab, als seine Offiziere ihm indirekt das Vertrauen entzogen.

bis zum Hauptmann, wurde pensioniert, kehrte auf sein Schloß zurück, ließ weiterhin sein beträchtliches Vermögen unangetastet und verzehrte seine Söldner-Rente. Einer aus der Prinzengarde, der sein Stelldichein mit der *Novia de la Muerte* nicht überlebte und als Kompaniechef in der 4. *Bandera* an der Spitze seiner Soldaten fiel, war *Teniente* Don Giuseppe Borghesse de Borbon y Parma, ein italienischer Spanier von Langzeit-Adel und vielfach ausgezeichnetem Mut.

Nach dem Putsch serviert die Legion weiche Eier

Alfonso XIII, König, war pro forma Erster Legionär der Fremdenlegion. Er schenkte Millán Astray sein Hemd, was natürlich nicht sein letztes war. Francisco Franco machte er zu seinem Kammerherrn, an dessen Hochzeit – endlich – nahm er durch einen Stellvertreter als Trauzeuge teil.* Seine Hofdamen hielt der Borbone an, fleißig am allerersten königlichen Legions-Flaggentuch weiterzusticken, der Zeitpunkt der Übergabe der *Bandera* (Fahne) zum Sieg über die Berber sei nicht so fern, wie es häufig den Anschein hätte (es geschah dann tatsächlich am 5. Oktober 1927 in Dar Riffien). Der König selbst kämpfte an der politischen Front, zäh und fintenreich, nicht immer gut beraten.

Franco war bei ihm gewesen und hatte für seinen Plan geworben, eine massierte Landung von Soldaten von See her bei Alhucemas zu versuchen, um das

---

* Unter den Glückwünschen zur Hochzeit Francos befand sich auch ein Schreiben von acht Legionären, die in Ceuta im Gefängnis einsaßen. Sie wünschten ihrem Chef Glück für seine Ehe, beschwerten sich aber, daß es zur Hochzeit für sie keine Amnestie gab.

Hauptquartier von Abd el Krim bei Axdir zu kassieren und die Berbertruppen in einem Zwei-Fronten-Krieg für immer zu zerschlagen. Francos Plan für den Lande-Coup schürte beim König die Hoffnung, den unbotmäßigen Rebellenchef endlich im Höllenfeuer glühen zu sehen, statt mit kleiner Flamme ständig hinter ihm herzurennen, um ihn dann höchstens zu versengen. Auch lagen die Franzosen den spanischen Politikern anklagend in den Ohren. Sie forderten von den Spaniern wirksamere Maßnahmen zur Eindämmung der Revolte im Rif, bevor die Flamme der Empörung auf ihre Besitzungen im Protektorat der Gallier übergriff: Befriedung der Protektorats-Zonen mit allen Mitteln, so war es zwischen den Kolonialherren von Marokko vertraglich verabredet worden. Die Spanier waren säumig.

Dies zu ändern, schien im September 1923 schier unmöglich zu sein. Gerade waren in Spanien mal wieder die Weichen neu gestellt worden, der Regierungszug rollte Richtung Diktatur. Der Generalkapitän der spanischen Armee in Katalonien, General Miguel Primo de Rivera, *Grande* von Spanien und Zweiter Marques von Estella, übernahm per Staatsstreich die Macht im Staate. Alle Garnisonen stellten sich hinter ihn und sicherten so den *Pronunciamiento*, der spanische Ausdruck für *Coup d´état*, Putsch. Primo de Rivera zerschlug den von Cánovas geschaffenen Parteienstaat, der sang- und klanglos unterging, beschnitt die Macht des Monarchen, der seit dem Annual-Desaster schwer diskreditiert war, beschlagnahmte in einer ersten Amtshandlung die Akten des Annual-Falles und machte sich daran, den Krieg in Marokko zu beenden, den er in der Vergangenheit immer abgelehnt hatte.

Mit 14 Jahren begann für Miguel Primo de Rivera die Militärlaufbahn, die 1917 einen Knacks bekam, als er als Militär-Gouverneur *Gobernador von Cádiz* öffentlich die Regierung für ihre Marokko-Ambitionen kritisierte. Er schlug ein Abkommen mit den Briten vor, Ceuta und marokkanische Gebiete gegen Gibraltar zu tauschen. Das kostete ihn das Amt.

Vier Jahre später war er wieder da, diesmal als Senator für Cádiz. Er zieht kräftig vom Leder: »Spanien muß sich von seinen Verantwortungen in Marokko befreien!« Er forderte ein Ende der Veruntreuung von Menschenleben durch den spanischen Staat. Das kostete ihn erneut das Amt, das spanische Parlament vertrieb den, inzwischen Generalleutnant gewordenen, Cádiz-Senator.

Zwei Jahre später meldete er sich aus Barcelona, nun Generalkapitän, und verjagte das Parlament: Die Madrider Politiker bezeichnete er als inkompetent, den Krieg in Marokko als Sackgasse.

Wieder ein Jahr später sitzt er unter den Legionären von Ben Tieb, dem vorgeschobenen Stützpunkt der Legion, in einer Bergfalte im Nordosten von Tizi Azza gelegen. Den General trieben staatserhaltende Ziele, sein Entschluß stand fest, nun mußte er ihn nur noch seinen Offizieren verklaren: Schluß mit dem Marokko-Abenteuer!

Die Stimmung war gereizt. Afrikanisten gegen Anti-Afrikanisten. Die Afrikaner waren in Ben Tieb klar überlegen. Unerschütterlich, wie ein Felsen in der Brandung, saß der Diktator zwischen seinen Offizieren, durchaus leutselig. Ein Mann mit weißem Haar und gut getrimmtem Schnauzer, von stattlicher Statur, psychisch robust und als Mann unverbraucht, wie man so sagt im besten Mannes-Alter. Francisco Franco, noch ganz Frontoffizier, beschwor mit vibrierender Stimme in einer mitreißenden Rede den General »Marokko nicht zu verlassen, wo doch schon so viele Soldaten gefallen waren! Marokko ist spanische Erde: Sie wurde mit dem höchsten Preis erkämpft, der mehr war als Geld – mit spanischem Blut!« War das eine Drohung, die mitschwang? Dann warb der Legions-Kommandeur erneut für seinen Plan zur Einnahme von Alhucemas. Eine Mahnung an den Willen zum Sieg?

General Primo de Rivera hielt eine Rede, ganz Staatsmann nun, und zweifelte an dem Erfolg einer Offensive. Die Offiziere buhten, diszipliniert, aber sie buhten. Sie buhten den Diktator gewissermaßen diszipliniert aus. Ben Tieb war Legionslager, nicht Wolfsschanze in spe, nicht Führerhauptquartier. Primo de Rivera warb für eine Zurücknahme der ursprünglichen spanischen Ziele, für das »nützliche Marokko«, ein Küstenstreifen von Melilla nach Tetuan, von Ceuta nach Larache, ohne exponierte Gebirgsstellungen. Die Legionäre hielten dagegen, sie wollten einen Sieg über die Berber, zuviel Blut war schon geflossen. Würden sie deswegen auch meutern? Die Spanier wären keine Spanier gewesen, wenn sie sich zum Disput nicht auch Essen und Trinken genehmigt hätten.

Vorspeise, die Ordonanzen trugen auf: Französischer Eiersalat, russischer Eiersalat, Eiersalat.

Primo de Rivera griff zu.

Hauptgang, die Ordonanzen trugen auf: Spiegeleier, französisches Omelett, Senf-Eier, harte Eier, weiche Eier, verlorene Eier, überbackene Eier, Mayonnaise-Eier und neu, Eier mit »Rührt Euch«!

Primo de Rivera wunderte sich, griff aber weiter zu.

Nachtisch, die Ordonanzen trugen auf: Eierschaum-Gebäck dekorativ in Eierkörben, eingenistet zwischen bunten, leergeblasenen Eiern. Eierlikör gabs keinen, wegen der Haltbarkeit.

Primo de Rivera: »Ganz erstaunlich, meine Herren, wo kommen bloß die vielen Eier her«? Der General hatte längst bemerkt, daß die Legionäre ihm einen Streich spielten. Er spielte mit: »Ganz ungewöhnlich, so dicht an der Front. Könnten doch leicht kaputtgehen, die Eierchen, oder«? Einige Offiziere feixten, andere hatten sich abgewendet und schüttelten sich vor Lachen, nur Franco war beherrscht – wie immer. »Ja, mein General,« sagte einer der Legionäre mit gequältem Gesichtsausdruck, »wir hatten uns gedacht, wo wir doch jetzt Marokko verlassen sollen, da brauchen wir auch keine Eier mehr, um als Männer zu kämpfen«!

Aha! Das wars also! Primo de Rivera hatte verstanden. Er, der seine Reden gern mit Anzüglichkeiten auf die Männlichkeit, die Hoden, spickte, würde den Legionären nicht erlauben, seine Politik in die Pfanne zu hauen, aber nachdenklich hatte ihn der Eier-Auflauf schon gemacht. Es war die Sprache, die er liebte. Wer so seine Meinung servierte, würde nicht meutern, auch wenn er zum Rückzug blasen lassen würde.*

Die Rebellen rufen das Rif zum Staat aus

Der Diktator war ein ehrlicher, aufrechter Mann, von einfacher Natur und mit einem unendlichen Vertrauen zu sich selbst ausgestattet, immer überzeugt von der Aufrichtigkeit seiner Absichten. Ob das von den Stier-Hoden kam, die er sich, wie Chronisten gerne behaupten, während einer *Corrida de Toro* in der königlichen Loge servieren ließ, leicht fritiert, gesalzen, gepfeffert und mit etwas Zitrone? »Er soll so viele davon gegessen haben, daß man von ihm sagte, sie seien ihm zu Kopfe gestiegen«, schrieb Ernest Hemingway **

Wahrscheinlich stieg dem Diktator mehr der Wein zu Kopfe. Er trank gern, aß gut in besten Restaurants, lief allein durch die Strassen Madrids und diskutierte, bevorzugt im andalusischen Dialekt, bis in den frühen Morgen in Cafés: Wie stürmisch die Nacht verlaufen war, merkte man seinen gelegentlichen Tagesverlautbarungen an – verweht bis erfrischend, flutig bis ebbig – nebbich, der Mann hatte Stil. Er haßte Blaskapellen und Prahlereien, gegen eine Copla über ihn hatte er nichts: »Eine Flasche, einige Spielkarten und eine schöne Frau ist das Waffen-Wappen unseres Primo!«

Über die Fähigkeit Spaniens, den Krieg in Marokko siegreich zu beenden, machte sich Primo de Rivera keine Illusionen. Einem Auslands-Korrespondenten sagte er, unspanisch unverblümt, »Abd el Krim hat uns geschlagen. Er besitzt den Vorteil des immensen Territoriums und den Fanatismus seines Gefolges. Unsere Truppen sind erschöpft, durch einen Krieg, der Jahre dauert. Die Soldaten sehen

---

* Der Frontoffizier Franco folgte nur dem, was die »Sirenen« des Staates ihn in jungen Jahren glauben gemacht hatten und danach sich selbst, als es kein Zurück mehr gab, weil im Krieg ein Zurück nicht vorgesehen ist. Der vom Militär zum Politiker gereifte General hatte nur die Wahl zwischen zwei fiktiven Größen: dem Schein und der Wirklichkeit. Eigentlich hatten beide nichts rechtes vor Augen: Franco nicht den sicheren Sieg, de Rivera nicht die sichere Niederlage, beide spielten, mit Verlaub, mit den Eiern und um die Zukunft. Ein Augenblick, wie geschaffen für eine Dolchstoß-Legende: Wenn das Militär gekonnt hätte, wie es wollte, wäre die Geschichte anders verlaufen… Es wird interessant sein, die Maßnahmen des Politikers Franco zu beobachten, als die Legion in den 50er Jahren in Marokko in Bedrängnis geriet, und die politischen Möglichkeiten Spaniens erheblich eingeschränkt waren: Stirbt die Politik am Militär, oder stirbt das Militär an der Politik?

** Papa Hemingway konnte Primo de Rivera nicht auf den Teller geguckt haben, der Amerikaner trieb sich in den *Callejóns* der Arenen herum, ganz unten, da, wo nur noch eine Holzwand den schwarzen Tod auf vier Hufen von den Helfern des Toreros fernhielt. Ihn faszinierte die Hoden-Gläubigkeit der Spanier, die Parallelen zu der Kultur anderer Völker aufwies, und so schrieb er in »Tod am Nachmittag«: »*Cojones:* Hoden; von einem tapferen Stierkämpfer sagt man, daß er reichlich damit ausgestattet ist. Bei einem feigen Stierkämpfer sagt man, daß sie ihm fehlen. Die des Stiers heißen *criadillas* und sind, auf eine der Art zubereitet, wie man gewöhnlich Kalbsmilch zubereitet, eine große Delikatesse. Während des Tötens des fünften Stiers wurden die *criadillas* des ersten Stiers manchmal in der königlichen Loge serviert…«

nicht ein, für ein Stückchen Land ohne Wert zu kämpfen und zu sterben«.

In dieser anscheinend aussichtslosen Situation tat Primo de Rivera etwas, wozu Politiker eher verpflichtet sind als Soldaten, die es schwerer haben über ihren Schatten zu springen: Er knüpfte insgeheim Kontakte zu den Rebellen und versuchte mit Abd el Krim ins Gespräch, besser ins Geschäft zu kommen. In verschleierter Form bot er den Berbern die Autonomie des Rifs an.

Abd el Krim ließ die Offerte unbeantwortet. Was er wollte, war ein nationalstaatliches Marokko, in dem die Berbervölker mit Sonderrechten leben sollten. Solange die Mehrheit der Marokkaner an der Vereinigung Marokkos nicht mitwirken konnten – die Kolonialmächte Frankreich und Spanien beschnitten oder kontrollierten die Macht der Sultane, Kalifen, Großwesire und Emire und deren Vasallen – handelte die von Abd el Krim ausgerufene Rif-Republik (1. Februar 1922 bis 27. Mai 1926) »al-Gumhurijja ar-Rifijja« stellvertretend für den Rest der marokkanischen Nation, quasi eine »Gesellschaft i. Gr.«

Vorsteher der Gründergesellschaft, ein primitives Staatsgefüge auf der Grundlage von Stammes-Institutionen, war ein Emir des Rif, Abd el Krim, der Selbst-Proklamierte. Er nutzte die Stunde der allgemeinen Begeisterung über den Sieg der Ungläubigen und ließ sich zum »Befreier und Verteidiger des Islam« erheben. Die sonst traditionell mit Clan-Fehden vollbeschäftigten Kabylen waren seinem Aufruf zu den Waffen fast vollzählig gefolgt. Nur wenige Berber-Tribus lavierten zwischen den Fronten, mehrheitlich im Westen. Das zu ändern, beabsichtigte Emir Abd el Krim mit Hilfe Allahs und den Waffen seiner Krieger. Er griff an.

Die Rif-Rebellen zwangen die Spanier 1924 zu einem verlustreichen Rückzug und stießen im Verlaufe des Jahres weiter nach Süden vor, die Grenze des französischen Protektorates ignorierend. Franco führte die 1., 2., 3., und 4. *Bandera*, die bis zum Anfang des Jahres in Ben Tieb konzentriert geblieben waren, persönlich in die Kämpfe um Sidi Mesaud, Wad Lau und andere Stützpunkte. Der in Schlechtwetter-Perioden stark gefährdete Hoch-Posten Tizi Azza schrieb abermals blutrote Zahlen in die Verlustlisten der Legion. Starker Regen und tiefhängende Wolken verhinderten jegliche Unterstützung aus der Luft oder durch die Artillerie, die nicht mehr als Löcher in den Nebel schießen konnte. Berber und Legionäre kamen sich näher, erst auf Pistolen-Distanz, dann auf Bajonett-Distanz, zuletzt auf Messerklingen-Distanz. Die Kämpfe entschieden keine neuen Besitzverhältnisse von Tizi Azza.

Russen an die Rif-Front?

Dafür überschlugen sich im Westen die Ereignisse: Der Sog des Sieges zog die bisher zum Machtdunst-Kreis des Feudalherren Raisuni zugerechneten Clans unter die Banner des Propheten und seines Kriegsherrn Abd el Krim. Die Kabylen von Beni Said, Beni Hassan, Beni Hosmar und etliche andere erkannten seine Führerschaft an. Nie vorher, nie nachher waren sich die Berber Marokkos so einig gewesen. Der alte Schlemihl El Raisuni war drauf und dran unterzugehen. Noch im Jahr zuvor hatten die Spanier den Kontakt zu ihm erneuert, und so hoffte er noch immer, mit Hilfe der Besatzer *Jalifa*, Kalif, zu werden. Für die Abgesandten aus Madrid ließ er die Puppen tanzen. Seine Krieger kamen aus den Bergen und offerierten heimische Musik und Speisen für die *Buanas*. Ein orientalisches Spektakel der Touristen-Sonderklasse, in einer Zeit, als *American Express* noch nicht die Sitten und die Preise verdarb. Eine günstige Gelegenheit ergab sich für El Raisunis Pläne, als der alte Kalif Mulay el-Mehdí starb und der Posten lange vakant blieb. Als Primo de Rivera zu Ohren kam, El Raisuni stünde als Kalif zur Debatte, machte er den Gerüchten ein Ende. Er wollte den »Adler von Zanit« nicht mit dem Amt betraut wissen. Der spanische Diktator befand El Raisuni für zu eigensinnig und egoistisch für die spanischen Interessen.

El Raisuni ahnte wohl sein kommendes Ende, als er sich bei einem Spanier über die Spanier beschwerte: »Ihr gewährt einem Menschen Sicherheit, aber ihr nehmt ihm die Hoffnung. In den alten Zeiten war alles möglich, es gab keine Grenzen für die Ambitionen eines Mannes. Ein Sklave konnte Minister oder General werden; er schrieb an seinen Sultan. Heute ist das Leben eines Mannes sicher, aber er ist für immer in Arbeit und Armut gefangen«, so die Klage eines Mannes, der feudal denkt. Er war mit seiner Klage nicht allein, denn in der Wahl seiner Partner war Diktator Primo de Rivera von bodenständigem Naturell, er dachte spanisch, Russen hatten da keinen Platz: Baron v. Wrangel, der Russengeneral der Weißgardisten, war mit der »Wrangel-Armee« vor den Boschewiken auf die Krim geflüchtet. Er suchte für sein 100.000-Mann-Heer dringend ein Betätigungsfeld. Warum nicht von der russischen Côte d´Azur an die rifische Côte d´Azur? Mit ein paar Dampfern wäre die Reise aus der Arbeitslosigkeit in die Vollbeschäftigung schnell vollbracht. Der Baron blitzte ab, Primo de Rivera schob verfassungsrechtliche Bedenken vor, ein für einen Diktator schwaches Argument. Vermutlich hatte er kein Geld, und, so mußte er sich gefragt haben, wie werde ich die Kosaken wieder los?

Raisunis Ende: »Ihr nahmt mein Pferd, nehmt mir den Rest«!

Zwischen Abd el Krims Truppen und großen Teilen der spanischen Armee im Westen lag das Stammesgebiet der Yabala und Gomara. Hier wurde traditionell anders gelebt, gekämpft und Handel getrieben als im Rif. Auch war der Verkehr im Osten und Westen unterschiedlich geregelt. Abd el Krim verbot in seinem unmittelbaren Machtbereich Beziehungen zwischen Männern, Schwule duldete er nicht. Anders im Westen. In den Gebieten von Yabala, Gomara und Sehhadja waren homosexuelle Knaben geschätzt. Wie Frischgemüse konnte man sie noch bis 1937 auf dem Knabenmarkt von Xauen, auf der Ölaza Uta el Hamman, ersteigern.

Raisuni, der große, starke Mann im Westen, hatte sich Abd el Krim immer noch nicht unterworfen. Der hatte Raisuni seine Agenten mit der Botschaft geschickt, er, Raisuni solle Spanien vergessen und den Rif-Staat durch seinen Treue-Eid stärken. Raisuni mochte nicht. Aus strategischen Gründen war der Akt unverzichtbar, und so war Abd el Krim klar, daß Raisuni ein Ende bereitet werden mußte. Schon lange war von Raisuni nichts mehr zu sehen gewesen. Ihn hatte die Wassersucht befallen, und so lag er in seinem Palast von Tazrut darnieder, war übellaunig und hatte Schmerzen. Befehle an seine Offiziere brüllte er nur noch durch das offene Fenster, sehen ließ er sich nicht mehr.

Abd el Krim gab seinem Bruder Mhamed den Auftrag, das Problem Raisuni zu lösen. Der stellte eine Truppe zusammen mit 2500 Mann aus dem Gomara-Gebiet, 1200 Yebala-Kriegern, 300 *Regulares* aus dem Rif und 600 Stammeskriegern der *Rifeños* Beni Urriaguel und Temsaman. Alle waren schwer bewaffnet und führten Maschinengewehre mit sich, als sie in Raisunis engeren Macht-Zirkel einfielen. Der mußte mit ihnen gerechnet haben, denn im anschließenden Kampf zogen sich die 1200 Yebalas zurück und mit ihnen Ahmed Heriro, ein ehemaliger *Teniente* von Raisuni, der sie anführte. Es sollte sich später herausstellen, daß Heriro sich nur geschämt hatte, seinem altem Boß unter die Augen zu treten. Die 600 kampferprobten Rif-Krieger nahmen die Sache in Angriff und schnappten sich Raisuni, der aufgedunsen auf dem Bett lag.

Sie packten den jammernden Raisuni auf eine Trage und schleppten ihn quer durch das Rif bis nach Tamasint, im Zentrum von Urriaguel. Auch ließen sie die Beute mitgehen: 100.000 Mauser-Gewehre spanischen Fabrikats (!) nebst Munition und Ersatzteilen, Geldsäcke mit 31.000 Fünf-Peseten-Münzen, sogenannten *Duros,* 16 Millionen Pesten in Scheinen, Bücher, Pferde und Zaumzeug.

Raisuni wollte nicht mehr essen, er wollte sterben. Der große Meister der doppelsinnigen Geschichten sagte auf seine Weise, schlicht und männlich: »Sie haben mir das Pferd entrissen und ein anderer ist darauf davongeritten. Bitte nehmt mir auch den Rest, denn Raisuni will die Welt vergessen, er will sterben. Warum tötet ihr mich nicht sofort? Nie wollte Raisuni ein Gefangener sein oder ein hündischer Sklave in einem Gebiet, in dem er früher wie ein König regierte. Der Prophet ist mein Zeuge, er wird mich im Himmel empfangen«.

Im April 1925 starb Raisuni. Er liegt in Beni Urriaguel-Erde. Als sie ihn am 25. Januar aus seinem Palast raubten, kreiste abends ein spanisches Flugzeug über Tazrut. Der Pilot machte Luftaufnahmen vom Kampf um den Palast des Raisuni. Eine müde, abgehobene Geste an den ehemaligen Verbündeten der Spanier.

Die Franzosen kommen

Abd el Krim machte gewaltige Fortschritte in bezug auf Land und Leute. Im Yebala-Gebiet des Feudalherren Raisuni vereinigten sich Abd el Krims Kabylen mit den Yebala-Rebellen, die El Raisuni einst zugetan waren. Die Macht des Emirs aus dem östlichen Rif bekamen die Spanier sogleich im westlichen Rif zu spüren. Abd el Krim sperrte die Landstraße von Tanger nach Tetuán, isolierte Larache an der Atlantik-Küste und ließ Xauen belagern, heute besser bekannt als Chefchaouen. Abd el Krims Kampf-Potenz wurde zu diesem Zeitpunkt auf etwa 80 000 Krieger und 200 Geschütze geschätzt. Mit den Berbern zog die geballte Kraft mit in den Kampf, die aus dem Bewußtsein kam, einen gerechten Krieg zu führen.

Zur Überraschung der Kabylen begannen die Spanier plötzlich mit dem Rückzug. Das hatten sie nicht erwartet, eher das Gegenteil. Die Spanier zogen sich auf die »Estella-Linie« zurück, hinter der all die Gebiete lagen, die Primo de Rivera als »das für Spanien nützliche Marokko« bezeichnet hatte. Namensspender dieser Rückzugs-Linie war der Diktator, der den Titel eines Marktgrafen von Estella führte, einer Kleinstadt mit dem Beinamen »Toledo des Nordens«, gelegen am nordspanischen *Camino de Santiago,* jener Pilgerweg, der im achten Jahrhundert nur dafür erfunden wurde, die Rückeroberung Spaniens von den Mauren durch die Christen ideologisch und militärisch einzuleiten.

Die »Estella-Linie« sah eine West- und eine Ostzone vor. Im Westen mit Ceuta, Tetuán über Ben Karrisch mit großem westlichem Bogen bis südlich von Alcazarquivir, aber ohne die Stadt, dann an den Atlantik. Im Osten hatte Melilla Hinterland genug, um feindliche Aufmärsche weit vor der Stadt beantworten zu können, eine alte Sorge der Städter. Die Linie verlief etwa östlich von Sidi Dris am Mittelmeer nach Süden, vorbei an Annual , beschrieb eine Kurve nach Osten weit unterhalb Monte Arruits und endete am Rio Muluya. Bereits eroberte Gebiete in den zwei Zonen sollten aufgegeben, Militär und Zivilisten evakuiert werden. Nachteil für die Legion. Sie war gefordert wie noch nie (Karte Seite 66/67).

In aller Eile wurden Ende August 1924 die *Banderas* der östlichen Protektorats-Zone in Melilla eingeschifft und in Ceuta an Land gebracht. Damit war fast die gesamte Legion im Westen versammelt, bis auf ein paar Mann, die als Stallwache zurückgeblieben waren. Den größten Druck erwarteten die Spanier von den Kabylen auf Xauen und Uad Lau und Beni Arós. Xauen schien den Stäben sogar gut für ein zweites Annual, wenn es von den Kabylen abgeschnitten werden sollte, das Schlimmste was passieren könnte: Alle Kraft dem Rückzug! Die Wucht der kabylischen Angriffe auf Coba Darsa in Beni Said ließen ahnen, was kommen würde. Die Besatzung des Stützpunkts hatte nur durch »Kunstflieger« vor dem Durst-Tod gerettet werden können: Die Piloten warfen Säcke mit Eis in die Befestigungen. In der Halbwüste vom Eis erschlagen wurde niemand.

Zunächst wurden Uad Lau und M'ter über See evakuiert. Zivilisten und Militär gingen in Ceuta wieder an Land. Zu etwa gleicher Zeit zogen die Spanier ihre Truppen aus Tanger und Alcazarquivir ab. Den Legionären fiel bei den Absetzbewegungen der Spanier eine neue Position zu. Während sie bei den Vormärschen der regulären Armee-Einheiten stets die Vorhut bildeten, sahen sie sich beim Rückzug der Verbände ganz am Ende als Nachhut, und wenn es besonders gefährlich war, auch vorne und hinten. Die exponierten Positionen bescherten der Legion, gemessen an ihrer Stärke, ein Massensterben.

Die Situation war selbst für die Seelen von Söldnern irre. Die Mannschaften der Außenposten, vorher mühsam erobert und gehalten, mußten auf ihrem Rückzug eskortiert werden. Dabei gingen häufig mehr Soldaten drauf als rückgeführt werden konnten, ganz abgesehen von dem verlorenen oder aufgegebenen Material, das von den Kabylen eingesammelt und wieder an die Kampflinien getragen wurde – an die eigenen, gegen die Spanier. Politiker und Presse auf der Halbinsel jammerten: »In den letzten 60 Tagen haben wir 60 Niederlagen erlitten. Wir evakuieren einen Ort nach dem anderen, den wir in 16 Jahren blutigster Feldzüge erobert haben«. Die Nation und ihre Soldaten, in der Vergangenheit vielfach des Krieges in Afrika bis zur Revolte überdrüssig, murrte.

Als unter dem Begleitschutz der Legion nach und nach 400 *Blocaos* und *Fortes pequeñas* liquidiert worden waren, sank die Moral der Truppen so stark ab, daß Primo de Rivera sich genötigt sah, den drohenden Kollaps mit Erschießungs-Kommandos abzuwenden: »Es ist bedauerlich, daß in diesem Augenblick die Truppen so pessimistisch sind... ich sehe keine andere Möglichkeit, dem ein Ende zu bereiten... als allen Chefs, Offizieren und Soldaten zu befehlen, sich von jeglicher Kritik fernzuhalten... Wer nicht gehorcht, wird arretiert. Wer seine Unschuld vor dem Kriegsrat nicht beweisen kann (Zivilisten, Militärs)... wird hingerichtet... Wer auf dem Schlachtfeld nicht gehorcht, ebenso«. Primo de Rivera eilte

Während eines Kabylen-Angriffs im Innern eines durch Sandsäcke verstärkten *Blocaos*. Der Legionär rechts versucht, mit nassen Lappen einen heißgeschossenen MG-Lauf zu reinigen oder zu kühlen.

nach Marokko, geriet in der Nähe seines Hauptquartiers von Ben Karrisch in einen Hinterhalt, dem er aber wieder entkam, erklärte sich selbst zum Hochkommissar und Oberbefehlshaber der spanischen Afrika-Truppe, die Rückzug-Operationen beobachtend, wie einst der Alte Fritz die Schlacht bei Kunersdorf.

Für Abd el Krims Befreiungs-Armee und seine Verbündeten kam der Gelände-Gewinn gänzlich unerwartet. Wichen die Spanier, drückten und rückten seine *Harkas* sofort nach. Es war Bewegung in das Spiel der unterschiedlich motivierten Kräfte gekommen. Der Rebellenführer sah seine Pläne der Belagerung von Tetuan zunächst durchkreuzt. Verbände

Um den Auszug aus Xauen zu decken, setzte das Oberkommando der Spanier drei Kolonnen Soldaten in Marsch: Zwei aus Tetuan unter dem Kommando der Generäle Girano und Serrano. Die Reserve befehligte General Federico Berenguer. Die Dritte Kolonne, unter der Leitung des *Coronel* Gonzaléz Carrasco, hatte den Auftrag, vom atlantischen Larache aus ins Landesinnere auf Xauen vorzustoßen. Die Expedition kam, wie schon einmal eine ähnliche 1920, nie an. Die Stämme des Yebala schienen dem Offizier zu mächtig. Er zog es vor, sich nach Larache zurückzuziehen und die Truppe dort »sich selbst verzehrend« überwintern zu lassen, wie ein spanischer Historiker schrieb.

Die Vorhut der Tetuan-Verbände übernahmen die kampferprobten Legionäre der 1., 3., 4. und 5. *Bandera*, *Teniente Coronel* Francisco dirigierte das Unternehmen. Der Abmarschtag fiel auf den 19. September. Die Tetuan umliegenden Höhen des Gorgues wurden nur schwach verteidigt, die Legion hatte sie bereits von Kabylen gesäubert, der Feind der Spanier war woanders auf Jagd gegangen.

Über das Tal von Beni Hassan stieß die Ersatz-Truppe am 23. September weiter nach Süden in Richtung Xauen vor, aufgeteilt nunmehr auf drei Verbände: General Giranos Truppe an der westlichen Flanke kletterte mühselig über den Gorgues südwärts, *Coronel* Olivo im Zentrum »schnürte« wie ein jagender Fuchs durch ein unwegsames Tal nach Süden, die Soldaten der östlichen Flanke unter General Serrano arbeiteten sich durch die Berghänge nach Süden vor. Bald mußte die Girano-Einheit die Kletterpartie aufgeben – viel zu schwierig, viel zu langsam kamen sie vorwärts. Ab zur Mitte, zu Olivos Füchsen.

Spähtrupps der Legion meldeten nur wenige Abd-el-Krim-Rebellen, dafür sichteten sie Freischärler, die durch das Land streiften und sich mit ihren langläufigen Flinten Soldaten aus den Marschkolonnen herausschossen, wie nordamerikanische Indianer während der großen Wanderung der Karibus. Die Zeit drängte, eine große Zahl der Außenposten Xauens waren bereits umzingelt und drohten aufgerieben zu werden, die 6. *Bandera* gehörte zu ihnen, das wußten die Einheitsführer. An Zoco el-Arbá des Beni-Hassan kamen sie diesmal noch ziemlich ungeschoren vorbei, dann, nach knapp zwei Wochen für nur knapp 60 Kilometer Luftlinie zwischen Tetuan und Xauen, waren sie endlich angekommen.

der Kabylen, die sich südöstlich in den Bergen des Gorgue einrichten wollten, waren von Jagd-Kommandos der 2., 3., 4. und 5. *Bandera* aufgespürt und innerhalb von drei Wochen vertrieben worden. Dafür gelang den Kabylen der Vorstoß auf Xauen schneller als erwartet – die Spanier waren bereits in großer Zahl nach Xauen ausgewichen. In der Stadt und ihren vielleicht um die 100 vorgelagerten Stellungen, sammelten sich rund 10.000 spanische Soldaten aus den aufgegebenen Garnisonen oder waren im Anmarsch. Sie und die fluchtwillige Bevölkerung sollten heil und geordnet evakuiert werden.

Von der Härte der Kämpfe im Rif zeugen die von Einschlägen übersäten Mauern dieses Außenforts - auch die Kabylen verfügten über Maschinenwaffen und Artillerie. Feldsteine und Sandsäcke dienen zur Verstärkung der Umwallung. Oben auf dem Wall lassen sich zwei Hotchkiss-Maschinengewehre M 1914 und ein Entfernungsmesser für das indirekte Schießen erkennen.

Sieben Wochen lang evakuierten *Regulares* und Legionäre erschöpfte Soldaten der über 100 Außenposten. Jedesmal fanden Freunde weniger Freunde unter den zurückgekehrten Sonder-Kommandos der Legion in Xauen, ein verlustreicher Rückhol-Service, der auch bei den Zurückgeholten klaffende Lücken hinterließ. Der Beni Arós Sektor: geräumt. Die Positionen von Gomara: geräumt; die 2. *Bandera* hatte sich verdient gemacht. Übrig blieb nun nur noch Xauen, das die Spanier erst 1920 erobert hatten, gegründet 1471 von Moulay el ben Rashid als Bollwerk gegen die Christen, die Spanier also.

Heute ist Xauen ein malerischer marokkanischer Kurort, für immer durch eine märchenhafte Liebesgeschichte mit dem andalusischen Vejer de la Frontera verbunden, als eine Prinzessin von Vejer nach Xauen verheiratet worden war. Sie litt in der Fremde. Der Maure, der sie liebte, schuf ihr eine heimatliche Kulisse, ein zweites Vejer – Xauen. Im spanischen Bürgerkrieg, so um 1938, ließ Franco den Schleier, den viele Frauen von Vejer noch trugen, verbieten. Kannte er Xauens intime Beziehungen zu Vejer, nahm er deswegen der marokkanischten unter den spanischen *Castillos arabes* in Andalusien den Schleier, weil ihn die Erinnerungen an die Ereignisse um Xauen von 1924 verfolgten?

Die Nachrichten aus Nordmarokko, die Franco in Xauen sporadisch erreichten, glichen Essig in Milch, die Lage schien geronnen bis verdorben. Selbst die nördlichsten Stämme zwischen Ceuta und Tanger befanden sich jetzt im Aufstand, obwohl die Berber mit dem Rücken zum Atlantik standen und man erwarten konnte, daß Abd el Krims Verbindungen in diese isolierte Zone brüchig waren. Die Nord-Kabylen attackierten die Straßen von Ceuta nach Tetuan und die von Tetuan nach Tanger. Entlang der Küste von Gibraltar bis nach Tarifa war die Knallerei der Geschütze im westlichen Marokko zu hören. Je nach Windlage: Deutlich bei Schirokko, der heiße trockene Luft, Wüstensand und Gefechtslärm über die Meeresenge trug, als sei es gleich nebenan; oder aber entrückt wummernd, träge Bässe von melancholischer Weltenferne, wenn der seltenere Westwind Poniente blies.

Alles war in Bewegung geraten und bewegte sich immer schneller, nur wohin? Lediglich General Saro gelang es mit einer Ketten-Blockade ganz im Norden des Nordens, an der Straße von Gibraltar, zwischen El Borj und Punta Altares, einen breiten Küstenstreifen den Spaniern zu sichern – eine Reserve »run-away-beach« für den Fall der Fälle, wenn alle Stricke rissen?

Auf den umkämpften Verbindungsstraßen des Nordens tauchte auch Millán Astray wieder auf. Er war im Auftrag Primo de Riveras nach Fondak Ain Yedida unterwegs. Oberleutnant Ramón Topete begleitete ihn. Auf der Höhe Janites war die Straße gesperrt, der Wagen stoppte. Weiter vorne wurde geschossen. Als Millán Astray eine Weile untätig im Wagen gesessen hatte, wurde er ungeduldig. Der Mann war nicht von der Art, die üblicherweise von Spießbürgern als beispielhafte Haltung empfohlen wird: »Da halt ich mich raus«! Nein, er ging aufrecht durchs Gelände, er wollte mitkämpfen, getreu dem Legions-Credo, »...immer dort hinzueilen, wo geschossen wird, bei Tag und bei Nacht, mit Befehl oder ohne Befehl«.

Er suchte den Führer der Einheit, und auf dem Wege dorthin begann er die flachliegenden Soldaten schon einmal anzufeuern, als wären es seine Legionäre, so wird die Geschichte bei der Legion bis zum heutigen Tag erzählt. Die Strafe folgte dem Bruder Leichtsinn auf dem Fuße. In dem gestreuten Gewehrfeuer, er hatte es nicht bemerkt, schritt er, statt unter den Gefechtsbedingungen zu rennen und zu robben, wie auf dem Wege der Selbstverstümmelung und unauffällig wie ein Leuchtturm in finsterer Nacht, durch das Wäldchen, bis ihn wieder eine Kugel von den Füßen riß. Bei den Preußen wäre er für diese Gangart in dieser Situation erst gelobt und dann bestraft worden. Sein Begleiter, Oberleutnant Topete, lag tot neben seinem Vorbild – wer sucht schon als Oberleutnant Deckung, wenn sein Oberst die Sache ohne Deckung angeht? Millán Astray erwischte einen Knochendurchschuß des linken Armes: Erste Hilfe unter erschwerten Bedingungen, der Oberst verbrachte die Nacht im Wald, Fieberwahn, trotz Partisanen-Tätigkeit erreichten Helfer mit dem Patienten im Delirium Tetuan, Arm-Amputation, Militär-Hospital Madrid.*

Der Ausbruch

Die Kabylen feierten den Sieg über die sich zurückziehenden Spanier, dankten bewegt Allah, brieten Hammel am Spieß und hatten offenbar Xauen nicht recht im Blick, als in den frühen Morgenstunden des 15. Oktober 1924 lange Kolonnen von Zivilisten und Militärs Xauen verließen. Unter den Spaniern waren viele Juden und Marokkaner, die es vorzogen, nicht unter Abd el Krims Leute zu geraten. Von den Juden, und warum sie spanisch sprachen, wird noch die Rede sein. Der Treck marschierte über die Landstraße die hügelige Landschaft hinunter und dann in ein weites Tal nach Norden. An der Spitze eine Schwadron Reiter der Legion mit Franco. Sie trugen Lanzon und Gewehre und die Last der Vorhut. Schüsse fielen zunächst keine.

Der Rest der Legion blieb in Xauen zurück. Raus aus der Stadt kam keiner mehr, da waren die Legionäre davor, auf Befehl ihrer Kommandeure. Die hatten Geheimnisse, die keiner auf den morgenländischen Klatsch-Basars offenbaren sollte. Die Le-

---

* Hätte er sich besser raushalten sollen? Nein, aber es gibt Regeln, die zwölf Jahre später auch im spanischen Bürgerkrieg auffällig häufig außer acht gelassen wurden. Spanische Kämpfer auf der Seite der »Roten« liefen »verhaltensauffällig« aufrecht durchs Gelände, so als ob sie mit dieser Haltung auch eine Gesinnung ausdrücken wollten. Viele Schützen in den bewaffneten Arbeiterheeren weigerten sich, stolz wie die Spanier, zu schanzen oder einfach nur in Deckung zu gehen. Als sich ihre Reihen zu lichten begannen, bewegten sie sich vorsichtiger. Millán Astray war nun Invalide und damit vom aktiven Militär-Dienst ausgeschlossen. Das schien ihm nicht zu gefallen, denn er wollte unbedingt nach Afrika zurück. Egal wie und mit welchen Rang, »ich wäre auch als einfacher Legionär gegangen«, überlegte er. Sein König hatte ein Einsehen mit dem Mann. Per Dekret vom 9. Februar 1926 durfte *Coronel* Millán Astray wieder in den aktiven Dienst zurückkehren und die Legion übernehmen.

Bis in die 50er Jahre unterhielt die Legion in Marokko berittene Einheiten wie diese *Escuadron de lanceros* (Lanzenreiter-Schwadron).

gionäre präsentierten sich auf den Verteidigungs-Stellungen der Stadt in immer neuen Kombinationen, übten sich, ganz ungewohnt, in braven bürgerlichen Tätigkeiten, läuteten pünktlich die Kirchenglocken, ließen Schornsteine qualmen, hämmerten in den Werkstätten und schlenderten in einer Art Räuber-Zivil durch die Gassen der Stadt, die nur an wenigen Punkten einsehbar ist. Am Fluß Qued Laou, der gleich hinter der Medina durch eine Schlucht rauscht, ruffelten und spülten im aufgestauten Wasser, dort wo sonst die Kinder Xauens im Sommer im Wasser tobten, zu Waschfrauen mutierte Legionäre auf den Steinen die Textilien und behängten die Leinen. Alles schien wie immer.

Nachts lauschten die Söldner angestrengt zu den Bergen rüber, die unter dem kalten Mondlicht schwammen. Die Deutschen unter ihnen nervten ihre Kameraden mit der immer gleichen Melodie:

Es war kalt geworden, schwarze Regenwolken schob der Wind zusammen, die Regenzeit war nahe, der Schrecken der Truppe, gleich nach den Kabylen. Draußen vor den Schanzen tat sich nichts, keine Scharfschützen, keine Scharmützel. »Ich mach mir langsam wirklich Sorgen, ob den Berbern etwas passiert ist«, ulkte ein Legionär. Keiner lachte. Die Ruhe war unheimlich. Wem von den Eingeschlossen von Xauen die Angst nicht im Nacken saß, dem schnürte die Furcht vor den Messern der Mauren die Kehlen zu.

»Halsschmerzen?« fragte grinsend ein Unteroffizier einen Legionär mit Verband um den Hals. Er wartete die Antwort nicht ab, es gab auch keine. Der Legionär war erst seit einigen Tagen wieder bei seiner Einheit. Sie hatten ihn draußen vor den Stellungen hinter einem Stein gefunden, als er ganz laut rief: »A mi La Legión!«, der Notruf eines Legionärs, »Legion zu mir«! Er war ein Fahnenflüchtiger, der zur Legion zurückgefunden hatte. Aus dem Camp von Dar Drius im Osten Marokkos war er getürmt und dann nach Westen getippelt. Die Berber fingen ihn ein, er sollte in einer *Harka* auf ihrer Seite kämpfen. Besitzergreifend legten sie ihm einen Eisenring um den Hals und ketteten ihn an eine Wand. Er kam los und bis Xauen. Als sie ihn hinter einem Findling fanden, trug er noch den Eisenring um den aufgescheuerten Hals. Nun tat er wieder Dienst in der Legion, über seine Strafe sollte später entschieden werden.

Gegen Mitternacht, der 17. Oktober hatte gerade begonnen, verließ die Legion, auf den leisesten Sohlen, die sie je hatte, Xauen, ohne Muckser und Geschepper. Sang- und klanglos verließen die Legionäre das Bergstädchen, zurück blieben nur die Türken auf den Verteidigungsanlagen. Zwei Tage standen die Dummy-Legionäre st(r)oisch an den Brustwehren, dann zerzauste sie die anrückende Berber-Front.

»Horch, was kommt von draußen rein, holahi, holaho, wird wohl mein Kabylen-Liebchen sein...« Nichts kam von draußen rein, aber es raschelte mächtig im Stroh und im Gestrüpp. Franco hatte den Freigängern unter den Legionären – das Wort paßte auf nicht wenige – noch den Befehl gegeben, jede Menge Türken zu bauen, Stroh-Puppen, ihnen Legionärs-Hemden überzustreifen und Kappen aufzusetzen. Ausnahmsweise blieben die Hemden an den Puppen bis zum Kragen geschlossen und präsentierten nicht, wie üblich, übertrieben die Heldenbrüste der Legionäre.

Schlammschlachten oder die Raserei in Rot

Die Legion war der Köder am Ende der langen Strecke spanischer Soldaten auf dem Rückzug vor den Kabylen. Die *Banderas* sollten den Truppen den Rücken freihalten und notfalls, wie ein Korken den

Flaschenhals, den Fluchtweg nach Tetuan verschließen. Das war leichter geplant als getan. Schon beim Einsammeln der Stützpunkt-Mannschaften, die rechts und links des Weges nach Norden als Stabilisatoren an geographisch beherrschenden Punkten verblieben waren, wurden die Legionäre zu Dutzenden von dem nunmehr massiert einsetzenden Feuer der Kabylen dahingerafft. Die 1. Kompanie mit *Capitan* Arredondo an der Spitze deckte den Rückzug der evakuierten Soldaten des Stützpunkt Xeruta so ausdauernd, bis kein Legionär mehr am Leben war, die Kompanie war ausgelöscht. Nicht total tödlich endete der Rückzug aus Hamra für die Legion in der Nachhut.

Die Gefechte wurden im Yebala-Stammesland urplötzlich so gnadenlos wütig und erbittert geführt, daß bei vielen Kämpfen bevorzugt Bajonette und Messer zum Zuge kamen, Angriff und Verteidigung eskalierten zu einer Raserei, einer Schlammschlacht ganz in Rot. Heftiger Regen hatte eingesetzt und die ockerfarbene Lehmerde in einen glitschigen, zähbreiigen Morast verwandelt, aufgewühlt von tausenden Soldaten-Stiefeln, Räderwerken der Artillerie-Lafetten, Lastwagen, Leichtpanzern, Leiterwagen des Trosses, Hufen von Pferden und Mulis. Bei Dar Koba dezimierten die Kabylen von den beiden Seiten des Tales aus die spanischen Truppen. General Serranos Kolonne zerschlugen bei Sheruta die anstürmenden Kabylen unter der Führung von Mhamed Abd el Krim, Bruder des Rif-Emirs. Der General wurde getötet, der Rest seiner 1000-Mann-Truppe floh nach Zoco el-Arbá, im Glauben, Atem schöpfen zu können.

Die gesamte spanische Rückzugs-Armee kämpfte um jede Handbreit Boden, schleppte Kanonen und jegliche Ausrüstung durch den Dreck, transportierte Mann für Mann der Verletzten und der Toten. Auch sie erreichte, beinahe selbst zu Tode erschöpft, *Zoco el-Arbá*, dann ging nichts mehr: Über 40.000 Soldaten richteten sich nach den chaotischen Rückzugs-Gefechten zur Rundum-Verteidigung ein, alle in der Hoffnung auf besseres Wetter und Verstärkung aus dem Norden vereint, von General Federico Berenguer und seinen Truppen aus dem »Valle de Ben Karisch« – viele seiner Soldaten fielen, der General lag verwundet zwischen ihnen. Drei Wochen lang griffen Tag und Nacht die Kabylen an, sie gaben keine Ruhe. Schon kam in Spanien das Gerücht auf, ein zweites Annual sei nahe.

Laut wurde in Spanien die fundamentalen Fehler der Armee-Führung seit 1921 kritisiert und die offensichtliche Unfähigkeit des Offiziers-Korps – nur die Legion wurde ausgenommen, auf ihr lasteten nun auch noch die Hoffnungen auf einen insgesamt ehrenvollen Rückzug – da riß der Himmel auf, das Wetter besserte sich, aber die Hauptstraße nach Tetuan blieb unpassierbar für schweres Gerät auf dem abschüssigen, kurvenreichen Abstieg ins Tal. Und so kam zum Schluß des Rückzuges das spanische Heer und die Weltpresse doch noch zu schlechten Fotos: Rechts und links des Weges hatte die Truppe ihre Toten zurücklassen müssen und die große Ausrüstung, es ging den Soldaten nur noch um das nackte Überleben. Wie nackt die Spanier Tetuan erreichen sollten, bestimmte die Macht der Kabylen und die Gegenwehr der Spanier. Der Legion fehlten bereits über 1000 Mann in den eigenen Reihen. Aber noch immer kämpften die Söldner ungebrochen, für kaum fünf Peseten am Tag und in der Nachhut, der Sold allein kanns nicht gewesen sein.

Lob der Tapferkeit

Am Morgen des 13. Dezember, nach Schießereien und Handgemengen mit Messern und Bajonetten, Zähnen und Klauen, den Zugriff der kabylischen *Reconquista* auf weichende Truppen der Spanier bei Taranes und Zinat abwehrend, und drei Tage nach dem Ausbruch-Aufbruch der spanischen Rückmarsch-Truppe, erreichten als letzte Verbände die multinationalen fünf *Banderas* die Gemarkungen von Tetuan, sie brauchten nur den in den Schlamm getretenen Überresten der spanische Kolonne zu folgen. Die enstandenen Verluste während des Rückzuges von Xauen und Umgebung an Mensch und Material sind niemals von der Regierung beziffert worden, sie waren wohl enorm. Juan Goytisolo, der in der angerichteten spanisch-marokkanischen Suppe der Kolonisten nie ein gutes Haar fand, sprach von »dem letzten großen Rückschlag der Afrika-Truppe durch den Fall Xauens, der große Verluste an modernen Waffen und militärischem Gerät, Tausenden von Gefangenen, Verletzten und Toten gekostet hatte«.

Fest stand, daß die 7000 Rif- und Yebala-Krieger während ihrer Herbst-Offensive nur so viele Gefangene machten oder Geiseln nahmen, wie sie für den

Austausch ihrer eigenen, von den Spaniern eingefangenen Kämpfer brauchten – schätzungsweise. Gegnerische Soldaten, die mutlos im Schlamm festsaßen, wurden niedergemetzelt. Wer sich wehrte, wer sich tapfer wehrte und dennoch verlor, sah sich dennoch unerwartet durch Kabylen belohnt – der Krieg ist eine launige Furie. Bei Wad Nakhla hatten 14 Soldaten, aufgeteilt auf drei gepanzerte Fahrzeuge, den Rückzug ihrer Truppe gedeckt. Drei Tage und drei Nächte lang hockten die Spanier in ihren Fahrzeugen und feuerten aus allen Schlitzen. Sie hatten nichts zu essen, nichts zu trinken und keine Hoffnung auf Rettung. Ihre Leichtpanzer glichen zuletzt eingedrückten, verknickten Eimern, doch wer den Schrotthaufen zu nahe kam, spürte schnell, daß noch Leben in ihnen steckte. Abd el Krim ließ den Spaniern ein Angebot machen: Gebt auf, ihr werdet als Gefangene gut behandelt. Vier verletzte Soldaten und zwei Schwerverletzte ergaben sich, Abd el Krims Leute setzten sie an den Anfang einer Liste von Gefangenen, die ausgetauscht werden sollten. So geschah es.

Der Mann, der den verlustreichen Rückzug der Spanier in Kauf genommen hatte, um noch höhere Verluste zu einem späteren, vielleicht weit ungünstigeren Zeitpunkt zu verhindern, betrieb nun Francisco Francos Beförderung außer der Reihe zum Oberst – Primo de Rivera war auf die Leistung der Legion mehr als gut zu sprechen. Der Diktator im Generalsrock trug den hartgesottenen Afrikanisten der Legion den Streit und den Eier-Auflauf von Ben Tieb nicht nach, im Gegenteil, er war beeindruckt von ihrem Opfermut.

Der Tote ritt davon, wie einst El Cid

Die selbstgewählte, reduzierte Randlage der spanischen Marokko-Besitzungen hinter den »Estella-Linien«, die mit Bedacht eingeleitete Reorganisation und Aufrüstung der spanischen Verbände und die drastisch angehobene Ausbildung von Offizieren und Mannschaften sorgten für eine gewisse Beruhigung zwischen den Spaniern selbst – Armee und Presse waren umgeschwenkt, Zufriedenheit mit dem Erreichten machte sich breit – wie an der Trennlinie zwischen Spaniern und der Hauptstreitmacht der Kabylen. Die nun vereinigten Stämme vom Rif, Yebala und Gomara zeigten dafür ein gehobenes Interesse an den Franzosen. Innerhalb eines guten halben Jahres büßte die französische Kolonialmacht 43 von 66 Außenposten ein, weit mehr als 3000 Soldaten im Franzosen-Sold waren gefallen oder wie vom Erdboden verschwunden.

Im April 1925 lagen die Berber-Truppen vor der Haustür der Franzosen – 20 Kilometer vor Fes, die Franzosen gerieten außer Atem, die Kontrolle von Rabat und Casablanca war gefährdet; die schöne, gute alte Ordnung, so wie Paris es sich vorstellte, kam ins Wanken. Und dann die Verluste: Abd el Krims Sturm-Truppen sammelten 51 Kanonen mit 16.000 Granaten und Kartuschen, 5000 Gewehre und Millionen Patronen, 200 Maschinengewehre und 35 Mörser mit 10.000 Schuß ein. Sie nahmen 70 Franzosen als Geiseln und 2000 Menschen, die im Sold der Franzosen standen. Auch die Franzosen veröffentlichten, wie die Spanier, keine genauen Zahlen über die Verluste an Soldaten.

Die Kabylen waren nicht zu bremsen. Nur einmal gelang es einem geriebenen Unteroffizier, die Berber in Panik zu versetzen. Der Außenposten von Muza am Rio Lucus lag in Trümmern, alle waren tot bis auf einen Unteroffizier und ein Pferd. Der Mann mußte die Geschichte vom Tod des spanischen Maurenschlächters El Cid bei der Belagerung von Valencia gekannt haben. Als El Cid fiel, banden die Spanier den als Mauren-Töter gefürchteten Feldherren auf dessen Pferd und ließen Roß und Reiter durch das Stadttor nach draußen zwischen die Fronten traben. Die maurischen Belagerer schossen, was die Flitzebögen hergaben. El Cid aber ritt weiter, gespickt wie ein Igel, und ward nicht aufgehalten. Panisch suchten die Mauren das Weite, denn das ging nicht mit rechten Dingen zu. So wars auch am Rio Lucus. Der Unteroffizier band seinen toten Oberleutnant Latour auf dessen Pferd und ließ ihn reiten. Es wirkte wie bei El Cid und der Unteroffizier rettete sein Leben durch die Flucht.

Die Franzosen werden nervös

Kriegslisten taugen als kurzweilige Geschichten, schaffen aber nicht den langen Atem, den kriegsführende Mächte brauchen, um eine Entscheidung herbeizuführen. Der Marschall der Franzosen, Pétain, als Sieger aus dem Stahlgewitter von Verdun hervorgegangen, drängte auf eine Entscheidungs-Schlacht gegen die aufständischen Rif-Kabylen, mit denen die Spanier nicht fertig geworden waren. Für ihren Verbündeten im Kampf um Marokko hatten die Franzosen bereits in aller Eile Truppen im Dreieck von Méknès, Rabat und Souk-el-Arba-du-Rharb im Norden zusammengezogen. Ein Anlaß für die Waffenhilfe der Franzosen für die Spanier war schnell konstruiert: Abd el Krims Truppen hatten – bevor sie die französischen Stellungen auf breiter Front angriffen – Beni Serual besetzt, eine Zone, die sich die Franzosen 1912 zugeschrieben hatten und die umstritten geblieben war.

An der Spitze einer Delegation aus Frankreich erschien Marschall Pétain im Juni 1925 in Madrid, um das gemeinsame Vorgehen von Spanien und Frankreich gegen den Emir des Rifs abzustimmen. Es muß sehr laut zugegangen sein zwischen den befehlsgewohnten Soldaten beider Seiten, aber schließlich einigte man sich auf einen kombinierten Angriff von Land- und Luftstreitkräften mit einer amphibischen Invasion der Bucht von Alhucemas, die Franco vorgeschlagen hatte, und mit der sich Primo de Rivera nach einigem Zögern angefreundet hatte. Pétain fand schneller Gefallen an einem Angriff von See her. Einen Besuch beim Waffenbruder in Tetuan hielt der französische Marschall, nach den Wortgefechten von Madrid, für angebracht. Das geschah am 28. Juli 1925 und schon am 8. September strebten die Alliierten gemeinsam gegen Abd el Krim.

Entscheidung im Morgengrauen – der Angriff auf Alhucemas

Im Morgengrauen, um 6.30 Uhr, versammelten sich vor der Bucht von Alhucemas 32 spanische und 18 französische Kriegsschiffe und eröffneten das Feuer auf die versteckten Küsten-Batterien der Kabylen. Eine erste Welle von 76 Flugzeugen zog über die Stellungen der Berg-Berber, warf Bomben und beharkte die Stellungen anschließend mit Bordwaffen. Insgesamt 20 Geschützstellungen hatte Abd el Krim gegen die See und Strände von Alhucemas errichten lassen. Wenn ein Angriff der Spanier erfolgen würde, dann hier, das wußte er. Nun kamen die Spa-

nier mit Gefolge, und nicht nur von See her. Die Franzosen rückten von Süden mit 160.000 Mann auf die Berge des Rif vor. Die Spanier schickten zwei Kolonnen vom Osten (Melilla) und vom Westen (Tetuan). Vor der Bucht von Alhucemas traten spanische und französische Infanteristen gemeinsam auf. Insgesamt 250.000 Soldaten wandten sich aus allen Himmelsrichtungen gegen die Rif-Rebellen, die sich in der einsetzenden Material-Schlacht noch knapp acht Monate behaupten konnten, bevor sie in den Angriffswellen der Europäer, *Harka* für *Harka,* vollends ertrunken waren.

Ein entscheidender Schlag gelang *Coronel* Francisco mit der Anlandung seines gemischten Verbandes an der Bucht von Alhucemas, er warf sozusagen das erste Kletterseil in die Rif-Festung, und seine Legionäre hangelten sich in Abd el Krims Reich. Zu Francos erster Angriffswelle gehörte die einheimische Polizei-Truppe Mehal-la aus Larache, das Afrika-Bataillon No. 3 mit Gebirgsartillerie und eine *Harka* Freischärler aus dem Rif unter dem Befehl des Cousin von Abd el Krim, Soliman el Jatabi! Die Gewehre und Ausrüstung zum Schutz vor den Granaten und Maschinengewehrgarben der *Harkas* über den Köpfen balancierend, waren die Legionäre der 6. und 7. *Bandera* als erste von den Landungsbooten ins Wasser gesprungen und an Land gewatet. Noch im Wasser blies Francos Hornist zum Angriff, die 24. Kompanie der 6. *Bandera* erreichte vor allen anderen Einheiten festen Boden unter den Füßen – Ehrgeiz auf der ganzen ersten Linie.

Mit der Unterstützung ihrer schweren Maschinengewehre stürmte die Legion die beherrschenden Positionen *El Fraile* und *Morro Nuevo.* Schon beim ersten Anlauf kamen ihnen Rif-Krieger mit aufgepflanzten Bajonetten den Hang herunter entgegen. Nahkampf – und weiter lief der Angriff zur Kuppe der Strandhügel, wo jeweils eine Batterie der Kabylen schoß. Franco schrieb später: »Wir stürmten in die Stellungen, wer Widerstand leistete, lief ins Messer«.

Der erste Brückenkopf stand und wurde auch sogleich von den Kabylen berannt. Nun bewährten sich die zehn leichten Panzer, die Francos Landeunternehmen beigegeben worden waren, wenig genug für 8000 Soldaten, die mit den ersten Landungswellen den zerbombten Strand von Alhucemas erreicht hatten und sich einzuigeln begannen. Mehr sollten es vorerst nicht werden, denn das Wet-

»Playa de Legionario de Alhucemas«, 8. September 1925: Was hier wie ein gemütlicher Landgang aussieht, war kurz zuvor noch »medaillenverdächtig«.

ter änderte sich, die See wurde rauh, die Landungsschiffe kehrten in den Windschatten der Kriegsschiffe zurück. Franco war allein mit seinen Leuten, wehrte tagelang die heftigen Angriffe der *Harkas* ab, bis endlich Munition, Wasser und Nahrung und Mulis für seine erschöpfte Invasionstruppe angelandet werden konnten. Mit der ruhigeren See kam der Rest der Alliierten an Land: 15.000 Franzosen und Spanier – für Abd el Krim bestand keine Chance mehr, den Einbruch seiner Front an dieser Stelle zu bereinigen.

Die 2. und 3. *Bandera,* die eigentlich längst zu Francos Verstärkung hätten angelandet sein sollen, wurden von Primo de Rivera persönlich umgeleitet: »A mi La Legión!« Statt in Alhucemas landeten die Legionäre im Hafen von Ceuta und wurden sofort nach Tetuan verfrachtet. Dort, bei Cudia Tahar, lief mal wieder alles schief. Die Garnison wurde belagert, von 200 Besatzern lagen bereits 176 Soldaten tot hinter der Mauer oder auf dem Wall. Abd del Krim hatte noch am 8. September zahlreiche Angriffsbefehle an seine Einheiten erteilt, um möglichst viele seiner Gegner zu binden und sie von Alhucemas fernzuhalten. Mit ungestümen *Viva-la-Muerte*-Kriegsrufen kämpfte sich die Legion in Bajonett-Angriffen als Speerspitze der »Tetuan-Kolonne« nach Cudia Tahar durch und öffnete damit den Weg für Tetuans Invasions-Truppe nach Osten. Danach kehrte die »Speerspitze« wieder um, zum Hafen von Ceuta – Alhucemas war aufgeschoben, aber nicht aufgehoben. 144 Legionäre fehlten beim Landgang.

Ein gemischter Verband von französischen Truppen und spanischen Legionären (Schlapphüte) begibt sich in die Landungsboote. Das multinationale Unternehmen von 1925 dürfte wohl das größte amphibische Landungsunternehmen nach Ende des Ersten und vor Beginn des Zweiten Weltkriegs gewesen sein, blieb jedoch auch in Fachkreisen weitgehend unbekannt.

Die »Eiserne Zivilisation« im Rif

15 Tage lang dauerte nun schon der Widerstand der Kabylen gegen den Brückenkopf von Alhucemas, als die Spanier und Franzosen, die inzwischen an den Gestaden des Mittelmeers fest eingenistet saßen, wie Zecken auf dem Kopf eines verzweifelten Hundes, beschlossen, den Vorstoß wagend, den Kabylen so viel Luft und Raum zu rauben, wie sie dringend benötigten, um die Berber-Krieger von der Bucht zu vertreiben. Den Anfang machte die 6. und 7. *Bandera* und die irreguläre *Rif-Harca* von Abd el Krims verfeindetem Verwandten, Soliman el Jatabi.

Sie führte, wie bei solchen Kollaborateurs-Verbänden üblich, ein spanischer Offizier ins Feld, das auch noch vermint war. Der spanische *Harka*-Führer

**Landungsbrücken am Strand von Alhucemas. Ein Boot hat eben eine Tragtier-Kompanie aufs Trockene gesetzt; links im Bild sind noch einige vollbepackte Mulis zu erkennen.
Der Felsen ganz links außen gehört noch immer zu Spanien (1997). Wie lange wohl noch?**

hieß *Comandante* Muñoz Grandes. Die Muñuz Grandes waren schon immer Militärs, dieser Muñoz Grandes bei Alhucemas wird mit Afrika, dem Bürgerkrieg und der Führung der *Blauen Division* der spanischen Ostfront-Freiwilligen ab 1941 in Rußland verbunden .

Lange vor Sonnenaufgang flogen mit einem Schlag alle Küsten-Sperlinge erschreckt auf, als die Schiffsartillerie die Hügel landeinwärts Trichter um Trichter umwühlte. Nach dem Bombardement der Schiffsgeschütze kamen aus dem Morgengrauen die Flugzeuge heran und warfen ihre Bomben. Die übliche berstige Morgen-Ouvertüre, oder wie Abd el Krim es später ausdrücken sollte, »die Segnungen einer eisernen Zivilisation, die vor Kindern, Müttern und Gebrechlichen nicht Halt machte«. Diesmal ging des Teufels Segen vor der linken Flanke des Brückenkopfes runter. Gab es Doppel-Kracher, schaute Muñoz Grandes gleich zufriedener. Ein paar Minen waren hochgegangen, die Rechnung war einfach, das kostete die Einheit ein paar weniger Männer bei der bevorstehenden Durchquerung des Minengürtels. Mit den letzten Schiffsgranaten, die sie überflogen, sprangen die Mauren der *Harka* auf und folgten Muñoz Grandes, dahinter formierten sich die 6. und 7. *Bandera*. Unter den ersten lauten *Viva-la-Muerte*-Morgenrufen stürzten sich Legionäre und Mauren auf die vorderste Verteidigungslinie der Mauren. Das Dauerfeuer der Artillerie wies den Sturm-Truppen die Richtung des nächsten Zieles, die Gräben auf Monte Malmusi. Ihre eigenen Reihen waren lichter geworden, aber sie rannten den Hügel rauf, sprangen in die Gräben und brachen den Widerstand der Kabylen mit Handgranaten, Bajonetten und Messern, und, wenn es die Lage erforderte, mit Mörserunterstützung. Danach wandten sie sich den Berbern zu, die sich in Höhlen versteckt hielten und von dort die vorrückenden Truppen unter Feuer nahmen. Für 215 Legionäre war der Tag am Mittag für immer zu Ende, der Rest der Truppe hatte den Durchbruch geschafft und saß auf den Höhen des Monte Malmusi. Die Legionäre der 2. und 3. *Bandera*, zurück von Tetuan, rammten ihre Standarten in die Höhen von *Morro Viejo* und »Kleiner Malmusi«.

Von da oben hörten sie gegen Ende des Monats September die Gefechte der Expeditions-Truppen von Tetuan und Melilla, die sich nach Alhucemas vorkämpften. Überall gerieten die Kabylen unter Druck. Zu Beginn des Oktober brannten die Spanier Abd el Krims Haupt-Quartier Axdir nieder, einschließlich aller historischen Bauten, und genau einen Monat nach der Landung an der Bucht von Alhucemas zogen Franzosen und Spanier gemeinsam nach Süden Richtung Zoco el Telata. Von nun an blieb Abd el Krims bisheriges großes Kriegsglück auf der Strecke, deren Zahl und die Art des Todes weitgehend von Panzern, Artillerie und den Flugstaffeln der Franzosen bestimmt wurde. Allein die *Escadrille Cherifienne* notierte im Durchschnitt täglich 410 Luft-Boden-Ziele als »abgehakt«.

Millán Astray kommt und geht

Coronel Francisco Franco wurde für seine Verdienste am 3. Februar 1926 – außer der Reihe – zum jüngsten Brigadegeneral von Spanien und auch von Europa ernannt, abgesehen von Tapferkeits-Orden und Ehrenzeichen, wie dem eines Kommandeurs der französischen Ehrenlegion, die er auch noch erhielt. Kein Zweifel, der Mann war mutig. Er durchlebte seinen 33ten Lenz, wie die Spanier gerne sagen, und General Primo de Rivera bestand darauf, daß »sein Jüngster« zunächst bei Madrid eine Infanteriebrigade übernahm und dann die Leitung einer neu gegründeten Militär-Akademie (1928).

Nun war wieder die Reihe an Millán Astray gekommen, die Legion zu kommandieren. Der einarmige Krieger war überglücklich in Afrika in Ceuta angekommen und übernahm von Franco das Kommando. Ein Abschied unter Freunden. Mal sehen, wie lange er diesmal bleibt. Es dauerte keine drei Wochen, dann riß eine Kabylen-Kugel Millán Astray wieder von den Füßen. Diesmal wars ganz häßlich gekommen: Der alte, neue Kommandeur hatte mit der 8. *Bandera* den Kabylen den *Loma Redonda* in den Gorgues- Bergen abgenommen. Er befahl, die Stellungen mit Maschinengewehren und Mörsern zu spicken und wollte die Arbeiten der Befestigungen persönlich kontrollieren, wie es seine Art war.

Als er alleine vorging – es wurde wenig geschossen – wußte er, daß es gefährlich war. Er näherte sich dem ersten Stand aus Sandsäcken und Steinen und kriegte einen Schuß genau seitwärts ins Gesicht. Die Kugel zerstörte sein rechtes Auge, hinterließ einen langen Riß im Kiefer und trat aus der linken Wange wieder aus, ein großes Loch hinterlassend. Millán Astray wäre nicht Millán Astray, wenn er die Ereignisse nicht auf seine Weise kommentiert hätte: »Viva España!, Viva La Legión!« Erste Hilfe für den Bewußtlosen bei Kudia Tahar von den Legionären, Stretcher-Transport ins mobile Krankenhaus Nador (West), Hospital Ceuta, danach

Was den französischen Legionären die hölzerne Hand ihres *Capitaine Danjou,* ist den spanischen der Augapfel des Millán Astray: Am Gedenktag der Legion wird die Reliquie in der Garnison Ceuta feierlich präsentiert. Im Hintergrund ein Gemälde der einäugigen Legions-Legende.

Madrid. Im Operations-Saal von Ceuta fischte die Krankenschwester das tote Auge des Kommandeurs aus dem Eimer, wo es gelandet war, tat es in ein kleines, leeres Medizin-Fläschchen, füllte es mit Spiritus auf, pflanzte einen Korken drauf und drückte Millán Astray die Pulle in die rechte Hand: »Hier, Ihr Auge, ein Andenken«! Das Auge blieb in Ceuta. Der Kriegsheld der Spanier spendete es dem Legions-Museum.

Abd el Krims Exil, ein Wortbruch der Franzosen

Im Juli desselben Jahres war Millán-Astray wieder in Afrika, diesmal mit einer schwarzen Augenklappe, wie ein früher Mosche Dajan des Rif. In Dar Riffien waren die *Banderas* aus der Frühjahrsoffensive wieder eingekehrt, in deren Verlauf sich Abd el Krim den Franzosen mit der ausdrücklichen Zusicherung ergeben hatte, »die persönliche Freiheit Abd el Krims und seiner Familie zu achten«. Daraus wurde nichts, die Franzosen brachen ihr Wort, wie so häufig, und schafften den Rebellenchef, seinen Bruder und deren familiären Anhang, viele seiner Freunde und Teile seiner Dienerschaft auf die französische Insel Réunion im Indischen Ozean, zwischen Madagaskar und Mauritius gelegen, dort wo der Zucker wächst und auch der Pfeffer. Eine Gewißheit blieb dem Emir auf dem Wege ins Exil: Hätte er sich den Spaniern ergeben, läge er längst, mit oder ohne Kopf, unter der Erde.

Abd el Krim errichtete auf der subtropischen Vulkan-Insel ein berberisches Dorf mit einer *Qasaba* als seinem Herrensitz. Er lebte 21 Jahre im Exil wie ein Stammesfürst aus dem Rif, als ihm die Franzosen 1947 anboten, in Frankreich »eine ehrenvolle Residenz zu nehmen«. Sie hatten natürlich dabei einen Werbe-Hintergedanken. Er willigte ein und drehte den Franzosen in »Port Said« eine Nase. Er verließ mit seinem Gefolge das Schiff, einfach so, das ihn nach Frankreich bringen sollte und begab sich unter den Schutz der Ägypter. In Kairo gründete er ein Propaganda-Zentrum für maghrebinischen Nationalismus. Er starb im Alter von 81 Jahren in Kairo. Nach Marokko wollte er nicht zurück, weil er im neuen Staat Marokko nicht die Rechte der Berber gesichert sah, für die er einst gekämpft hatte.

Abgesang auf den Frieden im Rif

Die spanische Fremdenlegion durchstreifte das Rif und sammelte die Waffen der Aufständischen ein, ein Krieg im Krieg, wenn man bedenkt, wie sehr das Herz eines Berbers an seiner Waffe hängt. Auch begleiteten die Legionäre noch lange Jahre Konvois durch die Gebiete der Clans, die wieder ganz ihren Interessen folgten, wie früher. Dazu konnten auch Konvois gehören und die Köpfe der Ungläubigen, die, den Umständen entsprechend, wieder sicherer zwischen den Schultern saßen.

Der Staat braucht offizielle Daten, denen er bedeutungsvoll die 24 Stunden eines Tages opfern und widmen kann. So ein Tag von Bedeutung war der 10. Juli 1927, als die 7. *Bandera* Bab Tazza eroberte, das angeblich letzte Widerstandsnest der Berber. Das spanische Protektorat Marokko galt offiziell als befriedet. Ein Irrtum – Berber leben immer im Widerstand gegen alles, nur nicht gegen Allah, sonst bräche ihre Welt auseinander.

Millán Astray erhielt die Generals-Litzen, Sterne und Quasten. Sein König, der ihm einst sein Hemd schenkte, aber nicht sein Letztes, machte ihn zum Ehren-Oberst der Legion. Sein persönlichster Sieg nach 62 Kämpfen im Krieg. Zum Abschied sagte Brigadegeneral José Millán Astray zu seinen *Caballeros Legionarios:* »Erhaltet Euch das Herz Eures Obersten für immer«!

»*Si, mi General!*«, kam die Antwort.

Die Legion schuf sich mit dem 20. September, dem Gründungstag der Legion, ihren eigenen großen Gedenktag. Jeden Samstag feiern sie den kleinen Gedenktag, den *Sabado Legionario*. An jedem dieser Gedenktage ehren die Legionäre ihre Helden: 2000 Tote, 6096 Verwundete, 285 Vermißte. »*Presente!*« Das war der Stand vom 20. September 1927.

Was macht klug: Dicke Bücher oder lange Reisen?

Neun Jahre später werden die Totenglocken über Spanien nicht mehr stille hängen. Schwarz kämpft gegen Rot, *Viva la Muerte!* gegen *No pasarán!*, sie

Jährlich am 20. September, dem Gründungstag der Truppe, feiert *La Légion,* was das Zeug hält. Für die Küchenbullen ein Großkampftag, denn normaler Kantinenfraß weicht jetzt der *Haute cuisine:* Ein Offizier kostet das mehrgängige Fest-Menü auf seine Qualität. Auf dem Tablett präsentiert sich auch die Getränkeration – pro Kehle eine Flasche Bier, Rotwein und Champagner.

kommen nicht durch. Als Franco mit 20.000 Mann der Fremdenlegion und *Regulares* den Internationalen Brigaden und Anarchisten Madrid zu entreißen versuchte, lagen sich die Zugereisten auf dem Gelände der Universität gegenüber. Die Vertreter der Nationalen suchten Deckung hinter dicken Büchern der juristischen Fakultät, die Internationalisten waren hinter den dicken Büchern der philosophischen Fakultät verschanzt. Gibt es ein besseres Lage-Bild über die »zwei Spanien« aus jener Zeit? Und war nicht gleichzeitig auf augenfälligste Weise deutlich geworden, daß die Weisheit, »nicht dicke Bücher machen klug, sondern lange Reisen«, nur in bezug auf die Bücher stimmte. Gereist waren die Spanier in den Jahrhunderten viel, in ihrem Reich ging zeitweise die Sonne nicht unter. Aber, bei Lichte besehen, was wußten die Spanier von den anderen, wußten sie überhaupt über sich selbst genug?

Als die Spanier in Nordafrika landeten, trafen sie auf Juden und Mauren, die spanisch sprachen. Die Juden sprachen ein Kastilisch des 10. Jahrhunderts, eine Sprache, die seit 400 Jahren in Spanien ausgestorben war. Noch immer stellten die Nachfahren dieser einst vertriebenen Juden Lederarbeiten her, so wie man es aus Cordoba kannte. Die Juden Spaniens lebten nun in Xauen und anderswo. Zusammen mit den Mauren betrieben sie nach ihrer Vertreibung aus Spanien gerne die Piraterie. Die Hauptstadt der Piraterie war Tetuan, die Spanier kamen und machten den Korsaren den Hafen dicht.

Die klassische Musik Nordafrikas ist entlehnte andalusische Musik. Die Spanier trauten ihren Ohren nicht, als sie den Melodien lauschten, hatten sie nicht ähnliche Klänge in Cordoba, Sevilla und auch in Granada gehört?

Die Mauren waren von Christen aus Spanien vertrieben worden, weil sie das Land zurückhaben wollten, das die nordafrikanischen Stämme ihnen geraubt hatten. Die Päpste und die expandierende Kirche verbündeten sich mit den Rückeroberern: Alle Macht dem christlichen Glauben! Die *Reconquista* fegte, nach Jahrhunderten des Kampfes, die muslimischen Mauren ins Meer und die Juden gleich mit ihnen. Vom Islam rettungslos infiziert war jeder, der Muttermilch getrunken hatte. Ein Umstand, den die Christen als *Mala leche,* schlechte Milch, bezeichneten, was ein geflügeltes Wort blieb.
Als General Francisco Franco sich den Nationalen anschloß, begann mit dem Bürgerkrieg ihr Kreuzzug gegen die unspanischen Umtriebe. Sie wollten die ewigen Werte – Familie, Kirche, Vaterland – garantieren, die sie durch das gärende politische Leben im Spanien der 30er Jahre in Gefahr sahen. Den entscheidenden Kraftakt im Kampf um die spanischen Werte gelang den Nationalen mit Hilfe der »Afrika-Truppen«, zu denen die Legionäre und die *Regulares,* die Mauren, gehörten. Ohne Mauren und Legionäre hätte der spanischen »Bewegung« die Stoßkraft gefehlt. Von dieser Tatsache bis zu der, für die Reformkräfte, bitteren Erkenntnis, daß ausgerechnet muslimische Mauren und gottlose Söldner das christliche Spanien entscheidend stützten, ist es nur ein Wimpernschlag weit.

Panther-Milch mit Schießpulver

Was *La Legion* für den Bürgerkrieg bedeutete, soll in einem weiteren Buch über die Geschichte des *Tercios Extranjeros* dargelegt werden. Es ist der Versuch einer Beschreibung, mehr nicht, aber es ist den Versuch wert. Eine Versuchung ist es allemal. Wer bis zu dieser Zeile durchhielt, auf den hebe ich ein Glas mit *Leche de Pantera,* Panther-Milch, fälschlicherweise auch als *Leche de Legionario* gehandelt, was völlig *Mala leche* wäre, denn Milch geben Legionäre nicht ab. Für die, die für die folgenden Kapitel zur Stärkung *Leche de Pantera* brauchen, hier das Rezept:

Man nehme Kondensmilch in beliebiger Menge, gebe Eiswürfel hinein und schüttle beides, bis die

Legionäre beim Festschmaus in der Mannschaftskantine.

Milch gut flüssig ist. Dann reichlich Gin hineingeben, etwas mehr bitte. Abschmecken! Bei »genug!« ists genug. Dann, nach Geschmack, ein wenig Zimt oder Schießpulver. *Caballeros Legionarios* geben immer Schießpulver hinzu, aber Achtung, die Waffengesetze! Schön rühren – und *Salute!*

Der Trinkspruch der *Novios de La Muerte,* bitteschön, es soll an nichts fehlen:

Brindis de legionario:

Solo:	Estamos todos?
Todos:	Estamos!
Solo:	Cual legionarios?
Todos:	Cumplimos!
Solo:	A las mujeres?
Todos:	Amamos!
Solo:	Pero ante todo?
Todos:	Bebamos!
Todos:	Aaaahh? Cuando haque no bebemos?
Todos:	Agua!!!

Trinkspruch des Legionärs:

Einer:	Sind wir alle hier?
Alle:	Hier sind wir!
Einer:	Wie Legionäre?
Alle:	Das erfüllen wir!
Einer:	Und die Frauen?
Alle:	Die lieben wir!
Einer:	Aber vor allem?
Alle:	Trinken wir! (Jetzt trinken alle!)
Alle:	Aaaahh! Wie lange haben wir dies nicht getrunken!
Alle:	Wasser!!! (mit verzweifeltem Unterton)

Leche de Pantera wurde im Juli 1944 im Auftrag von Millán Astray von Perico Chicote, Besitzer der Bar »Chicote« an der Gran Via in Madrid, erfunden. Die Grundstoffe für den Mix der Legion sollten nahrhaft, billig und leicht zu schaffen sein. Hemingway, Stammgast im Chicote während des Bürgerkrieges und allem Alkoholischen grundsätzlich zugeneigt, mied das Madrid der 40er.

A las mujeres?
Amamos!

Das ideologische Rüstzeug der Legion

Die Hymne und das Lied vom »Verlobten des Todes«

Chaos in Marokko: Die *Moros* lachen über die Spanier. Kaum einer glaubt mehr an den Sieg. Die Neuen singen »Deutschland, Deutschland über alles«. Millán Astray will eine Truppe, wie sie die Welt noch nicht gesehen hat. Ein Professor und ein Dichter schreiben an einer Hymne für die Kolonial-Truppe.

Die Nazarinos, wie die Marokkaner die Europäer nennen, hatten sich bei den Einwohnern durch rätselhaftes Treiben ausreichend lächerlich gemacht. Die Ungläubigen aus Frankreich und der Iberischen Halbinsel hielten nicht nur ihr Land besetzt und verwalteten es nach ihrer Façon, sie brachten auch fremdartige Feste und Gesänge mit und versuchten, ihnen nach ihrem Christen-Kalender einen Sinn unter marokkanischen Gestirnen zu geben.

Besonders die Spanier waren allerlei Aufzügen mit Gesang, Tanz und Wein großzügig zugetan und sparten nicht an Pomp bei Aufmärschen von Zivilisten und Militär. Auch schleppten sie häufiger im Jahr kleine oder große Figuren auf Plattformen geschultert herum, die sie ihre Schutzheiligen nannten. Ein andermal trugen die Christenmenschen puppengroße weibliche Figuren in wertvollem Brokat und mit blitzenden Harztränen auf den Wangen im Kirchenkreis herum. Diese toten Wesen stachen den muselmanischen Männern besonders ins Auge, denn von den »*Nuestras Señoras*«, den »*Virgen*« *de los Dolores, de la Esperanza, de Africa oder de la Victoria* (Tetuan), erflehten die Christen Wohltaten ganz persönlicher Art, an deren Erfüllung die Araber in den Ebenen und die Berber in den Bergen ein natürliches Interesse hatten: Halfen sie, oder halfen sie nicht, die Jungfrauen der Schmerzen?

Späher der Moros ließen nicht lange auf sich warten und lüfteten – im wahrsten Sinne des Wortes – mit einem Griff und einem Blick das Geheimnis der nach den Umzügen in Seitenkapellen abgestellten Jungfrauen.

»Was trägt sie drunter...?« »Nichts! Nur ein Pfahl!« Das Gelächter der Muselmanen war groß: »Die Nazarinos laufen hinter einem Stock her und lassen ihn auch noch von Parade-Soldaten bewachen!«

99 rote Perlen für Gebet und Schlachtruf »Allahu akbar!«

Der Respekt der Moros vor den Spaniern hatte sich im Laufe vieler Jahre verflüchtigt – gleich Sherry-Wein auf einem heißen Ofen. Eine militärische Niederlage der Spanier gegen die aufständischen Rifkabylen reihte sich wie eine schwarze Rosenkranz-Perle an die andere. Wie häufig die Katholiken ihren Rosario auch beten mochten, die Zeichen für die spanische Krone und die hunderttausend Kolonisten, die zeitweilig in den besetzten marokkanischen Gebieten lebten, standen auf Untergang. Im Mutterland setzten selbst die tollkühnen *Hidalgos*, die außer dem Kriegshandwerk nichts anderes betrieben, nicht mehr auf Sieg; dem Volk war der Kampf in Afrika zuwider. Die Frage der Stunde hieß: Wann läuten die aufständischen Berber den spanischen *Cristianos* das Totenglöckchen?

Den marokkanischen Moslems beteten eifrig ihren *misbaha* mit den 33 oder 99 roten Perlen für den Sieg des wahren Glaubens und wünschten den *Nazarinos* und ihren toten Holzfiguren den Krummdolch an den Hals. Sie taten es mit der Gewißheit ihrer Muezzine, die ihnen von den Minaretten zuriefen: »*Allahu akbar!*«, »Allah ist größer!« – ein Schlachtruf, der schon um die halbe Welt gegangen war, und: »*La ilaha illa 'llah!*«, »Es gibt keinen Gott außer Allah!«

Die Kriegslieder der »Parade-Soldaten«, die seit 1920 in großer Zahl in Marokko angelandet wurden, klangen schwach und fremd. Auch sangen nur wenige von ihnen, und die Lieder waren keine spanischen Lieder. Sie mußten von überall herstammen, wie der Söldner-Nachschub, der aus allen Himmelsrichtungen kam und an Verständigungs-Problemen litt. Viele der fremden Soldaten waren blond oder rothaarig, etliche hatte hohe Wangenknochen und leicht schräg gestellte Augen; es gab Männer unter ihnen mit kugelrunden oder schmalen Gesichtern auf kurzen, fülligen oder hageren, hochgeschlossenen Körpern; andere Soldaten schienen Lateinamerika, vielleicht der Karibik, entsprungen zu sein. Häufig sangen sie »Deutschland, Deutschland über alles«, ein andres Mal »*It's a long way to Tipperary*« oder »*La Madelon*«, ein Lied, das südlich des Rifs und in Algerien bei der französischen Legion beliebt war.

Es war die spanische Fremdenlegion in ihrer ersten noch kunterbunten Stunde, die den Marsch mit Liedern anderer Völker übte, weil in der Eile der Truppen-Aushebung noch kein eigenes Liedgut entstanden war. Selbst die ersten Uniformen waren aus zweiter Hand: Gereinigte und desinfizierte Kriegstrachten, genannt *Secunda vida*, zweites Leben, von Vorgängern der Garnison von Ceuta. Eine seltsame, befremdliche Truppe. Es fehlte neben vieler Ausrüstung vor allen Dingen an Glanz, der sich hören und sehen ließe: Millán Astray wartete ungeduldig auf die Ablieferung erster spanischer Text- und Notenproben. Er wollte eine eigene Notenschmiede und er wollte neue Lieder für seine Legion, die kein Truppenverband vorher gesungen hatte. Anders, neu und unverbraucht sollte das Äußere der Legion sein, die er schaffen wollte – eine Weltneuheit für einen alten Zweck, die Unterwerfung anderer. Für den Geist der Truppe würde er schon selber Sorge tragen: Der Kampf und der Tod sollten im Mittelpunkt des Legionärs-Leben stehen, der reine Kampf. Der Kampf an sich war das Ziel und der Tod des Legionärs unter Umständen eine notwendige Konsequenz.

Die Rezeptur für einen wirksamen Impfstoff gegen Defätismus und Dekadenz hatte Oberstleutnant Astray bereits seit Jahren im Kopf, er brauchte sein *Credo Legionario* nur noch zu Papier bringen. Das »Bekenntnis« der Legionäre sollte Astrays Haupttreffer werden und bis ins Jahr 2000 den Geruch von schwefligem Höllenfeuer verbreiten. Das *Credo Legionario* – seine zwölf Gebote für Legionäre sind eine Art spiritueller Hochrüstung für Nahkämpfer – bedarf Ende des 20. Jahrhunderts dringend der Abrüstung, wie Gegner finden, oder der Nach- und Umrüstung, wie Militär-Strategen meinen (siehe Seite 96 ff).

Millán Astray fieberte der Welt-Uraufführung einer Truppe entgegen, von der er hoffte, sie würde sich mit einem Donnerschlag zur Schlacht im Rif-Gebirge melden. Seinen Freund Francisco Calas beauftragte er, eine Partitur zu schreiben. Calas hatte auf dem Madrider Konservatorium bei den berühmten Komponisten Tomás Bretón und Emilio Serrano Musik studiert. Er tat sich mit dem Poeten Antonio Soler zusammen, denn bei der Geburt der verlangten Legions-Hymne sollte ihm unbedingt ein Dichter zur Hand gehen. Bis Tonsatz und Dichterworte die rechte Reife hatten, sangen die Söldner umfunktionierte Trinklieder wie:

»Die Legion liebt den Wein, die Legion liebt den Rum. Die Legion liebt die Frauen, zur Legion, zur Legion, zur Legion!«

Ein anderes Lied konnte den Feind auch nicht erschüttern, es war eher ein Spottlied auf die Legionäre, für das sie sich – als sie den Sinn verstanden – mit Prügel bei den regulären spanischen Afrika-Truppen bedankten: »Wer sind diese Soldaten mit den schönen Hühüüüten? Die Truppe der Legionäre, die Sandsäcke füüüllt!«

Schon eher nach dem Geschmack Millán Astrays war ein Kampflied, in dem vom Sterben in der ersten Reihe gesungen wurde: »Auf zur Front, lebend und leicht! In der Vorhut ist der Ehrenplatz, um zu demonstrieren, daß wir die Ersten sind… Legionäre sind treu, zum Sterben immer bereit; weder Mühen noch hundert schlimme Qualen machen uns zu Deserteuren!«

Dann aber, endlich, die Hymne der Legion. Eine Auftrags-Arbeit zwar, doch ganz im Stil der Zeit, und sie trug auf schmissigen Noten die Botschaft Astrays unter die Legionäre, Bürger und Feinde:

Tercios Heroicos

Himno Oficial del Cuerpo

I

*Tercios heróicos, Legión valiente,
que en la vanguardia sabéis morir,
son el orgullo de nuestra España
vuestras hazañas al combatir.
Los que en España no habéis nacido
y sangre y vida dais en su honor,
hijos de España sois predilectos,
que habéis ganado su excelso amor.
Legionarios a luchar!
Legionarios a morir!
Legionarios a luchar!
Legionarios a morir!*

Estribillo
*Viva España!, valientes hermanos.
Viva España!, Legión inmortal,
que es gran gloria morir por España,
abrazo a sublime ideal.
Con la sangre que vierten sus hijos
más frondoso el laurel brotará,
del que haremos coronas que España
en sus sienes augustas pondrá.
Viva España!
Viva La Legión!*

II

*Ya surja ruda, feroz pelea,
o de la lucha cese el afán,
notad que os cercan siempre amorosas
sutiles sombras que un beso os dan.
En pensamiento de España entera
vedlo en el tenue fugaz rumor,
que nunca cesa de acariciaros,
de vuestros pasos alrededor.
Legionarios a luchar!
Legionarios a morir!
Legionarios a luchar!
Legionarios a morir!*

Estribillo
Viva España…!

Heldenhafte Truppe

Offizielle Hymne der spanischen Fremdenlegion

I

*Heldenhafte Truppe, tapfere Legion,
Ihr wißt in der Vorhut zu sterben,
Eure erkämpften Heldentaten
sind der Stolz unseres Spanien.
Ihr, die Ihr nicht in Spanien geboren seid
und Blut und Leben seiner Ehre opfert,
Ihr seid die bevorzugten Söhne Spaniens
und habt seine auserlesene Liebe verdient.
Legionäre, auf zum Kampf!
Legionäre, auf zum Sterben!
Legionäre, auf zum Kampf!
Legionäre, auf zum Sterben!*

Refrain
*Es lebe Spanien, tapfere Brüder!
Es lebe Spanien, unsterbliche Legion!
Es ist eine große Ehre, für Spanien zu sterben,
in Erhabenheit.
Mit dem Blut, das Deine Söhne vergießen,
wird der Lorbeer um so dichter wachsen,
aus dem wir Kronen flechten, die Spanien
auf seine erlauchten Schläfen setzt.
Es lebe Spanien!
Es lebe die Legion!*

II

*Falls das harte, grausame Gefecht droht
oder der Kampfgeist schwächer wird,
denkt daran, daß Ihr immer liebevoll
von zarten, Euch küssenden Schatten umarmt seid.
Das Denken ganz Spaniens,
seht es als zartes, fliehendes Brausen,
das nie aufhört, Euch zu liebkosen
und Eure Schritte zu begleiten.
Legionäre, auf zum Kampf!
Legionäre, auf zum Sterben!
Legionäre, auf zum Kampf!
Legionäre, auf zum Sterben!*

Refrain
Es lebe Spanien…!

III

Tercios invictos, Legión de bravos,
al mundo entero, con altivez,
podéis mirarlo, porque vosotros
del mundo entero sois honra y prez.
Donde el caido lloró angustiado,
donde un hermano la vida dió,
donde traiciones piden venganza,
nuestra bravura siempre acudió.
Legionarios a luchar!
Legionarios a morir!
Legionarios a luchar!
Legionarios a morir!

Estribillo
Viva España…!

III

Unbesiegbare Truppe, Legion der Tapferen,
Ihr könnt mit Stolz in die ganze Welt schauen,
denn Ihr seid in der ganzen Welt ruhmreich und angesehen.
Dort, wo der Fallende flehentlich weinte,
wo ein Bruder sein Leben ließ,
wo Verrat Rache fordert,
dort ist Eure Tapferkeit immer zu Hilfe gekommen
Legionäre, auf zum Kampf!
Legionäre, auf zum Sterben!
Legionäre, auf zum Kampf!
Legionäre, auf zum Sterben!

Refrain
Es lebe Spanien……!

Die starke Waffe der Legion: Der Notenschlüssel

José Millán Astray, Auftraggeber der Legions-Hymne, konnte sich der Wirkung der Strophen am wenigsten entziehen. Die von ihm persönlich abgesegnete Melodie samt Versen erlebte er nur wenig später als tröstende Segnungen gegen Angst und Schmerz – besser ließ sich die Macht der menschlichen Einbildungskraft nicht in flagranti ertappen: Das selbst erzeugte Lied diente als sphärische Fähre aus dem Jammertal des Krieges – Legionär José Millán Astray, Krieger und unter der Kutte ein *Homo religioso*. General Carlos de Silva sieht die Hymne mehr von der praktischen Seite: »Sie ist der Hochzeitsmarsch des Soldaten, wenn er sich mit dem Tod verlobt,« schreibt er in seinem Buch über Millán Astray, dem Versuch einer Biographie über seinen Kameraden.

Später beschrieb Millán Astray dem Kriegs-Autoren E. Gimenez Caballero (*Marokkanische Aufzeichnungen eines Soldaten*), die starke Waffe der spanischen Fremden-Legion, den Notenschlüssel: »Caballero, ich habe oft in der Schlacht gesungen, weil ich ein Legionär bin. Mein Kriegsmotto ist: Legionäre zum Kampf, Legionäre zum Sterben! Wenn wir Legionäre kämpfen und dem Tod ins Auge sehen, singen wir die Hymne der Legion, und wenn wir fröhlich und zufrieden sind, singen wir sie auch, denn in der Hymne wird das pure Wesen unserer Seele besungen; nicht nur in Worten, sondern auch in der Musik, im Takt des Gesanges und in dem schwingenden Klang der Hörner.

Während meiner Aufenthalte in den Krankenhäusern, als meine schmerzvollen Wunden verarztet wurden, stellten sie im Nachbarzimmer ein Klavier auf und ein Legionär spielte die Hymne und *El Novio de la Muerte*, damit ich den Schmerz nicht fühle. Ein anderes Mal, als mir der Arm amputiert wurde, kamen alle verletzten Legionäre aus ihren Hospital-Betten, auch die kamen, die nicht gehen konnten, um mir die Hymne zu singen. Ich stieg aus dem Bett und stellte mich aufrecht hin und sang mit ihnen.

Wieder ein anderes Mal, als ich von einem Hospital ins andere verlegt wurde – ich war von einer Kugel verletzt worden, die meinen Kopf durchquert hatte – kamen wir am Hauptquartier der Legion in Dar Riffien vorbei. Alle Legionäre eilten aus der Kaserne herbei und sangen mir die Kriegshymne. Ich sprang von der Trage und sang mit ihnen. Wenn wir einen Legionär beerdigen, singen wir, wenn wir siegen, singen wir, wenn wir den Feind herausfordern, singen wir… Und wenn im Krieg die Situation sehr gefährlich und man dem Tod sehr nahe ist, singen die Legionäre bevor sie sterben, denn sie geben niemals auf. Es ist das Lied, das uns in der Schlacht Mut macht!«*

* Zitiert nach Carlos Rojas, Reihe: *Memoria de la Historia/Planeta*.

Landsknecht-Trommeln: Die Legion fördert bewußt den Klang der frühen Jahrhunderte – weils so schön drohend und schaurig dröhnt.

Der Gesang vor dem Kampf gehört zu den Ritualen der Krieger. Er stärkt das Gemeinschaftsgefühl und reißt dem Einzelnen die elende Angst vor dem Gefecht aus dem Leib. Je lauter ein Soldat brüllt, desto wirksamer ist die Droge Gesang für ihn; die Gesangs-Leistung aller legt sich schwer aufs Gemüt des Gegners, gegen den die singenden Truppen ziehen. So manch einen Soldaten hat die Kugel erwischt, als ihm die stets zu mutigen bis übermütigen Verse über die Lippen kamen: »...*legionarios a luchar, legionarios a morir*...« Auch »*Allahu akbar!*« schützt nicht gegen Tod und Verderben.

Brüllen ist der erste notwendige Schritt, Schranken und Fesseln zu sprengen, um Reserven zu mobilisieren, die der Kampf braucht: Wildheit und einen rasenden Pulsschlag, schneller Atem bis zum Rausch der Sinne; das Leben bedarf in dürftigen Zeiten für sein eigenes Überleben der Gewalt, wenn friedliche Mittel sich erschöpft haben. Der Schöpfung sei Dank: Bei fünfzig Prozent der Menschheit hatte die Natur ein Einsehen und milderte die Fähigkeit zur Gewalt, die andere Hälfte ist Opfer ihrer Veranlagung, die im Laufe der Geschichte zusätzlichen Anreizen ausgesetzt war, um noch die letzten Kobolde im Krieger zu wecken und dienstbar zu machen:

Das lodernde Feuer, der heisere Gesang der Schamanen, der wummernde Trommelschlag, der stampfende Tanz der bramarbasierenden Indianer – Trance, die der Angst Beine macht. Kinogänger, eben noch mit der Vernichtung von Popcorn beschäftigt, halten ein und atmen schwer: Der Zauber der indianischen Geister-Beschwörung ergreift auch noch die letzte Besucher-Reihe.

Finster dreinschauende Galleonsfiguren am Bug der großen Segler verschreckten See-Ungeheuer, Piraten und Sarazenen. Da waren sich die frühen

Lords ganz sicher. Erst später – die Erde war eine runde Sache und keine Scheibe mehr – setzten sie auf die Wirkung der blanken Brüste der einzigen auf dem Schiff geduldeten Frau – außenbords.

Mit den sprichwörtlichen Posaunen von Jericho, denen die belagerte biblische Stadt erlag, ist die psychologische Kriegsführung wohl erstmals aktenkundig geworden. Wer, viele Jahrhunderte später, als Soldat der nervenzerrenden Dudelsack-Musik heranrückender, noch unsichtbarer Schotten-Regimenter im grauen Morgendunst widerstand und die Stellung hielt, hätte allein dafür schon einen Orden verdient.

Welchen Verdienstorden aber müßte einer kriegen, dem nicht das Blut gefror, wenn die »Verlobten des Todes« mit Landsknecht-Trommeln und Fanfaren im Niemandsland aufmarschierten und nach einem langen tonlosen Nichts »El Novio de la Muerte« von den Stimmbändern ließen? Das kann nur die Legion der Spanier inszenieren:

Ein Kornettist zerreißt mit nur zwei blitzenden Hornstößen, gerade und schnell wie Pfeile, die Stille. Dann flutet aus vollen Kehlen der Gesang der Legionäre hoch wie Brandung und aufgetürmt zu einer Kathedrale, so schmerzend, als wäre es der Abend nach der Schlacht.

»El Novio de la muerte« ist die heimliche, unheimliche Hymne der Legion, eine Art Sonderwaffe, und kein Befehl kann sie entschärfen. Die Hymne ist Chanson und Couplet, Ballade und Legende, eine Geschichte aus dem Spinnstoff von Andeutungen über Romeo und Julia in Zeiten des Krieges, mit viel Emotion und »duende«, wie die Spanier sagen. Schon die Vorgeschichte des Liedes kommt einem spanisch vor, weil mal wieder nichts richtig belegt ist. Das stört keinen Spanier – denn nur was gern erzählt wird, ist es wert, auch wahr zu werden:

Baltasar Seyjar de la Vega aus Rinas de Riotinto in der Provinz Huelva hatte am 9. Oktober 1920 bei der Legion unterschrieben. Drei Monate später war er tot. Sein Name stand als erster im Totenbuch der Legion, das noch 9719 weitere Gefallene auflistet.

Mit schrillen Hornstößen naht das vereinte Kornettisten-Korps im Laufschritt – für ungewohnte Ohren eine bisweilen schmerzliche Erfahrung.

Baltasar Seyjar de la Vega, der erste Tote der Legion.

Seine Einheit war am 7. Januar 1921 von RifKabylen angegriffen worden. Der Überfall wurde abgewehrt, *Cabo* Baltasar lag danach verletzt im roten Staub Marokkos. Ob er an diesen Schussverletzungen starb oder sich selbst den Fangschuß setzte, ist nicht klar überliefert. Seine Kameraden erzählten, Baltasar hätte eines Tages einen Feldpost-Brief erhalten, in dem ihm mitgeteilt wurde, daß die Frau, die er liebte, gestorben sei. Baltasar, berichteten sie weiter, hätte sich darauf eine Frist gesetzt: »Mit der ersten Kugel, die mich trifft, werde ich mich mit ihr im Tod vereinen.« In den Taschen des Legionärs fanden sich etliche Zettel mit empfindsamen Versen, aber auch Kriegspoesie, in der er von seiner Liebe zur Truppe schrieb.

Noch im gleichen Jahr tauchte Baltasars Geschichte auf der Bühne des Theaters »Vital Aza« in Malaga auf. Lola Montez sang ihre Version vom Herzschmerz des toten Legionärs. Es wurde die Uraufführung für den »Verlobten des Todes«, der durch seinen eigenen herbeigesehnten Tod die Geliebte im Jenseits wiederzusehen hoffte. Noch blieb alles ruhig an der Chanson-Front, den Durchbruch zum Spitzenreiter der Saison schaffte der Verlobte des Todes erst in Afrika.

Lola Montez, bürgerlich Mercedes Fernández González, wählte den Namen eines männermordenden Vamps (die den Namen Lola Montez auch wieder nur erfunden hatte, weil ihr richtiger Name, Maria Dolores Elisa Gilbert, ihr nicht verführerisch genug klang. Dolores war ungefähr 100 Jahre zuvor in Montrose/Schottland oder Limerick/Irland geboren worden und zog später als Lola Montez und *femme fatale* durch die halbe Welt).

Mit zehn Jahren fing Maria Dolores an zu singen, und als sie Kastagnetten geschenkt bekam, träumte sie so ausgiebig von Spanien, daß sie am Ende sich und die Welt täuschte: »Ich bin Spanierin und ich bin aus Sevilla!«. Sie liebte das Leben klassenlos, verdrehte bayerischen Studenten den Kopf, wechselte zu König Ludwig I. von Bayern, hatte Franz Liszt als Liebhaber und verlor einen ihrer vielen Männer durch ein Duell, als sie an der Pariser Oper gastierte. Sie starb an erschöpftem Lebenswillen am 17. Januar 1861 in New York, mit vielleicht 42 Jahren. Einfach so.

Lola die Erste hätte wohl auch gern vom Liebesleid des Baltasar gesungen, dies aber erledigte Lola die Zweite aus Spanien mit bravissimo: Baltasars Schicksal wurde für Lola Montez II. das Chanson ihres Lebens. Wie die Lied-Schreiber Fidel Prado und Juan Costa aus Katalonien an die Story des ersten Toten der Fremden-Legion gekommen waren, ist nicht überliefert – gute Geschichten nehmen ihren eigenen Weg. Die Autoren betreiben ein Studio in Madrid, in der Calle Luchana, wohin sie Lola Montez II. im Juli 1921 einluden, um ihr die Partitur vorzustellen.

Es war die Zeit der Generale und ihrer halbverlorenen Kriege, der Diktatoren, der Zarzuelas, Operetten und Couplets. In diesem ersten Viertel des Jahrhunderts strömte ein aufmüpfiges Publikum in Cafés und Salon-Theater; auf den eher improvisierten Bühnen sangen passionierte Frauen offenherzige bis

Lola Montez, bürgerlich Mercedes Fernández González, wurde mit ihrem Chanson *El Novio de la Muerte* berühmt.

schelmische Lieder – Couplets, Coplas, Chansons. Mehr war politisch und gesellschaftlich noch nicht drin, und schon bald drängte die Reaktion ins Haus.

Die Auftritte mancher Damen, ihre Themen und ihre Texte provozierten böse Zwischenrufe, Polemiken und Schlägereien. Der Hunger nach Unterhaltung »von niedriger Art«, wie die feinen, fraternisierenden Bürger fanden, beschäftigte ein Heer von Textern und Komponisten, denn inzwischen war ein Krieg der Couplets ausgebrochen um Sängerinnen und Themen. Nicht erst mit *Legionario* Baltasars Tod wurde der Krieg von den glühenden Feldern des blutenden Marokko theatralisch in die verräucherten Salons verlegt, aber mit dem »*Novio de la muerte*« nahm die Nation wieder Notiz von den tragischen afrikanischen Spielen ihres Königs: Die Heimat-Front rüstete moralisch auf.

Mercedes alias Lola war zu dieser Zeit schon eine Größe auf der Bühne, später bereiste sie ganz Europa und Amerika, wie die echte Lola. Doch bevor sie das große Los zog, vermittelte ihr die Herzogin des Sieges, die *Duquesa de la Victoria*, einen Auftritt an einer zusammenbrechenden Front: Melilla.

Melilla – politisch zu Spanien, geografisch zum Magreb gehörig. Magreb, arabisch: Westen, Abend; sechs Uhr abends; Land des Sonnenuntergangs. Wer von Europa kommt, dem wird Melilla schon wie Afrika sein. Wer aus dem Inneren Afrikas kommt, dem ist Melilla Europa. Man möchte den Menschen von Melilla ins Herz schauen können, um ihre Zugehörigkeit zum Morgen- oder Abendland ergründen zu können. Lola Montez stand also auf der Bühne des Theaters »Perello« und hatte keine Muße für zwielichtige Betrachtungen über Abenddämmerung oder erstes Morgenlicht, über Osten oder Westen. Für sie ging die Sonne am Chanson-Himmel abends auf: *Sun-downer* oder *Moon-upper-time*.

Draußen vor der Tür herrschte Krieg. Gerade hatten die Spanier die Reste einer zerhackten und entehrten Heeressäule bei Annual eingegraben. Die Zahl der von den Rif-Kabylen niedergemetzelten Soldaten schwankte zwischen 10.000 und 20.000. Melilla stand vor dem Fall. Das Theater war prall gefüllt mit Militär. Lola Montez trat – der Lage angemessen – als Krankenschwester verkleidet auf. Als sie das Lied vom Verlobten des Todes sang, weckte sie Tote auf. Die niedergedrückten Krieger – Generäle, Offiziere, Verwundete, Mannschaften, ein paar Zivilisten und die Herzogin des Sieges heulten auf – vor Begeisterung. Noch dreimal mußte Lola Montez vom Tod des Verlobten singen, so schön fanden es die Soldaten. Millán Astray war vom Tod seines zu Strophen verklärten Legionärs so tief betroffen, daß er Noten und Text augenblicklich an seine Legion verteilen ließ. Das war die Stunde des Verlobten des Todes. *Cabo* Baltasar Queija de la Vega war nach etwa sechs Monaten im Reich der Toten wieder auferstanden und zu seiner Einheit zurückgekehrt. *Cabo Baltasar? Presente!*

Lola Montez hatte das alleinige Recht, die Legionärs-Ballade zu singen. Nur sie. Ihre Rechte und die der Komponisten müssen jedoch, irgendwie auf

spanische Art, untergegangen sein im zigtausendfachen kehligen Chor der Legion. Bald waren alle Legionäre nur noch »Verlobte des Todes«. Eltern bekamen Fotos, aufgenommen vom Kompanie-Fotografen, die ihre Sprößlinge strahlend oder heldisch ernst neben ihrer *Novia* zeigten – ein Totenkopf mit Kopftuch; Bräute von Legionären gingen mit der neuen Verlobten ihres *Novios* ins Bett, die hatten sich den Totenkopf mit Kapuze auf fast alle Körperteile tätowieren lassen. Sie tuns noch immer.

Bitte recht freundlich: Jung-Legionär beim Foto-Termin für die Freunde zu Hause: »Bin bei der Legion und *Novio del la Muerte! Viva la Muerte!* In Liebe, Euer Pepe«.

Der »Verlobte des Todes« und seine Tatoo-Braut: Die verwegensten Typen stellen den Kornettisten. In ihnen muß noch Mut und Atem sein für die letzten Hornstöße, wenn fast alle anderen Legionäre tot auf dem Schotter liegen...

Das Ende ist klar, der Tod ist die Braut des Legionär-Oberleutnants: Lohn der Tapferkeit in der Legion, wenn die Kugel trifft und nicht der Ordens-Segen...

El Novio de la Muerte	*Der Verlobte des Todes*
I	**I**
Nadie en el Tercio sabia,	*Keiner in der Truppe wußte*
quién era aquel legionario,	*wer dieser Legionär war,*
tan audaz y temerario	*der sich so kühn und leichtfertig*
que en La Legión se alistó.	*zur Legion meldete.*
Nadie sabia su historia,	*Keiner kannte seine Vergangenheit,*
mas La Legión suponia,	*aber die Legion vermutete,*
que un gran dolor le mordia,	*daß in seinem Herzen ein Schmerz brannte*
como un lobo, el carazón.	*wie der Biß eines Wolfes.*
Mas si alguno quién era le preguntaba	*Wenn ihn jedoch einer befragte,*
con dolor y rudeza le contestaba:	*antwortete er gequält und abweisend:*
Estribillo	**Refrain**
»Soy un hombre a quien la suerte,	*»Ich bin ein Mann, den das Schicksal*
hirió con zarpa de fiera,	*wie eine Raubtierkralle verletzte,*
soy un novio de La Muerte,	*ich bin ein Verlobter des Todes,*
que va a unirse en lazo fuerte	*der sich innig verbunden hat*
con tan leal compañera.«	*mit einer so treuen Kameradin.«*
II	**II**
Cuando más rudo era el fuego,	*Als das Feuergefecht am heftigsten*
y la pelea más fiera,	*und die Schlacht am grausamsten war,*
defendiendo su Bandera	*rückte der Legionär vor*
el legionario avanzó.	*um seine Kompanie zu verteidigen.*
Y sin temer al empuje,	*Ohne Angst vor dem Druck*
del enemigo exaltado	*des überlegenen Gegners,*
supo morir como un bravo	*wußte er tapfer zu sterben*
y la enseña rescató.	*und rettete die Kompanie.*
Y al regar con su sangre la tierra ardiente,	*Und als sein Blut die brennende Erde tränkte,*
murmuró el legionario con voz doliente:	*murmelte der Legionär mit schmerzerfüllter Stimme:*
Estribillo	**Refrain**
»Soy un hombre...«	*»Ich bin ein Mann...«*
III	**III**
Cuando al fin le recogieron	*Als sie ihn am Schluß bargen,*
entre su pecho encontraron	*fanden sie an seiner Brust*
una carta y un retrato	*einen Brief und das Foto*
de una divina mujer.	*von einer göttlichen Frau.*
Y aquella carta decia:	*Und in diesem Brief stand:*
Si Dios un dia te llama	*»Wenn Dich eines Tages Gott zu sich ruft,*
para mi un puesto reclama	*hält er für mich einen Platz frei*
que a buscarte pronto iré.	*damit ich mich zu Dir gesellen kann.«*
Y en el último beso que la enviaba	*Und mit einem letzten Kuß, den er ihr sandte,*
su postrer despedida le consagraba:	*verkündete er zu seinem Abschied:*
»Por ir a tu lado a verte,	*»Um an Deiner Seite zu sein und Dich zu sehen,*
mi más leal compañera,	*meine treue Kameradin,*
mi hice novio de la muerte,	*wurde ich zum Verlobten des Todes,*
la estreché con lazo fuerte	*verband mich innig mit ihm*
y su amor fue mi Bandera.«	*und seine Liebe war meine Fahne.«*

Die zwölf Gebote des Millán Astray

Einige Dinge kann der Legionär im Schlaf: Sein Gewehr zerlegen und wieder zusammensetzen, »*El novio de la muerte*« singen und das »*Credo Legionario*« aufsagen. Kein Dienst ohne Credo, aus allen Ecken der Kasernen sind die zwölf Gebote zu jeder Stunde zu hören. Legionäre sind immer im Dienst. Auch das steht im Credo. Einzeln oder in Gruppen sagen sie auf, was der Gründer der Legion, Millán Astray, im Legions-Camp Dar-Riffien, südlich von Ceuta, im Jahr 1920 niederschrieb, ein spirituelles Diktat, das alle Legionäre verbrüdern sollte, das geistige Rückgrat der Legion.

Credo Legionario
Glaube und Bekenntnis des Legionärs

El Espíritu del Legionario es único y sin igual; es de ciega y feroz acometividad, de buscar siempre acortar la distancia con el enemigo y llegar a la bayoneta.

Der Geist des Legionärs ist einzigartig und ohne seinesgleichen; er ist von einer blinden und wilden Angriffslust, vom ständigen Verlangen erfüllt, den Abstand zum Feind zu verkürzen, um zum Bajonettkampf zu gelangen.

El Espíritu de Compañerismo con el sagrado juramento de no abandonar jamás un hombre en el campo hasta perecer todos.

Der Geist der Kameradschaft ist besiegelt mit dem heiligen Eid, nie einen Mann auf dem Schlachtfeld zu verlassen, bis nicht alle gefallen sind.

El Espíritu de Amistad de juramento entre cada dos hombres.

Der Geist der Freundschaft ist der Schwur zwischen jeweils zwei Männern.

El Espíritu de Union y Socorro: A la voz de »A mi La Legión!«, sea donde sea, acudirán todos, y con razón o sin ella, defenderán al legionario que pida auxilio.

Der Geist der Eintracht und des Beistands. Bei dem Ruf »Zu mir die Legion!«, wo immer es auch sei, werden alle kommen und – zu Recht oder nicht – den Legionär verteidigen, der um Hilfe bittet.

El Espíritu de Marcha: Jamás un legionario dirá que está cansado hasta caer reventado; será el cuerpo más veloz y resistente.

Der Geist des Marschierens: Ein Legionär wird niemals behaupten, er sei müde, bis er nicht erschöpft niederfällt; sein Körper wird der schnellste und ausdauerndste sein.

El Espíritu de Sufrimiento y Dureza: No se quejará de fatiga, ni de dolor, ni de hambre, ni de sed, ni de sueño; hará todos los trabajos, cavará, arrastrará cañones, carros; estará destacado, hará convoyes, trabajará en lo que le manden.

Der Geist des Durchhaltens und der Härte: Nie wird sich der Legionär über Ermüdung, Schmerzen, Hunger, Durst oder gar Müdigkeit beklagen; er wird alle Arbeiten verrichten, er wird schanzen, er wird Kanonen und Panzer schleppen, Sonderkommandos und Nachschubkolonnen bilden. Er wird die Arbeiten tun, die ihm befohlen werden.

El Espíritu de Acudir al Fuego: La Legión, desde el hombre sólo, hasta La Legión entera, acudirá siempre a donde oiga fuego, de dia, de noche, siempre, siempre, aunque no tenga orden para ello.

Der Wille, ins Gefecht zu eilen: Die Legion – der einzelne Mann bis hin zur ganzen Legion – wird immer dorthin eilen – Tag und Nacht – woher der Kampflärm kommt, immer, immer, auch wenn kein Befehl dazu besteht.

El Espíritu de Disciplina: Cumplirá su deber, obedecerá hasta morir.

Der Geist der Disziplin: Er [der Legionär] wird seine Pflicht erfüllen, gehorsam bis zum Tode.

El Espíritu de Combate: La Legión pedirá siempre, siempre, combatir, sin turno, sin contar los dias, ni los meses, ni los años.

Der Kampfgeist: Stets wird die Legion darum bitten, kämpfen zu dürfen ohne abgelöst zu werden, ohne die Tage zu zählen, nicht die Monate, nicht die Jahre.

El Espíritu de la Muerte: El morir en el combate es el mayor honor. No se muere más que una vez. La muerte llega sin dolor y el morir no es tan horrible como parece. Lo más horrible es vivir siendo un cobarde.

Der Geist des Todes: Im Kampf zu sterben ist die höchste Ehre. Man stirbt nur einmal. Der Tod kommt ohne Schmerz, das Sterben ist nicht so schrecklich wie es scheint. Das schrecklichste ist es, als Feigling zu leben.

La Bandera de La Legión será la más gloriosa, porque está teñida de la sangre de sus legionarios.

Die Fahne der Legion ist die glorreichste, weil sie mit dem Blut ihrer Legionäre gefärbt ist.

Todos los Hombres Legionarios son Bravos; cada nación tiene fama de bravura; aqui es preciso demostrar qué pueblo es más valiente.

Alle Männer der Legion sind mutig: Alle Nationen stehen im Ruf, mutig zu sein; hier [in der Legion] gilt es zu beweisen, welches Volk am tapfersten ist.

El Espiritu del Legionario es único y sin igual...

»... den Abstand zum Feind verkürzen, um zum Bajonettkampf zu gelangen...« Das Bajonett gehört in modernen, technisch hochgerüsteten Armeen wieder dazu. Dabei steht die psychologische Wirkung auf den Gegner im Vordergrund. Dies stellten nicht zuletzt die Engländer während der Gefechte um die Falkland-Inseln 1982 fest. Bei den Spaniern dachte eh kein Militär – geschweige denn die Legion – jemals über eine Aussonderung der Blankwaffe nach. Wer unter ihnen würde wohl den berühmten Zaren-General Suworow eines Besseren belehren wollen: »Die Kugel ist eine Närrin, aber das Bajonett ist weise.«

El Espiritu de Compañerismo...

»... nie einen Mann auf dem Schlachtfeld zu verlassen« ist oberstes Gebot der Kameradschaft.

El Espiritu de Amistad de jurament...

»... der Schwur zwischen jeweils zwei Männern« festigt das Band der Kameradschaft unter den Legionären. Hautfarbe, Religion und Herkunft spielen keine Rolle.

El Espiritu de Union y Socorro...

»... bei dem Ruf »Zu mir die Legion!« werden alle kommen und – zu Recht oder nicht – den Legionär verteidigen, der um Hilfe bittet...«. Die zwölf Gebote sind auf Holztafeln verewigt und werden den Legionären bei zahlreichen Gelegenheiten buchstäblich vor Augen geführt.

El Espiritu de Marcha...

»Ein Legionär wird niemals behaupten, er sei müde, bis er erschöpft niederfällt...« Bei allen Fremdenlegionen stand und steht der »Geist des Marschierens« in hoher Blüte. Terrain, Witterung und Entfernung spielen dabei eine untergeordnete Rolle. »Marschier oder stirb« ist nicht nur ein geflügeltes Wort.

El Espiritu de Sufrimiento y Dureza...

»Nie wird sich der Legionär über Ermüdung, Schmerz, Hunger, Durst oder Müdigkeit beklagen...« Gelegenheit dazu gibt es es reichlich. Mit rüden Methoden werden Legionäre auf »hochnotpeinliche« Verhöre durch den Gegner vorbereitet...

El Espiritu de Acudir al Fuego...

»Die Legion... wird immer dorthin eilen – Tag und Nacht – woher der Kampflärm kommt...« Übungen unter scharfem Schuß und unter Einsatz von Gefechtshandgranaten gehören zum Alltag der Legionäre. Auf eine wirklichkeitsnahe Ausbildung legt *La Legión* größten Wert.

El Espiritu de Disciplina...

»...der Legionär wird seine Pflicht erfüllen, gehorsam bis zum Tode...« Disziplin wird Legionären unter anderem in Form einer rigorosen Formalausbildung eingebleut, zu der auch diese legionsspezifische Form des »spanischen Hof-Zeremoniells« gehört...

104

El Espiritu de Combatante...

»Stets wird die Legion darum bitten, kämpfen zu dürfen...« In den letzten Jahrzehnten verhallte diese Bitte ungehört, wenn man vom Bosnien-Einsatz einmal absieht. Und der zählt nicht. Unbefriedigenden Ersatz bieten die realistische Nahkampfausbildung oder verklärte Erinnerungen an das »gute, alte Marokko«, wie sie der französische Spielfilm *La Bandera (Legion der Verlorenen)* mit Hauptdarsteller Jean Gabin auf Zelluloid bannte.

El Espiritu de la Muerte...

»Das schrecklichste ist es, als Feigling zu leben...« Sprüche wie *Legionarios a luchar – Legionarios a morir* (Legionäre zum Kampf – Legionäre zum Sterben) prangten über den Toren der Forts in Marokko und bis heute über jeder Kaserne der Legion
Unten: Beisetzung eines gefallenen Legionärs in Afrika. Die Aufnahmen entstanden Mitte/Ende der 50er Jahre.

La Bandera de La Legión será la más gloriosa...

»Die Fahne der Legion ist die glorreichste... « Mit dem Küssen des Fahnentuches legt der Legionär seinen Eid ab. Nur ausgesuchten Männern wird die Ehre zuteil, die Fahne tragen zu dürfen.

Todos los Hombres Legionarios son Bravos...

»... gilt es zu beweisen, welches Volk am tapfersten ist...« Dieser Beweis kann noch angetreten werden, denn noch dienen Männer aus aller Herren Länder in der spanischen Fremdenlegion. Doch 1986 ordnete die sozialistische Regierung an – allen multikulturellen Bestrebungen zum Trotz –, nur noch Spanier aufzunehmen. Späte Rache für den Bürgerkrieg?!

Buschido – Der Legionär als Samurai

Credo Legionario, eine Regie-Anweisung für blutschwitzende Soldaten-Folklore? Warum nicht einfacher, warum nicht einfach: Der Soldat hat bis in den Tod zu gehorchen, basta!? Andere Armeen rund um den Globus formulierten doch mehr oder weniger alle gleich und bündig, warum so viele Worte? Er habe, sagte José Millán Astray einmal, den militärischen Verordnungen, deren Grundkonzept Karl der Dritte von Spanien festlegen ließ, noch etwas hinzufügen wollen: Das *Buschido,* Ehren-Kodex des japanischen Krieger-Adels, der Samurai, entstanden etwa im 12. Jahrhundert.

José Millán Astray beschreibt in dem Buch *El Buschido – die Seele Japans,* das er 1941 zusammen mit Inazo Nitobe herausbrachte – einem Mitglied der kaiserlichen Akademie und Professor an der Universität von Tokio – die vier Prinzipien des *Buschido* so: »Sich von keinem in seinen Idealen übertreffen zu lassen; dem obersten Chef zu dienen; den Eltern treu zu sein; barmherzig zu sein und sich für das Wohl der anderen zu opfern«. Daraus folgen die vier Gebote, die das *Buschido* dem Samurai auferlegt:

»Verachtung gegenüber dem Tod; Ehrlichkeit und Treue; Würde und gutes Betragen; Klugheit und Umsicht«.

Im *Buschido* fließen Elemente der Morallehre des Konfuzius, des Schintoismus und Dogmen der buddhistischen Zen-Sekte zusammen. Bu-schi-do, auch buschi, japanisch, sächlich: »Weg des Kriegers«.

»Das *Buschido* ist der asketische Moralkodex der Samurais«, schreibt Millán-Astray in der Präambel des Buches, »seine Herkunft uralt, vielleicht mehrere tausend Jahre, angepaßt an die Fähigkeiten der japanischen Seele: Ehrenhaft und ritterlich, kriegerisch, einfach, tiefe Verehrung der Vorfahren, des Kaisers, der für sie Gott und Vaterland repräsentiert...Die Prinzipien der christlichen Moral stehen nicht in Konkurrenz zu *Buschido,* es enstand vor Jesus Christus. Das *Buschido* ist durch pure moralische Regeln inspiriert, wie das Christentum, und behandelt alle Menschen gleich, ohne sie nach Kasten oder Alter aufzuteilen«.

Millán Astrays – unautorisierter – Biograph General Carlos de Silva sieht das Anliegen des Legions-Gründers mit der Verkündung des *Credos Legionario* und seine Verknüpfung mit dem *Buschido* so: »Es ist eine höchst überraschende Herausforderung zum Krieg und zum Tod... Es bildet die Sprungfeder für die Wiederbelebung des Geistes der imperialen Infanterie, der wiederum die verborgenen Kräfte der Nation erweckt. Millán Astray wollte einen Menschenschlag schmieden, Samurai und Spanier zugleich, Soldat und Rittersmann, Poet und Mönch, so wie er selbst war,« schreibt der General. Die Menschheits-Geschichte und ihre Konflikte – eine Kette ständiger Wiederbelebungen alter Ideen, deren Kurswert zu Unrecht nicht mehr notiert wurde? Firlefanz auf dem Wege in die Neuzeit?

»Die Pest für das *Buschido* ist Träumerei und Sinnlichkeit, Habsucht und Geiz,« beschreibt Millán Astray die unmännlichen Eigenschaften. Dagegen empfindet er die Ideale des *Buschido* als »so patriotisch und spirituell, stolz und schön, so fern von Materialismus, von Egoismus, von Gemeinheit, Feigheit, Niedertracht und Eifersucht – diesen zerstörenden Giften, die alles korrumpieren, beschmutzen und hemmen, daß der Soldat und *Caballero* ohne Mühen seinen Weg erkennen kann.« So begründet der Legions-Gründer den Transfer der Werte aus Fernost für seine Soldaten in Nordafrika.

Damit aber auch kein Tropfen Buschi-Essenz bei den Legionären verloren ging, schrieb er es ihnen auf, damit sie es auswendig lernen konnten. Illusionen über die Tugenden seiner Legionäre aus aller Welt hatte Millán Astray wohl nicht, sie gehörten nicht zu den edelsten Geschöpfen der Menschheit. Aber ein Versuch, aus ihnen brauchbare Männer zu machen, war ihm das Unternehmen Legion schon wert. Wer sich fügte und den inneren Schweinehund niederkämpfte, konnte seinem Namen reinen Gewissens den »*Caballero*«, den Edelmann hinzufügen. Der »Weg der Hunde zur edlen Wurst für Übermenschen« war jedoch die reine Selbstverleugnung.

El Camino de los Caballeros – Der Weg der Edelleute

DU WIRST DIE WÜRDE VEREHREN, der Kult verpflichtet Dich dazu, daß Dein Verhalten bei allen Befehlen, beim Militär wie auch in der bürgerlichen Gesellschaft, rein und makellos ist, sauber in all seinen Auffassungen, dem Guten immer zugeneigt, falsche Schritte und schlechten Umgang meidend.

DER KULT DER TAPFERKEIT setzt sich über die menschlichen Schwächen und seinen Selbsterhaltungstrieb hinweg, um gerne das Leben zu opfern und um dem Tod von Angesicht zu Angesicht entgegensehen zu können. Aber diese Tapferkeit muß geistesgegenwärtig sein, ruhig, gleichmütig, ohne Überschwenglichkeit und Niedergeschlagenheit, ohne den Feind zu mißachten, wenn es wenige sind, noch ihn zu fürchten, wenn es viele sind.

DER KULT DER ZUVORKOMMENHEIT, damit Deine Handlungen immer von der Vornehmheit spanischer Ritter geleitet werden, friedlich im Umgang, freundlich mit allen, respektvoll gegenüber Vorgesetzten, aufmerksam gegen Damen, vor allem Begeisterung und Liebe gegenüber den Legionären, auf die Du ständig acht geben mußt, die Du lenken und mit brüderlicher Liebe behandeln sollst.

DER KULT FÜR DAS VATERLAND. Du wirst alles auf dem Altar des Feldes opfern, was nötig ist, alles, was Du besitzt, wie teuer es auch sein mag, und als Zusammenfassung aller Opfer, übergebe diesem heiligen Altar Dein Leben, mit der Gewißheit, daß nur so Dein Vaterland groß wird.

Barfuß in die Wüste

Wer den Knigge für fortgeschrittene Krieger auf sich wirken läßt, dem muß nach einer Verschnaufpause dazu ein wahrhaft beispielhafter Bilderreigen vor dem geistigen Auge aufflashen. »Morocco«, Hollywoods Antwort 1930 auf alle Legionärs-Film-Geschichten überhaupt, mit zwei Menschen in der Hauptrolle, die man nicht vergißt, wie aus Readers Digest. Einfach göttlich!

Eine verruchte Bardame, Marlene Dietrich, versucht mit den Waffen einer Frau den fern der Truppe befindlichen Legionär, Gary Cooper, davon abzuhalten, wieder zu seiner kämpfenden Einheit zurückzukehren. Der Wüstenkrieger hatte dem blonden Gift nach der ersten körperlichen Auseinandersetzung – noch erhitzt – die Ehe versprochen, aber, als der wilde Atem sich legte, es sich doch anders überlegt. Höflich, aber unmißverständlich, sagte er ihr in dem Wüstenkaff: »Ich werde nicht desertieren, meine Kameraden brauchen mich«. Nach einem ungemein höflichen und vornehm männlichen Abschied voller Trauer und im Bewußtsein, den besseren Teil der Apfelsine fahren zu lassen für ein Leben voller Zitronen, schreitet Legionär Gary Cooper, dem Fahneneid gehorchend, in die sandheulende Wüste hinaus. Und was macht sie, die Marlene? Sie zieht die Schuhe aus und folgt ihm barfuß in die Wüste, dem Buschi-Cooper. Ja, so war das damals mit der Ehre der Legionäre...

Rache für den verprügelten Kameraden

Buschido-Verehrer Millán Astray war von den fernöstlichen Prinzipien so überzeugt, daß er eine Übertragung auf spanische Verhältnisse – trotz des latenten Hanges der Spanier zur Anarchie – für möglich oder gerade deswegen für wünschenswert hielt. Dafür wählte er die Form seines *Credo Legionario*, ein für die heutige militärische und politische Führung in Madrid schwieriges Erbe: Es wird darüber nachgedacht, aber ganz leise.

Die gelegentliche Diskussion draußen vor dem Tore, dort wo die Bürger den Ton angeben, war bisher wenig hilfreich. Angeführt von einigen Schmuddelblättern, wie dem unsagbar kläglichen *Interviú*, üben sich die Antimilitaristen – wer möchte das nicht sein? – in den niederen Künsten der Bausch-und-Bogen-Reportagen (siehe auch Seite 160 f). Als sich ein junger Legionär im Labyrinth der marokkanischen Shanty-Buden des berüchtigten Melilla-Viertels *Caña-*

da de la Muerte, dem Flußbett des Todes, verlief, bezog er für seinen Leichtsinn überfallartig Prügel durch *Moros.*

Solche Übergriffe lösten bei Legionären schon immer den »Den Geist der Eintracht und des Beistands« aus. Freiwillige eilten spontan ins Viertel der Mauren – es grenzt bis an die Kaserne, kein Polizist traut sich hin – und zahlten es den Schlägern heim, ganz im Espíritu *»A mi La Legión!«.* Bei dem Ruf: »Zu mir die Legion!«, wo immer es auch sei, werden alle kommen – zu Recht oder nicht – den Legionär verteidigen, der um Hilfe bittet…, so stehts geschrieben. Das war zwar rechtlich nicht einwandfrei, aber eine Truppe, die nicht bereit ist, eine Schuld von dieser Qualität auf sich zu laden, kann man getrost vergessen.

Kundschafter von *Interviú* allerdings sahen darin einen Fall von Stadtsanierung, »die Hundertschaft Legionäre hat das Viertel geschleift,« meldeten sie. Da waren alle platt vor Lachen, aber im Ernst: Die Sprache des *Credo Legionario* macht heute deutlich, wer 1920 in weiten Teilen Spaniens die Richtlinien der Politik bestimmte – das Militär. Sorglos bis übermütig sind einige *Espíritus* formuliert, das muß *Interviú*-Partner im Geiste auf die Spur bringen, wie der angeschossene Bock die hetzende Meute.

Schon der Begründer von Legion und Credo, Millán Astray, bediente sich gern des Hilferufs »Zu mir die Legion!« So am Hochzeitstag eines prominenten Paares. Der Andrang vor der Kirche verhinderte den Eintritt des Paares in die Kirche und damit den Zweck der Zusammenkunft. Es war kein Durchkommen, Durchklettern, Durchkitzeln, eher ein Durchkämpfen um durchzuhelfen! »Aaaa mi La Legión!« Millán Astray putschte sich an die Spitze der verkeilten Kirchengemeinde, die Legionäre kamen prompt aus dem Gedränge, er teilte sie ein, sie teilten die Menge und standen Spalier – die Dinge nahmen ihren Lauf.

Ein anderes Mal rief die Legion ihn, wenigstens meinte Millán Astray einen Ruf gehört zu haben. Das war 1936, der General hielt sich mit seiner Frau privat in Argentinien auf. An eine Rückkehr nach Spanien war noch nicht gedacht, als er von dem beginnenden Bürgerkrieg hörte. General Carlos de Silva beschreibt, was nun geschah: »…nachdem er den Namen der Legion gehört hatte, ging er ins Zimmer seiner Frau. »Elvirita, im Radio sagen sie, die Legion macht einen Aufstand. Das ist für mich der Ruf *A mi La Legión!* Du weißt schon, wenn ein Legionär diesen Ruf hört, kommt er, egal wohin. Wir fahren mit dem ersten Schiff! Und außerdem, Elvirita, Du weißt, daß die Legion nur aus einem ehrenvollen Grund aufständisch ist. Es ist wahrscheinlich die rettende Bewegung, die wir erwarten«! Sie war es. Damit in Zukunft das nicht wieder passiert, wenn etwas passiert, hätten etliche Politiker gern eine Entschärfung des Geistes der Liga von Eintracht und Beistand.

»A mi La Legión!« ist in Spanien zum geflügelten Wort geworden. Auch in der Werbung des Fernsehens war es schon zu hören. Nun macht Fernsehen

»A mi La Legión!« wird auch schon mal lautstark auf dem Kasernenhof geübt.

bekanntlich nicht klug, aber so dumm nun auch wieder nicht, daß Legionäre hinter jede Fernseh-Kulisse rennen. Die Gefahr des Umsturzes in Spanien ist vorbei, da hilft auch das Legions-Argument nicht weiter.

Die Legion verteidigt ihr *Credo Legionario* heute aus dem Internet, anonym, dem Medium entsprechend, nur nicht Flagge zeigen. Millán Astray würde sich im Grabe umdrehen. Die Legionäre unter Millán Astrays Fuchtel hatten frei heraus zu sprechen und dabei offen ins Gesicht des anderen zu sehen; immer noch die beste Form um herauszufinden, ob es einer ehrlich meint. Cyber-Legionäre aus dem Internet, ohne Dienstgrad, ohne Gesicht und ohne Sprache, *Caballeros?*

Die Legion in der Realität funktioniert bis heute auf Zuruf, auf Sichtweite. Einen verantwortlichen Offizier an die Strippe zu kriegen, ist so gut wie aussichtslos – an den kurzen Draht des Feldtelefons? Wäre denkbar. Man wird das verdammte Gefühl nicht los, daß alles nur nach vorheriger In-augenschein-nahme abläuft, sonst nichts. Diese Beobachtung ist deckungsgleich mit der – sympathischen – Mentalität der Spanier, in jeder Lebenslage der persönlichen Begegnung den Vorzug zu geben, um zu wissen mit wem man es tun hat. Das hindert den Kommunikationsfluß enorm, ist aber sehr menschlich. Bei der Legion führt dies dazu, daß ständig Soldaten bis in Zugstärke im Laufschritt unterwegs sind, die Botschaften überbringen. »A mi La Legion!« ist das Zauberwort der Legion, ein »Sesam öffne dich!«, aber noch nicht NATO-kombatibel. Vielleicht werden einmal spanische Einheiten den ersten spanischen Militär-Satelliten schlafwandlerisch sicher für die Inter-Kommunikation beherrschen, der Ruf nach der Legion aber wird auf zwei Beinen kommen, sonst wäre es keiner.

Vor uns liegt nun die Mattscheiben-Zukunft der Cyber-Legion, und was orakelt das *worldwideweb* über Glaubensfragen der Legionäre? Dies:

»*Ohne das Credo Legionario* wäre die Legion eine Söldnertruppe, die nur ein Interesse hat, das Geld;

Die eher handwerklichen Tugenden des *Buschido* schlagen sich im militärischen Alltag der Legionäre nieder: Ob bei der täglichen Mutprobe, dem Salto im Kampfanzug mit Sturmgepäck über die Bajonette...

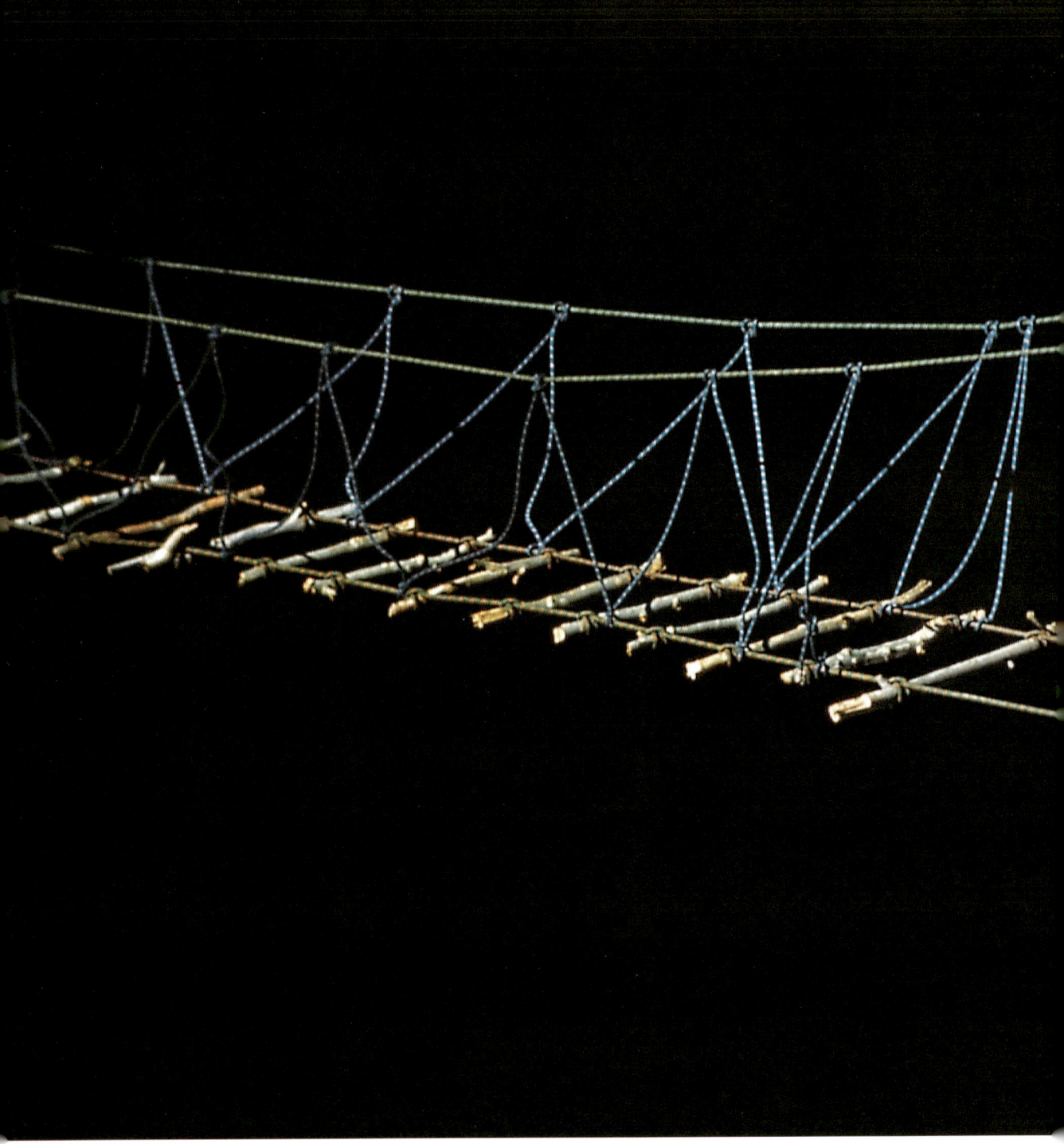

... beim Überwinden von Hindernissen und Geländeeinschnitten ohne Sicherung...

...oder bei den Waffenübungen mit der »Braut des Soldaten«, dem CETME-Gewehr, der spanischen Spielart des wohlbekannten Bundeswehr-G3, Kaliber 7,62 x 51 NATO.

das Credo ist nicht als juristische Form zu verstehen, sondern als ein ethischer Code – ein kurzgefaßtes Lehrstück über die Fähigkeiten der Legionäre;

einen historischen Text wie das *Credo Legionario* zu verändern, ist so absurd wie die Modifizierung des hippokratischen Eides, weil er nicht an die moderne Medizin angepaßt ist;

der Geist der Eintracht und des Beistands *(A mi La Legion!)* ist weit umfassender zu verstehen: Er beinhaltet auch die Hilfe für die Witwen von Legionären, für Kinder, die ihren Vater verloren, Beistand für ehemalige Legionäre, deren Leben schiefgegangen ist;

El Espíritu de marcha: Sportler wissen wie die Legionäre, daß der Kopf des Kämpfers immer geneigt ist, den Körper im Stich zu lassen. Der Kopf bewilligt nur so viel Leistungs-Willen, wie er zuvor als vermeintliche Leistungsgrenze erfahren hat, der Körper kann aber wesentlich mehr leisten, usw.«

Um diese Selbstkontrollen des Soldaten gehts dem Cyber-Legionär in seiner Botschaft aus dem Netz: Eine unverwüstliche, kameradschaftliche Truppe mit schnellster Verfügbarkeit, die sowohl als Einzelkämpfer als auch im Verband mit hoher Tapferkeit in Erfüllung ihres Auftrages kämpft, den Verlust des Lebens riskierend.

Daß die Legion die besten Schützen der spanischen Streitkräfte stellt, mutet da wie selbstverständlich an. Zahllose Schießpokale und Ehrenpreise sind die Früchte des intensiven Schießtrainings, von dem auch Offiziere nicht ausgeschlossen sind. Ganz im Gegenteil – von ihnen werden höhere Ringzahlen als von den Mannschaften und Unteroffizieren erwartet.

Im Süden nichts Neues – oder doch? Wie hält es der spanische Samurai mit dem Tode, ist der Legionär überhaupt je auf dem »Weg der Krieger« mit Buschido im Gepäck marschiert, den Idealen der Samurais folgend?

Wohl nicht. Und wenn, nur zeitweise und unvollständig. Die Spanier – nicht die Vielzahl von Fremdenlegionären verschiedener Herkunft – sind viel zu nett und individualistisch, um Samurai zu sein – schon die Erwartung war eine Fiktion. Aber es gibt Ähnlichkeiten in der Mentalität, ein wenig Seelenverwandtschaft: Spanier sind dem höfischen Zeremoniell zugeneigt, sie haben Würde und sie sind Fremden gegenüber aufgeschlossen, sind freundlich und unaggressiv, lieben die Familie, ihr Dorf und die *Fiestas* über alles, sie verehren die Inhaber von Spitzenpositionen der Gesellschaft und sind ängstlich gegenüber Vorgesetzten, diese treten ungern Verantwortung ab, weil keiner da ist, der sie übernehmen will. Auf das Militär übertragen heißt das: Wenn der General nicht da ist, läuft nichts.

Vom Traum zur Legion: Der Weg eines Mystikers

Bevor José Millán Astray den Versuch unternahm, aus seinen Fremdenlegionären spanische Samurais zu formen, mußte er den kleinen Geistern seiner Kindheitstage Zwangsjacken anlegen. Ein Blick zurück auf die Jugendjahre großer Schlachtenlenker ist im Nachhinein stets ein schwindelerregendes Ereignis. Bei Millán Astray wäre die Ausnahme auch nur eine Bestätigung der Regel – er war aber keine Ausnahme, also abgetaucht und zurückgeschaut:

Der lesefreudige José hatte schon in allerjüngsten Jahren eine folgenschwere Begegnung mit einem Buch-Helden. Dieser Held stand dem Entdecker Amerikas zur Seite, Christoph Kolumbus. Es war der Majordomo des Genuesen, Verwalter seines angehäuften Wissens, seiner Schätze und seiner Kümmernisse – kurz, er war die unentbehrliche rechte Hand des Kolumbus und hieß Millán. Millán?! Wäre in diesem Augenblick die Tür aufgegangen und Vater Millán Astray hätte seinen verträumten Sohn tüchtig Holzhacken geschickt, statt ihn immer über den Büchern brüten zu lassen, wäre die Geschichte anders verlaufen. Aber nun geschah, was geschehen mußte: Der kleine José fühlte sofort, daß auch in seinen Adern das Blut der *Conquistadoren* pulsierte – »Millán!« – natürlich, auch schon seine Vorfahren hatten der Krone gedient! Millán traf Millán, eine Synapsis, oder einfacher: Der Topf fand den passenden Deckel – die angerührte Suppe verkochte nicht, sie konnte zu passender Zeit ausgelöffelt werden. Der Name des Kolumbus-Gefährten Millán gefiel José, er stieg zum Leitbild auf, war das Programm, nach dem José suchte ohne zu wissen, wonach er suchte, es passte einfach alles zusammen – irgenwie. Schwindelig vor Fernweh speicherte er es in seinem Gemüt, lud es mit immer neuem Stoff aus Büchern nach, die Spaniens wundersamen Aufstieg zur kolonialen Weltmacht beschrieben, aus prunkvollen Kupferstichen und Sammelbildern – er besaß sie alle. José saß nun selbst mit im Boot der Geschichte und wieder träumte ihm, daß sich die Masten bogen. José gehörte nun zur Klasse der Söhne der Eroberer Amerikas, wie Hernán Cortes, Francisco Pizarro, denen er sich anschloß, einer verwegenen Rasse von Titanen, die Paradiese, abweisend wie Marslandschaften, zum Wohle Spaniens eroberten, nur um den Ruhm zu mehren und sonst nichts…

Alles erschien Jung-José möglich, ein Leben voller phantastischer Heldentaten; gut, daß es draußen mal wieder regnete – ach was, die vom Sturm über dem Atlantik abgerissenen Wellengipfel trommelten gegen die Fenster wie eine gehetzte Meute – die beste Zeit, um über den Rand der Bücher hinaus den Rest der Welt zu erfassen. La Coruña, wo José Astray y Terrero 1879 geboren war, Hauptstadt des Regens im Regenland Galicien, im äußersten Nordwesten Spaniens am Atlantik gelegen. Ein Landstrich, von Frauen beherrscht, gemieden von Männern mit großen Plänen.

Mit 16 Leutnant und mit 17 den höchsten Orden

Galicische Männer gehen bodenlosen Berufen nach, sie werden Journalisten, Fleischbrater, Wanderarbeiter, Unterhaltungskünstler, Schmuggler, Zuhälter oder Rechtsanwalt wie José Millán Astrays Vater, der auch noch den Rest der klassischen bodenlosen Künste betrieb: Er gestaltete Librettos für Zarzuelas, eine spanische Variante der Operette;

»*La Mistica*«, der Mystische: Oberst José Millán Astray, der spanische MoscheDajan, 1927. Das Foto entspricht nicht ganz der Kleiderordnung. Millán Astray trägt zu den drei Sternen eines Oberst Schärpe und Bauchbinde eines Generals. Die vier Winkel auf seinem leeren Ärmel zeigen: Viermal verwundet.

dichtete, formulierte schöne Artikel und schrieb später als Madrider Gefängnis-Direktor Knast-Geschichte: Ein Doppelmord durch einen seiner Häftlinge, aber außerhalb des Knasts. Der Mörder war durch Bestechung freigekommen.

Besonders häufig werden Gallegos Soldaten. Francisco Franco war auch Gallego, sogar ein typischer, seine Gesprächspartner wußten zu keiner Zeit, ob der *Generalisimo* gerade gedanklich die Treppe raufstieg oder runterging. Galicier sind mißtrauisch. Fragt man sie nach dem Weg, fragen Gallegos zurück: Warum willst Du das wissen?

José Millán Astray war mehr: Er hatte einen offenen Charakter mit gelegentlich cholerischen Neigungen, erbte vom Vater die Lust am Fabulieren, besaß ein beachtliches schauspielerisches Talent für theatralische Auftritte und ein erhitztes, romantisches Verhältnis zum Staat. Rechtsanwalt wollte er nicht werden. Er wolle, so hat er gesagt, die Gerechtigkeit mit der Waffe verteidigen. Als er mit 15 Jahren in die Akademie der Infanterie von Toledo eintritt, ist er schon längst Soldat bis in die letzte Faser seines Seins, weiß alles über die spanischen Truppen in Flandern, Italien und anderswo, und trägt das Buschido der Samurais mit sich im Kopf herum, nur auf der Suche nach einer Gelegenheit, diese Sache vor die Kriegs-Akademie zu bringen – was er später als Lehrer an der Kriegsschule von Toledo dann auch tat.

Mit 16 Jahren war er Leutnant und ungebrochen »dienstgeil«. So nennen Militärs den Zustand absoluter Akkuratesse: Die Hemden lagen genau übereinander, Kantenbreite vier Millimeter, kein Fleckchen auf Uniform oder Bajonett beleidigte das Auge des Unteroffiziers, keine verstaubten »Elefanten« zogen durch Felder und Züge seiner Remington. Kasernendienst, Rucksack, Patronentaschen – alles ohne Fehl und Tadel. Bliebe noch der Kinnriemen seiner Mütze. Klar, mathematisch genau an der Kinnlade – ohne jegliches Spiel…

Nächster Schritt: Kriegshochschule. Da zählt er siebzehn Lenze und will in den Krieg. Schüler dürfen nicht in den Krieg. Er will auf die Philippinen. Sein Oberst sagt Nein. Leutnant Millán Astray will, will, will. Da lassen sie ihn binnen sechs Tagen auf dem Dampfer COLON nach Fernost ziehen. COLON ist spanisch für Kolumbus, und Millán fuhr mit ihm.

Drei Monate später hatte er die ihm als Leutnant anvertrauten Soldaten in den Kampf gegen die Aufständischen der Philippinen geführt und dabei eine gute Figur gemacht. Das Vaterland belohnte ihn mit dem Orden »Cruz de Maria Cristina«. Höhere Auszeichnungen gab es im Krieg um die Philippinen nicht. Ein Jahr später – 1898 – geht das Inselreich an die USA, außerdem Kuba und Puerto Rico. Die Spanier und wohl auch José Millán Astray waren geschockt. Mit einem Schlag war die *Hispanidad* auf Spanien reduziert, die kollektive Illusion von einer Großmacht Spanien verflogen, Spanien auf sich selbst zurückgesunken.

Während der inzwischen zum Oberleutnant beförderte Millán Astray weiter auf die Kraft des Spaniertums und der Waffen vertraute und die Kriegschulen besuchte, machte sich eine Gruppe von Literaten und Philosophen daran, die Ursachen des nationalen Niedergangs radikal zu analysieren und nach Wegen einer geistigen Erneuerung Spaniens durch eine Europäisierung ihres Landes und die Rückbesinnung auf die eigenen nationalen Werte *(Regeneracionismo)* zu suchen. Das Jahr 1898 hatte in der spanischen Geschichte die Wende markiert. Man benannte sie nach dem Jahr des kolonialen Desasters »Noventa y ocho«, achtundneunzig; die Geschichte notierte ihre Akteure als »Generation von 1898«: R. Menéndes Pidal, Machado, Baroja, Azorín, Maeztu und Unamuno waren dabei, und nicht wenige von ihnen hofften auf eine Hispanisierung Europas. Mit dem Dichterphilosophen Miguel de Unamuno (1864–1936, »Das tragische Lebensgefühl«) sollte Millán Astray (1879–1954), Kriegsheld in Afrika, im ersten Jahr des spanischen Bürgerkrieges heftig zusammenprallen; der eine war Ehren-Rektor der Universität von Salamanca, der andere General mit dem Schlachtruf der Legion, »*Viva la muerte!*« Es war ein Ereignis von kurzer Dauer, aber eine langlebige Episode.

Cristo de la Buena Muerte – Die Legion als Pate eines Gekreuzigten

Das Verhältnis der Spanier zum Tod reicht von samuraianischer Opferbereitschaft bis hin zu ausgebuffter Theatralik. Der Tod muß ein Spanier sein, sonst würde er anderswo öffentlich in Erscheinung treten und nicht so aufgemotzt und häufig wie auf der Iberischen Halbinsel. In Spanien wird täglich in Bild und Ton gestorben. Andere Mitglieder der NATO-Familie glauben nicht einmal mehr an den eigenen Exitus, schieben den Gedanken an das Sterben hinaus, verbannen den Tod aus ihrem Leben – die Gesellschaft will das nicht ertragen. »Der Ausweg des gemeinen Haufens ist, nicht an den Tod zu denken«, schrieb vor 400 Jahren Michel de Montaigne in einem Essay. Die Spanier kann er nicht gemeint haben, sie haben ein intelligentes Verhältnis zum Tod, denn sie wissen vom Leben, daß es umzingelt ist vom Tod. Deshalb bestellen sie den Tod, so oft es der Geldbeutel erlaubt und das Wetter danach ist, am Nachmittag um fünf Uhr in die Arena und lassen ihn in Gestalt des Stieres durch einen Auserwählten, einen Soldaten in Seide, bekämpfen. Ist der Tod tot sind alle noch einmal davongekommen. Das Leben ist viel zu schön und zu kurz, um nicht ständig mit dem Tod zu feiern – »Es lebe der Tod!« Er ist der Unsere!

»Das Bewußtsein des sicheren eigenen Todes ist die Voraussetzung für jede echte Kultur,« zitiert Oberst José de Carranza den Japaner Mishima in ei-

Keine Ostern ohne Legion: In Malaga thront der Schutz-Patron der Legion, »Christus zum guten Tod«. Zu den Prozession während der Karwoche stellt die Legion Ehrenformationen. Es werden mehr angefordert, als verfügbar sind.

ner Legions-Festschrift. Da sind sie nun vereint, die spanische und die Samurai-Philosophie, unter dem Titel »*Viva la Muerte!*« – Es lebe der Tod!, dem Schlachtruf der Legion, den keiner verstehen will, obwohl Anleihen mit etwas erweitertem Sinngehalt weltweit gemacht wurden.

Schutzpatron der Legionäre

In Elche schneiden und bleichen sie die Palmenwedel für den Palmsonntag, in Chinchila tönen nachts drei Meter lange Hörner mahnend von der Stadtmauer, in den Dörfern um Teruel herum stören seit Wochen erregte Trommelwirbel den Schlaf der Bürger, in Riogordo wird Judas bei der Bühnenbildprobe am Halse aufgehängt, In Valverde de la Vera liegen Stricke, Säbel und Pfähle bereit, in Chinchon räumt der Bürgermeister seinen repräsentativen Balkon für Abendmahl und rituelle Waschungen, in fast allen Dörfern und Städten Spaniens schwanken Gestalten unter großen Lasten durch die mitternächtlichen Gassen, Legionäre marschieren zu dumpfem Paukenschlag wie in Zeitlupe über den Kasernenhof, Mahnfeuer künden vom nahen Unheil, in Sevilla üben Musik-Kapellen in Parks und an den Ufern des Guadalquivirs für die komplizierteste Prozession der Welt: *Semana Santa*, Heilige Woche, Ostern.

Zu Zeiten der *Semana Santa* hat Spanien in alle Himmelsrichtungen biblisch aufgerüstet. An tausend und mehr Orten Spaniens, seit hunderten von Jahren, stirbt stellvertretend für alle Jesus Christus, Menschensohn, jedes Jahr wieder neu. Die eine Hälfte der Spanier liegt an diesen freien Tagen unter heiterer Sonne am Strand, die andere Hälfte schaut zu, wie der Mann seinen letzten Weg zur Richtstätte der römischen Legionäre geht. Rund 2000 Jahre später sind spanische Legionäre dabei, wenn gestorben wird, denn der Schutzpatron der Legionäre heißt Jesus Christus mit dem Beinamen »zum guten Tod«: *Cristo de la Buena Muerte.*

Auch er ein Unsterblicher, und, schenkt man der Geschichte Glauben, einer der sich für andere opferte und deshalb nach dem Verständnis der Spanier einen guten Tod starb – heute nun, zeitversetzt – nicht auf der alten Schädelstätte Golgatha, sondern in den Straßen von Malaga. Dazu müssen sie ihn aus seinem festen Haus holen, der Pfarrkirche Santo Domingo, gleich neben dem Tempel der Konsumenten, dem Corte Ingles, einer konkurrierenden Glaubensrichtung, die mit goldenen Karten Stamm-Besucher lockt. In die dämmrige Kühle von Santo Domingo treten nur noch wenige ein. Die letzten, die man im Zwiegespräch mit *La Buena Muerte* sah, waren Legionäre vor ihrem Bosnien-Einsatz.

Tränen unter der Oster-Sonne

Am Hafen von Malaga ist alles verrammelt und verriegelt. Kein Durchkommen, überall Polizei aller Sorten und Einheiten, Sanitäter. Die *Malagueños* stehen in dichten Reihen, keiner kann umfallen, höchstens alle. Die vom Umfallen bedroht sind, sitzen auf Klappstühlen in der ersten Reihe. Alle starren zu einem Versorgungsschiff der Kriegsmarine, das umständlich am Kai festgemacht hat. Alle warten nur auf das eine, auf die Ausschiffung von *La Legión*. Kein Fanclub wartet am Pier, es sind *Aficionados*, Liebhaber, Verehrer der Legion. In Spanien fällt meist alles in zwei Hälften: Apfelsinen, nationale und internationale Gesinnung, Fußball oder Stierkampf, Glaube oder Anarchie, Militär-Verweigerer oder Militante; nur auf die Legion gucken alle, die Hälfte mit gemischten Gefühlen.

Dem Reporter Justo Navarro, offenbar eine Allzweckwaffe in der Berichterstattung für die liberale und größte Tageszeitung Spaniens, *El Pais*, gelingt eine Hymne auf die Legion mit Elementen der Sportreportage, des Wetterdienstes und des Feuilleton, möchte man spotten. Aber seine Beobachtungen, Empfindungen und Worte sind Ausdruck spanischer Gefühls-Realität, eine Kraft, die besser nicht zu unterschätzen ist:

»Mit 180 Schritten pro Minute verlassen die Legionäre den Hafen, es wird ihnen das Herz explodieren, 180 Pulsschläge. Sie eilen herbei wie zu einem Feuer, mit dem gespannten Gesicht von Athleten im Wettkampf, Faust hoch und runter die Faust, Gewehr ohne Bajonett, das Kinn hochgereckt die Augen auf einen unsichtbaren Punkt gerichtet. Veteranen schreien »*Viva La Legión!*«, so als ob einer rufen würde »es lebe meine Jugend...« Die Orden der Militärs rivalisieren mit den Auszeichnungen der Bruderschaften... Die Legionäre halten aus, unter der Sonne formiert. Die Sonne birst auf dem Blech der

Christus für unterwegs: Legionäre von Ceuta marschieren mit ihrem Schutzpatron zu einer Gedenkfeier. Auf der anderen Seite wacht der Prophet des Islam.

Posaunen und Trompeten, auf den Pfählen der Fahnen, auf den Köpfen und Schläfen der Legionäre. Es leuchten ihre weißen Zähne, die Augen sind vor Kraftanstrengung geschlossen, der Atem verhalten, die Zunge zwischen die Lippen gekrochen – die Menge genießt die Schönheit ihrer Anstrengungen... Hier kommt der Christus des guten Todes. Ihn tragen 12 hochgereckte Arme, 12 Legionärsarme, wie die 12 Apostel, und ein Unteroffizier befiehlt. Die Sonne schüttet sich über dem toten Holz des Christus aus. Es leuchten die Zähne der Legionäre und die des Christus auch. Der Mund der Legionäre verzerrt sich beim Durchhalten mit letzter Kraft, der Mund des Christus möchte sterben. Mein Vater erzählte mir, daß die Bildhauer der Christus-Statuen früher in die Krankenhäuser gingen, um sterbende Antlitze zu studieren und besser kopieren zu können...

Die Legionäre singen »*El Novio de la Muerte*«. Christus wird auf den Thron gestellt... Die Sonne greift die Augen der 13 Legionäre an, die immer noch aushalten, vom Gewicht des Christus fast erdrückt. Die Augen eines Legionärs blinzeln und eine Träne vermischt sich mit den Schweißperlen, als der Kornettist zur Hymne der Legion aufruft: »Legionäre auf zum Kampf! Legionäre auf zum Sterben!« Es gibt noch mehr Tränen und nicht nur von der Sonne...«, soweit Justo Navarro.

Sechs Stunden lang begleiten die Legionäre ihren Schutzpatron auf dem Weg durch Malaga. Vorne weg drei Trommler, hinter dem Thron des *Cristo de la Buena Muerte* die Hornisten und Landsknecht-Trommler des *Tercios* der Legion in Ronda. Dahinter die Mitglieder der Bruderschaft: 1650 Männer unter Kapuzen, die *Nazareños,* und noch einmal 210

Christo de la Bueno Muerte **mit Legionärs-Jüngern in der Pfarrkirche Santo Domingo in Malaga.**

Costaleros, die Träger des Throns, die sich ablösen müssen.

Die Verbrüderung der Brüder mit den Legionären liegt lange zurück. Der spanische Diktator Primo de Rivera, der General und Löwe des Rif, Sanjurjo, und der *Coronel* der Legion, Francisco Franco, gaben der Bruderschaft des *Cristo de la Buena Muerte* am 8. April 1925 ein Bankett. Dann rückten sie mit einer Bitte raus: Der Cristo zum guten Tod möge bitte zum Schutzpatron der Legion benannt werden. Die Legion brenne darauf, die Schande der römischen Legionäre zu tilgen und sich unter den Schutz des *Cristo de la Buena Muerte* zu stellen, um die Sache des Christentums als Brüder in Christo zu verteidigen. Ein Tod für die Verteidigung des Glaubens sei ein guter Tod. »Viva la Muerte!« Der Schlachtruf der Legion in Afrika war in Malaga angekommen.

Drei Jahre später, der Krieg in Afrika gewährt den Spaniern eine Pause, kommt es zum Schwur. König Alfonso XIII. wird oberster Ehrenbruder der *Hermandad* (Bruderschaft), die Königin ist für die Kleider der *Virgen de la Soledad* verantwortlich, sie wird höchste Zofe und durfte, wenn sie wollte, die Jungfrau ankleiden, ihr König hatte dabei nichts zu suchen. Das alles war für die *Malagueños* schon unterhaltend genug, nun ging auch noch die Legion an Land. Eine Truppe von der sie schon viel gehört, aber wenig gesehen hatten. Sie staunten nicht schlecht. Ein Bericht von der Begegnung der besonderen Art, aufgeschrieben in der Tageszeitung *La Unión Mercantil*:

»Sie kamen am Gründonnerstag aus Ceuta und Melilla über die Meeresenge, um den *Cristo de la Buena Muerte* mit Inbrunst und blitzenden Bajonetten auf seinem Weg in Gefangenschaft, Tod und Auferstehung zu begleiten. Die *Malagueños* bestaunten die Kraft, Anmut, Tapferkeit und kriegerische Fröhlichkeit, die von den Legionären ausging

Ein Bartolo C.L. im Festschmuck.

und die unmöglich zu kopieren war. Gebräunte Gesichter aller Rassen und Nationalitäten mit klassischen Koteletten, mit eigensinnigen Tätowierungen unter aufgekrempelten Ärmeln, ihre glänzenden Waffen, die Grazie ihrer leicht zur Seite geneigten Hütchen, die pathetische Symbolik ihrer Standarten mit Löwe, Totenkopf, Adler, Tiger, Schakal als Zeichen ihrer ungestümen Kämpfertums, erregte das Volk von Malaga und der Gesang: »Mein Schicksal, Herr, welch Glück! – die Verlobte des Todes zu besitzen. – Welch Glück, Herr, welch Glück! – der Ehemann des Todes zu sein. – Deswegen möge er zu mir stehen – Christus des guten Todes!«

Einem gehörnten Legionär unter den exotischen Legionärs-Exemplaren vermachten die Mädchen von Malaga aus lauter Anteilnahme ein Halsband der Gala-Klasse. Der Geschmückte hörte auf den Namen Bartolo und war das Schafsbock-Maskottchen der Legionäre.

Jeden Monat wurden die Legionäre daran erinnert, daß Schutzpatrone nicht zum Null-Tarif zu haben sind. Ein Obulus wurde automatisch vom Sold abgezogen (Ende der 80er Jahre übernahm Madrid die Soldzahlungen der Legion direkt, die Tradition wurde gestrichen) und an die Paten von Malaga überwiesen, die neben den königlichen Insignien auch die des Papstes aus Rom bekommen hatten. Eine Kopie des *Cristo de la Buena Muerte* erreichte jedes *Tercio* auf dem Schiffswege. Im Hafen angekommen, trugen die Legionäre den inkognito reisenden Passagier Jesus Christus auf Händen bis in sein neues Quartier – die wohl zuvorkommendste und sanfteste Einquartierung, die je ein »Neuer« bei der Legion erfuhr.

Den Original-Christus, nach seinem Schöpfer auch *Cristo de Mena* genannt, gibt es jedoch nicht mehr. Er verbrannte 1931 in seiner Kirche von Malaga im Fegefeuer sozialer Spannungen: In Spanien wurden die Kirchen angezündet, die Vorboten des Bürgerkrieges zogen, das Land teilte sich in »Zwei Spanien« und die Legion rief »*Viva la Buena Muerte!*«

Auszug aus Afrika

Genau 56 Jahre lagen zwischen Anfang und Ende der Legion auf dem afrikanischen Kontinent, als das spanische Fährschiff PLUS ULTRA, weiß wie eine Kapitulations-Fahne, Kurs auf Fuerteventura nahm, die afrikanischste unter den sieben Kanarischen Inseln. Während im Kielwasser des Truppentransporters allmählich die Küste der Provinz Spanisch-Sahara im Dunst entschwand, setzte Oberst Pallás am 15. Januar 1976 aus der Funkerbude des Schiffes das letzte Telegramm einer gescheiterten Afrika-Mission ab.

Auf 46 Zentimeter Papierstreifen zappelte seine Botschaft aus dem Fernschreiber des Befehlshabers der Kanaren mit der Bitte um Weiterleitung an die Sub-Inspektion der Legion bei Madrid: = *An Bord der Plus Ultra die letzten Einheiten der Legion, die, in Erfüllung des Geistes der Disziplin, die Sahara verlassen haben. Grüßen Sie Ihren General. Gezeichnet Pallás+++*

An dem Telegramm stimmte alles – nur das Datum nicht. Die Telegramm-Annahme stempelte mit 1975 das falsche Jahr, aber darauf kam es nun auch nicht mehr an. Die Legion, als Kolonial- und Protektorats-Truppe gegründet, schien so überflüssig geworden zu sein wie einst die Kosaken des russischen Zaren gegen die Völker des Kaukasus. Generalissimo Franco, Staatschef von Gottes Gnaden und Hetman der Legion, war nach langer Agonie am 20. November 1975 gestorben.

Noch unter seiner Herrschaft schickte sich Spanien an, die Beschlüsse der UNO zur Entkolonialisierung der alten Welt umzusetzen. Nun, mit dem

Die Wacht an der Meeresenge: Auf der Zitadelle des Monte Hacho von Ceuta steht ein Legionär Wache. Werden eines Tages die Moros kommen? Wie werden sie kommen? Massenweise in Zivil, oder bei Nacht mit langen Messern?

Mit diesem Telegramm nahm die Legion offiziell Abschied von der *Sahara Español*.

Abzug aus *Sahara Español,* hatte Spanien keine Kolonien (Übersee-Provinzen) und Protektorate (Schutzgebiete) mehr – wenigstens nach dem Verständnis der Madrider Regierung. Die verbliebenen Enklaven in Afrika, Ceuta und Melilla, bezeichneten die Spanier als zu ihrem Land gehörige *Plazas de Soberanias* (Hoheitsgebiete); die der marokkanischen Mittelmeerküste vorgelagerten Inseln Alhucemas, Peñón de Veléz de la Gomera und Islas Chafarinas als spanische *Presidios,* hoheitliche Festungen, der spanischen Krone unterstehend, denn inzwischen war Spanien wieder Monarchie geworden mit einer demokratischen Verfassung, die noch zu formulieren war.

Der König der Marokkaner, Hassan II. – und die Mehrheit der marokkanischen Parteien – sahen und sehen dies ganz anders. Der listenreiche Monarch – er überlebte mindestens drei Attentate und gilt als einer der direkten Nachkommen des Propheten Mohammed – zieht von Zeit zu Zeit die Karte Ceuta und Melilla aus den Falten seines wallenden *Chilaba,* wenn ihm politisch danach ist – und jedesmal schreit Spanien gequält auf. Er spielt auf Zeit, er hat die besseren Verbündeten bei seinem Poker, er hat das bessere Blatt und die besseren Ideen – aber hat er auch die besseren Soldaten, wenn es hart auf hart kommt? Spanien gehört der NATO an, aber Ceuta und Melilla sind vom Verteidigungsfall ausgeklammert.

Hinter Hassan II. stehen geschlossen die Marokkaner, der größte Teil der islamischen Welt und, in der Vergangenheit nur notdürftig verdeckt, die Amerikaner. Marokkanische Soldaten stehen im Ruf, fanatische Kämpfer zu sein, die grausam alles niedermachen, Zivilisten, Verwundete, Gefangene. Marokkaner im Sold der Spanier waren General Francos schärfste Waffe im Bürgerkrieg – neben der Legion. Die *Regulares* waren der blutige Schatten der Legion.

Die spanische Geschichte ist reich an Paradoxen: Die Mauren, einst von Christenheeren aus Spanien vertrieben und über Jahrhunderte für die Mehrheit der Spanier der Feind aller Feinde, eroberten für Francos Kreuzzug gegen Anarchismus, Republikanismus, Syndikalismus, Kommunismus und andere -ismen weiteste Teile Spaniens.

Die *Moros* waren im Verein mit der Legion die absolute und tödlichste Speerspitze gegen die Internationale der neuen Ungläubigen hinter den roten Frontlinien. Gegen »Anti-España«, das Un-Spanische, für ein christliches Spanien als moralische Reserve für Europa, als »Reserva moral de Europa«, kämpften Muselmanen und Söldner. Die *Guardia*

Der Zankapfel, eine Halbinsel: Ceuta gehört schon »ewig« zu Spanien, aber die Marokkaner haben Ansprüche. Auch deswegen wurde in Ceuta die Legion gegründet. Auf der anderen Seite der strategisch wichtigen Meeresenge ist der Felsen von Gibraltar zu sehen. Dort pochen die hochgerüsteten Engländer auf das vertragliche »für ewig«. »Gibraltar gehört uns«, sagen die Spanier. Hassan II. von Marokko, der Fuchs: »Spanien kann nicht beides haben.....«

Mora, die marokkanische Garde, bewachte das Leben des *Caudillo* und späteren Staatschefs Franco, bis sein Tod sie schied.

Hinter den heutigen spanischen Streitkräften stehen viele Politker-Reden, aber nur wenige Spanier. Fast die Hälfte der Spanier (49 Prozent) sind gegen eine weitere militärische Verteidigung der Enklaven und 40 Prozent sind dafür. Wird das spanische Militär wieder Opfer einer eitlen, überspannten und unklaren politischen Zielsetzung, wie so häufig in der spanischen Geschichte? Die unsinkbare Armada versank vor und um England herum, als sie auszog, einen Ehebrecher zur Räson zu bringen; die englische Königsfamilie hat bis heute ungebrochen Trouble mit der Ehe, die stolzen Spanier erklärten sich nach der vergeblichen Züchtigung der Briten für bankrott.

Im matten Abglanz einstiger Größe erklärte Spanien wegen amerikanischer Gelüste auf Kuba und die Philippinen 1898 den USA großspurig den Krieg; die ganze Welt wußte, daß dieser Krieg nicht zu gewinnen war, nur die Spanier nicht.

Annual, im marokkanischen Rif-Gebirge gelegen, ist Ort und Synonym der erbärmlichsten aller Niederlagen; ein spanischer König hatte heimlich Kriegsgott gespielt, noch heute sind die Spanier unfähig, darüber zu reden.

Auch die Spanier besaßen einmal ein Reich, in dem die Sonne nicht unterging. Dennoch strotzt die spanische Militärgeschichte vor Niederlagen gegen Feinde außerhalb ihres *Pueblo español,* der engeren Heimat der Spanier. Auf spanischer Erde verstehen die Völker Spaniens zu kämpfen und zu sterben – die sympathischere Seite der Geschichte. Übrig blieb

Heiße Erinnerung an *Sahara Español*.

Kamelreiter der *Tropas indiginas* (Eingeborenen-Truppen) leisteten der Legion insbesondere als Wüsten-Aufklärer gute Dienste.

dem Imperium Spanisch-Sahara, der letzte Flecken auf dem mottigen Gobelin der Geschichte aus lauter Löchern, verworrenen Knoten und abgerissenen Verbindungen eines verblichenen Weltreiches.

Das letzte Dutzend Jahre hatten Legionäre die Kolonie und spätere spanische Provinz West-Sahara gegen mauretanische und marokkanische Ansprüche verteidigt. Sie hatten von den Kampf-Taktiken der Nomaden und der Berber gelernt und bewegten sich bald selbst wie Wüstenfüchse. Sollten sie nur kommen, die *Moros!* Die Legion brannte darauf zu kämpfen, keine Düne im endlosen Sandmeer würden sie freiwillig räumen. In wenigen Tagen wollten sie marokkanische Invasoren zerschlagen. Und dann *dieser* Befehl zum Rückzug aus der Sahara.

Hassan II., der Ober-Wüstenfuchs, hatte, völlig überraschend für die Spanier, seine Untertanen für einen Marsch ohne Waffen in die Wüste mobilisiert. Hunderttausende Marokkaner zogen los, bestens organisiert, an der Spitze der Hassan-II.-Familien-Clan, Politiker der Dritten Welt, – er selbst sagte im letzten Augenblick aus Sicherheitsgründen ab, hatte aber seinen Regierungssitz als Teil des Nervenkrieges in Richtung Front vorverlegt. Der grüne Marsch, *Marcha verde,* war reinste angewandte psychologische Kriegsführung. Als die waffenlose Heeressäule – geschätzte 20.000 bewaffnete marokkanische Soldaten marschierten verdeckt mit – weit vor den Befestigungen der Legion auftauchte, kapitulierte Madrid auf allen diplomatischem Kanälen.

Und wovon träumt der Legionär? Sahara-Schönheit, aufgenommen von einem Legions-Fotografen.

Deserteure, Putschisten, Flugzeugentführer

Was blieb übrig für die Legionäre von der »ruhmreichen Geschichte Ihrer allerkatholischsten Majestäten«, das Manna der Fremden-Legion? Nach dem nicht gerade ehrenvollen Abzug der Krone aus der Sahara zauderten gerade die, an die des Legions-Stifters José Millán Astray markige Worte gerichtet waren, die Versprengten und Abgetauchten aus aller Welt, die Zuflucht in der Legion gefunden hatten, »... die ihr die Ehre habt, für Spanien zu kämpfen und zu sterben« .

Oberst Pallás wußte, warum er in seinem Telegramm aus dem »*Credo Legionario*« und da aus dem »*Espiritu de disziplina*« zitiert hatte, als er mit seiner Truppe Afrika auf höheren Befehl den Rücken kehren mußte. In der neuen Garnision Fuerteventura – sie bestand überwiegend aus Zelten für je acht Mann, die man in aller Eile aufgeschlagen hatte, und einigen Großzelten für die Waffen, die allabendlich eingesammelt und wie üblich an Ketten angeschlossen wurden – versuchten die spanischen Offiziere, mit eiserner Disziplin, Drohungen und harten Strafen die Legionäre des *Tercios* »Don Juan de Austria« in Schach zu halten.

Panzerspähwagen amerikanischer Herkunft des 3. Tercio, festgefahren in einer Düne.

Aber die rauhen Gesellen, die in der Wüste kaum Kontakt zur Außenwelt gehabt hatten, waren bald in Auseinandersetzungen mit der Inselbevölkerung verstrickt. Bald verlangten die linken wie die rechten Gemeinderäte von Puerto del Rosario den Abzug der 3500 auf Fuerteventura gestrandeten Legionäre aus Afrika und ein Weißbuch der Madrider Regierung über die Missetaten und den negativen Einfluß der Legionäre auf die Insulaner. Es hätte einiges zu lesen gegeben über die »Novios de la muerte«, die Verlobten des Todes:

Die überwiegend aus Junggesellen bestehende Legionärs-Truppe »Don Juan de Austria« (Johann von Österreich ist die Frucht eines Seitensprunges von Philip II.) belästigte die einheimischen Frauen, Diebstähle nahmen rasant zu, Straßenprügeleien schockten die paar Tausend Bauern und Fischer und eher betulichen Insulaner, Deserteure suchten auf gestohlenen Fischerbooten das Weite, ein intensiver Drogenhandel süchtiger Soldaten breitete sich aus, ein Dorfbürgermeister wurde von Deserteuren auf Nahrungssuche getötet, später ein deutsches Touristenpaar in seinem Wohnmobil ermordet, ebenfalls von einem Legionär, der von der Fahne gegangen war.

Ständig waren Streifen unterwegs, die entsprungene Söldner wieder einzufangen suchten. Das Problem der Desertation war Folge der Rekrutierungs-Methoden der Legion, die noch nach ihrem Abgang aus Afrika ihre Reihen mit Männern aufzufüllen trachtete, die »freiwillig gezwungen« bei der Legion unterschrieben hatten. So wurden einige Dutzend Sudanesen, die auf Gran Canaria erst in Raufhändel, dann ins Gefängnis geraten waren und ihre Personal-Papiere vernichtet hatten, von den Behörden zur Legion weitergereicht und dort bereitwillig aufgenommen.

Der Flucht-Nachholbedarf, besonders der von in der Sahara stationierten ausländischen Legionären, wurde den verdutzten Offizieren erst auf Fuerteventura richtig deutlich. Vermutet hatten sie es schon immer und deshalb die Ausländer möglichst weit ins Innere der Sahara auf Außenposten abkommandiert, mit möglichst wenig Wasser- und Nahrungs-Vorräten. Einfach Überlaufen war für potentielle Deserteure zu gefährlich. Nur zu gerne verdienten sich Marokkaner die Kopfgeld-Prämie und lieferten Jean, Slobodan, Tom, Jan und Luigi bei den Spaniern ab. Die dennoch die Flucht wagten, waren meist Deutsche und Österreicher, weil sie sorgfältiger als andere, manchmal über Monate, ihre Flucht planten. Heinz aus Norddeutschland, Nachname unbekannt, schaffte die Flucht sogar im Jeep, mit einem österreichischen Kumpel. Zur Wachablösung hatte er sich noch die Uhr seines ebenfalls deutschen Vorgesetzten entliehen – es mangelte halt an allem – dann ward – viel später – von ihm nur noch eine Postkarte aus Hamburg »mit schönen Grüßen an meine Einheit« gesehen. Das internationale Postwesen ist gnadenlos zuverlässig. Die Karte ging viele Male durch viele Hände: Sie hatten es also geschafft! Quer durch die Wüste und an Millionen Marokkanern vorbei. Aber wie?

Erst auf Fuerteventura wähnten sich dienstunwillige Afrika-Kämpfer auf dem richtigen Sprungbrett in die Freiheit, die sie meinten. Ihre Fluchtvorbereitungen – Geldbeschaffung um jeden Preis für illegale Transporte zu den Nachbar-Inseln – versetzten die Insulaner in Angst und Schrecken. Puerto del Rosarios Bürgermeister Matias Gonzáles schrieb Brandbriefe an den damaligen Ministerpräsidenten Suares in Madrid. Der hatte sich auch schon über die Legion gewundert, als das *Tercio* »Gran Capitan« aus Melilla drei Jahre nach dem Tod General Francos zum Grab des toten Diktators in der Nähe von Madrid marschiert war. Dort huldigte General José Jiménez Henriquez statt dem König dem *Caudillo*. Ein Vorbeimarsch des *Tercios* vor der Witwe Francos schloß sich an. Übergangs-Probleme, zu denen auch der junge König Juan Carlos nicht schweigen wollte.

An die Legionäre auf Fuerteventura gewandt, mahnte der König diese: »Die hohe und noble Aufgabe der bewaffneten Streitkräfte ist es, zu unterscheiden, was für immer bestimmt ist und was auswechselbar ist, und zu wissen, welche Dinge wir alle intakt halten müssen angesichts fairer und notwendiger Veränderungen, denn wir haben auf die Verfassung geschworen, das Erbe Spaniens zu verteidigen.« Und an jeden einzelnen Soldaten gerichtet, beschwor er die Wankenden unter ihnen: »Ich bitte Euch, mit Ruhe und Realismus in die Zukunft zu

Im ebenen Terrain übt Legions-Kavallerie die Attacke mit Jeeps, welche die Pferde Ende der 50er Jahre ersetzten.

sehen, denn das charakterisiert einen guten Soldaten.«

Offenbar erwartete das noch von Franco vorbestimmte Staatsoberhaupt, König Juan Carlos, Oberbefehlshaber der spanischen Streitkräfte, schwere Wetter auf dem Wege in die Demokratie. Es war kein Geheimnis geblieben, daß die Legion den noch jugendlich wirkenden Thronbesteiger für einen Verräter hielt, der das Testament seines Ziehvaters nicht erfüllen wollte, obwohl er es geschworen hatte. Wieder eine paradoxe spanische Geschichte: Zu Francos Zeiten sahen sich die Offiziere, die vom Bazillus Demokratie befallen schienen, bald nach Afrika versetzt; in der Demokratie blieben all die Offiziere und Mannschaften, die Franco nicht so schnell vergessen wollten, auf Außenposten in den Enklaven und auf Fuerteventura – Quarantäne im Wandel der Zeiten... Es sollte sich aber erweisen, daß die Luft raus war an der Lust auf Militär-Revolten: Die Verschwörung »Operación Galaxia« verpuffte ebenso wie der Aufstand »23-F«, dessen wichtigster Kopf der Generalleutnant Jaime Milans del Bosch war, Oberbefehlshaber der Militärregion von Valencia. Dafür trat dessen Sohn auf Fuerteventura kräftig auf und nicht daneben. Den Präsidenten der Inselregierung traf er so heftig im Kreuz, daß dieser fast gestürzt wäre. Weil dem *Capitan* del Bosch während einer Flaggen-Parade die Beinstellung des Abgesandten der Zivilgewalt mißfiel, herrschte er ihn an: »Erweisen Sie der Fahne würdig die Ehre!« Auf seinen Vorgesetzten, König Juan Carlos, war er ebenfalls nicht gut zu sprechen: »Ein Schwein und Taugenichts...«. *Capitan* del Bosch wurde von einem Militärgericht zu zwei Monaten und einem Tag Kerker verurteilt, saß aber nie ein. Generalleutnant del Bosch wurde wegen seines Putsch-Versuches zu 30 Jahren Gefängnis verurteilt. Ein Drittel seiner Strafe saß er ab, dann ließ man ihn wegen seines hohen Alters aus der Festung ziehen. Als er im August 1997 im Alter von 82 Jahren starb, spielte der alte Militär der Politik seinen letzten Streich: Er, der gegen den König putschte, wurde im Pantheon des spanischen Militärs, in der Krypta des

Maschinengewehr-Trupp der Legion bei einer Gefechtsübung im scharfen Schuß mit deutschem MG 42, einer Waffe, die sich während des 2. Weltkriegs in den eisigen Steppen Rußlands ebenso bewährte wie in den Sandwüsten Nordafrikas. Die Spanier bau(t)en sie in Lizenz nach.

König Juan Carlos beim Handschlag mit *Coronel* José Jimenez Henriquez.

Alcázars von Toledo, sehr schnell und sehr still beigesetzt. Der Generalleutnant hat bis zum letzten Atemzug die Demokratie in der in Spanien gelebten Form abgelehnt und sein Vorgehen gegen den Nach-Franco-Staat nie bereut. Das Recht, im Alcázar bestattet zu werden, erwarben sich alle Militärs, die während des Bürgerkrieges Toledo verteidigt hatten. Das hatten die Politiker übersehen.

Wahre Höhenflüge internationaler Berichterstattung verzeichnete das *Tercio* »Don Juan de Austria«, als drei Fremdenlegionäre auf dem Flugfeld von Fuerteventura eine DC-9 der Iberia kaperten. Die Franzosen Noe Edwards, Jean François Lyschin und der Chilene Sergio Muñoz Cadaval hatten zwei Militärposten drei (!) Maschinenpistolen mit 80 Schuß Munition und einen Jeep entrissen und waren über das Vorfeld zur DC-9 geprescht. Mit Waffengewalt trieben sie aussteigende Fluggäste und das Reinigungspersonal die Gangway hoch, ließen den Clipper auftanken und starteten zunächst nach Casablanca. Die Route Kanarische Inseln – Casablanca ist allen Legionären geläufig. Aus dieser Richtung erwarteten 1936 die Marokko-Legionäre ihren ehemaligen Chef Franco, der als Chef des Afrika-Heeres mit seinen Truppen dringend in Spanien erwartet wurde. Der Bürgerkrieg war entflammt. Um anstehende Transportprobleme zwischen Marokko und den Kanarischen Inseln zu lösen, war eine Lufthansa-Maschine gekapert worden...

Unterwegs muß den Luftpiraten in der Iberia-Maschine klar geworden sein, daß die Marokkaner sich möglicherweise ganz besonders auf die Fremdenlegionäre freuten, die ihnen da bereitwillig in die Hände fliegen wollten. So drehten sie nach Westafrika ab, dann nach Lissabon, mit Landeerlaubnis. Dort ließen sie die 15 Fluggäste, drei Putzfrauen und eine Stewardess laufen: »Wir sind keine Terroristen, wir sind Deserteure!« Im Anflug auf Genf gaben sie schließlich auf.

Noch auf dem Rollfeld von Fuerteventura hatten die entsprungenen Legionäre über Bordfunk ihre Kommandeure über den Grund ihres Handstreiches informiert: »Die Legion ist zu nichts mehr nütze«, sagten sie den Motiv-Forschern auf dem Tower, »und wir wollten auch zeigen, daß die Wachsamkeit der Legion nichts mehr taugt«. Der Kommandeur der Fuerteventura-Legion, Oberst Pedro González, war im ersten Durcheinander um Haltung bemüht und lobte noch während der Entführung die »untadelige Führung der Deserteure in der Legion« und meinte, die »nicht-kriegerische Situation auf Fuerteventura nach dem Abzug aus der Sahara« habe die Legionäre mürbe gemacht.

Auch der spätere Kommandeur des *Tercios* »Don Juan de Austria«, *Coronel* Jefe González del Hierro, warb um Verständnis für auffällig gewordene Legionäre. In einem Gespräch mit Arturo Perez Reverte, einem Mitarbeiter der Streitkräfte-Zeitschrift *Defensa*, meinte González del Hierro auf die Frage, ob die Legionäre auf Fuerteventura undisziplinierte Radaubrüder seien:

»Ich müßte eigentlich lachen, aber es ist ein ernstes Thema. Haben Sie irgendwo schon einmal disziplinliertere Soldaten gesehen als in der Legion? Natürlich, auf eine Insel mit 6000 Einwohnern hat man 2500 Jugendliche gebracht. Das ist so ähnlich wie Pamplona zu Sanfermines. Manchmal gibt es Raufereien. Das passiert überall dort, wo Jugendliche sind, seien es Legionäre, simple Soldaten oder Bürger. Wer das Gegenteil sagt, lügt in böser Absicht«.

Böse Absichten verfolgt nach Ansicht des Obersten auch ein Teil der Presse, weil sie die Flugzeugentführung aufbauscht, die Zahl der Desertationen höher vermutet als sie in Wirklichkeit ist oder sich zum Handlanger der Leute macht, die gegen die Legion oder das Militär sind.

» Warum desertiert ein Legionär?« Der Oberst: »Es gibt zwei Typen von Legionären, einen ‚normalen' und den Abenteurer. Wer zur Truppe kommt und Krieg und Kampf sucht, ist vielleicht enttäuscht, weil die Kolonialzeit vorbei ist. Deswegen geht er, bevor seine Zeit abgelaufen ist, für die er unterschrieben hat. Das ist die Ausnahme. Ein Legionär stellt schnell fest, daß es neben Krieg noch andere Aufgaben und moralische Befriedigungen gibt. Wer das versteht, bleibt vom Legionärsgeist gezeichnet und wird das nie vergessen«.

Vier Jahre nach dem Rückzug aus der Sahara hat auch *Coronel* Fortea bereits einen Strich unter die Kolonialzeit gezogen. Der Chef des *Tercios* »Gran Capitan« meinte auf die Frage nach dem Legionär als *matamoros*, Maurentöter, und Freund der Haschpfeife: »Diesen Typ Legionär gibt es nicht mehr, seit er durch freiwillige (!) Legionäre ersetzt wurde, qualifizierte Leute, gesittet und menschlich vorbereitet. Der alte Legionärstypus war nützlich und wichtig in einer anderen Epoche. Er hat unter härteren Bedingungen gelebt und oft sein Leben riskiert.«

Der Chef des *Tercios* »Duque de Alba«, *Coronel* Eleta Sequera, beschreibt die Beweggründe für Deserteure nackt und nüchtern: »Die Desertation ist weder ein neues Problem noch eines der Spanischen Fremdenlegion […] Die Zahl der Desertationen sinkt, wenn die Legion sich zu militärischen Aufgaben verpflichtet und erst recht, wenn der Dienst sehr hart ist. Der normale Dienst dagegen erhöht die Zahl der Desertationen. Der Grund zur Desertation ist also nur dann gegeben, wenn der Legionär keine Möglichkeit hat, seinen Wert zu zeigen – und das kann er nur in der Stunde der Wahrheit, der Schlacht«.

Das *Tercio* »Don Juan de Austria« ist inzwischen von Fuerteventura nach Almeria verlegt worden. Dort wird es Teil einer Brigade für Feuerwehr-Einsätze in Krisenherden auch außerhalb des NATO-Bündnisses. Die Legionäre wechseln aus einer kolonialen Phase, deren einziger Sinn es war, den natürlichen Reichtum rückschrittlicher Länder auszunutzen, in eine Missions-Phase, deren einziger Sinn darin besteht, den natürlichen Reichtum rückschrittlicher und zerstrittener Gesellschaften vor Selbstzerstörung zu bewahren. Im übertragenen Sinne ließe sich auch sagen, sie kehren zurück, um Kain und Abel zu trennen, damit Kain – am Ende seiner Lebensgrundlagen – nicht sein Heil bei den Europäern sucht. Eigentlich eine verständliche Strategie, auf die sich Pro- und Kontra-Militär-Fraktionen aller Länder leicht einigen könnten. Aber beim Wechsel von einer Kolonial-Truppe »Don Saulus de Austria« zu einer Friedens-Truppe »Don Paulus de Austria« ist die Rechnung ohne Kommunal-Politiker und Presse gemacht worden. Ungefähr hälftig streiten sich in Kain-und-Abel-Manier die Polit-Fraktionen gegen und für die neue Legion, was sich dann in den Medien widerspiegelt. Reden ist heute in Spanien billig geworden, Schreiben auch. Zum abermaligen Auszug des *Tercios* »Don Juan de Austria« aus afrikanisch-ozeanischen Gefilden warf der Stadtrat von Puerto del Rosario den ersten Stein: »Soll das *Tercio* gehen, es gibt nichts zu ehren, das beste wäre, es aufzulösen!« Die Lokalredaktion von *El Pais* warf den nächsten Brocken. Unter der Seiten-Überschrift »*Adiós a la Legión*« rechnete ihr ins Archiv entsandter Sonderkorrespondent die Verfehlungen einzelner Legionäre der letzten 20 Jahre vor: Mord an einem Bürgermeister, einem Dorfbewohner, drei Ausländern, Offizier durch Unteroffizier getötet, zwei Mordversuche, ein Versuch, eine Disco in die Luft zu sprengen, eine Flugzeugentführung, Entführung und Diebstahl von Segelschiffen und Fischerbooten, Angriffe auf die zivile Bevölkerung, Mißachtung der Insel-Autoritäten.

Wer den Unterhaltungswert der Insel Fuerteventura für junge Burschen fern der Heimat richtig einschätzt, die Anziehungskraft der Inselschönheiten und der Touristinnen aus »Schläfrig«-Holstein und dem Ruhrpott nicht überschätzt, wer ein bißchen mit statistischen Zahlen zu jonglieren versteht und die Kopfzahl aller Soldaten einer Extrem-Einheit im Laufe von 20 Jahren in Beziehung zur Einwohnerzahl von Fuerteventura setzen kann – ja, den wundert eigentlich, daß nicht mehr passiert ist.

Hartes Training für den Wüsteneinsatz. Stundenlang liegt dieser Legionär eingegraben im Dünensand von Fuerteventura im Hinterhalt, gut getarnt durch *Siroquera,* geschwärztes Gesicht und Gesträuch. Seine Einheit ist bekannt für besonders effektive Ausbildung zur Guerilla-Bekämpfung.

Legionärs-Blicke in die Zukunft. Was wird ihnen *La Legión española* bringen? Tod auf dem Balkan, Einsatz gegen Migrations-Ströme?

Eine Legende lebt fort: Sahara-Kämpfer zu sein, galt als exotisch. Die Legion steht nicht mehr in der Wüste, aber die *Siroquera,* das Sahara-Tuch gegen den Sand in den Ohren, gibt sie nicht her.

Geschwindigkeit ist keine Hexerei: Legionäre sind darauf gedrillt, im Sturm zu stehen und stürmisch zu kommen: Zu Fuß, zu Pferd, im Flugzeug und im Jeep.

Der Patrouillenführer, ausgestattet mit moderner Kommunikationsausrüstung, die die Hände für andere Tätigkeiten freiläßt. Anstatt der üblichen Schildmütze trägt er eine Art Bigeard-Käppi, bekannt von den französischen Paras.

Vorsicht, scharfe Schüsse. Bei der Legion ist alles ernst gemeint: Die Tätowierungen, der Schwur, der Kampf, der Tod. Geübt wird am und vor dem Maschinengewehr mit scharfer Munition, da gibt es kein Entkommen.

Mörsertrupp in Feuerstellung mit 60-mm-Granatwerfer Modell L der spanischen Firma ECIA. Höchstschußweite 3800 m, Feuergeschwindigkeit 30 Schuß pro Minute. 2 kg-Spreng- und Nebelgranaten stehen zur Verfügung. Das Gewicht der einzelnen Baugruppen ist mit insgesamt rund 12 kg so niedrig gehalten, daß sich der Mörser von einem Mann transportieren läßt.

Fluchtpunkt Legion – Endstation oder neue Chance

Entweder tot oder als Held

Rund 20 Millionen Menschen sind weltweit aus politischen und wirtschaftlichen Gründen auf der Flucht. Aus dem einst reichen West-Deutschland verschwanden jährlich aus ganz persönlichen Gründen 3500 Menschen spurlos. Etliche versammelten sich in der Vergangenheit unter der Fahne der spanischen Legion.

Damit sie nicht gleich wieder beim ersten Härtetest verloren gehen, sorgt sich ein Deutscher aus Kiel um sie. Denn: Einmal auf der Flucht, immer auf der Flucht. Willi Stock hilft ihnen beim »Stehen, um zu bleiben«, beim Stehenbleiben. Ein Fluchtbuch gibt Auskunft über das Woher und Warum der Fremdenlegionäre. Wann genau und wohin sich die fremden Söldner in den Garnisonen von Spanisch Sahara, Ceuta, Melilla und Fuerteventura bewegten und bewegen, bleibt teilweise offen. Einige von ihnen sind heute (1997) Reservisten, andere sind kürzlich gestorben. Nach dem Ehrenkodex der Legion

»Abenteuerlust und kleine Schwierigkeiten...«: Bernd Kowarzik C. L. (links) aus Berlin mit einem Kameraden

sind die Toten nicht tot. Fällt der Name eines Legionärs, der ihre Reihen für immer verlassen hat, melden ihn seine Ex-Kameraden als anwesend: »*Presente!*« Die Turn- und T-Shirt-Generation unter den Legionären sieht das heute nicht anders, eher wortreicher: »*Los legionarios no mueren; se reagrupan en el infierno!*« – »Legionäre sterben nicht, sie sammeln sich in der Hölle!«

Ob nun im Himmel oder auf Erden – seit 1986 ist der Fluchtpunkt *La Legión* für Ausländer versperrt – rein, aber auch raus, da sei Willi Stock vor. Der Mann ist die Hölle!

Der Fänger aus dem Norden

Wie ein Pfeiler im Fluß steht Willi Stock mit zusammengekniffenen Augen im Strom der Touristen auf dem Flughafen von Fuenteventura, die erloschene Zigarettenkippe im Mund. Ihn interessieren keine Abschiedszenen, Frauen nur am Rande, ältere Ehepaare registriert er, Männer mit Kindern streift er nur mit einem Blick. Die Reisenden, die er sucht, nehmen keinen Abschied, sind nicht weiblich, nicht ergraut, selten Väter. Willi Stock macht Jagd auf desertierte Legionäre, er führt im Frieden Krieg gegen den inneren Schweinehund, der sich einiger Legionärs-Seelen bemächtigt hat.

La Legión in der Krise

Ständig befindet sich der Stock im Zustand der Generalmobilmachung; seine Konzentration erlahmt nie, mit seinen Kräften könnte der Zweieinhalb-Zentner-Mann beim Reifenwechsel den Wagenheber machen. Zweifel plagen Willi Stock nicht, das muß so etwas wie Hochverrat sein: »Legionäre haben Gehorsam bis in den Tod geschworen«, sagt Willi durch die kalte Kippe, »da kann sich nicht jeder davonmachen, wenn er lustig dazu ist! Steht auch überm Kasernentor: ‚Legionarios a luchar! – Legionarios a morir!' Legionäre auf zum Kämpfen! – Legionäre auf zum Sterben! Entweder verläßt der Legionär seine Einheit als Toter oder als Held mit Pensionsanspruch!« Willi Stock ist bei der Legion als Militärpolizist berühmt und berüchtigt. Er gehört zu denen, die nie ein Auge zukneifen und immer im Dienst sind. Er ist ein großer Fänger und fischt jeden Legionär, der keiner mehr sein will, aus dem Strom der Leute. Er studiert keine Passbilder, ihm genügen eindeutige Erkennungszeichen: Tätowierungen, Amulette, eine typische Art zu gehen und sich zu bewegen, ein narbenähnlicher Kontrast von schneeweißer und verbrannter Haut auf der Stirn von Männern, die lange ein Barett getragen haben. Sieht er sie, hat er sie: Nichts haßt Willi Stock mehr als Deserteure und Unordnung: »Ordnung ist das ganze Leben, jawoll!«

Blick ins dänisch verwaltete Arrestlokal.

Im Zweifelsfall würde *Serganto* Willi Stock »*Viva Comandante Millán Astray!*« quer durch die Flughalle brüllen. »Wetten«, grinst er, »jeder Legionär würde wie ferngesteuert beim Namen des toten Legions-Gründers erstarren – und wenn er sich als barmherziger Bruder unter einer Mönchskutte verkleidet hätte. So ein Bruder reckt dann blitzartig das Kinn hoch, wie beim Barbier, bis er ein Hohlkreuz hat, die Hände sind zur Faust geballt und nach unten gestreckt. Nun brauch ich ihn mir nur noch zu pflücken…« sagt Willi und macht das alles vor.

Ein Däne führt die Gefangenen-Bücher

Diesmal ergattert Willi Stock auf dem Flughafen keine Beute. Was solls – wenn nicht jetzt, dann eben später. Wenn nicht hier, dann vielleicht am Hafen: »Irgendwo sind immer welche unterwegs«, weiß er. Wenn Willi nichts packt, hat Geert Christoffersen, genannt »Dick«, weniger zu tun. Er verwaltet das Kompaniebuch »Arrestanten«. Er kennt die Jungs, die immer wieder flitzen gehen, schon mit Namen, wahre Laufkundschaft. »Das sind eigentlich keine Deserteure«, erklärt Dick, »eher Freigänger ohne Passierschein fürs Kasernentor. Die jumpen übern Zaun, brechen Autos auf und stehlen so lange, bis Willi und seine Hilfs-Sheriffs sie wieder einfangen«. Dick Christoffersen wurde in Caracas geboren, besuchte im dänischen Herlufsholm bei Kopenhagen die Internats-Schule, diente der dänischen Königin als Maat der Kriegsmarine, folgte seinem Vater, als dieser nach Spanien zog, wechselte in die Legion und bereitet sich auf die Offizierslaufbahn vor – ein Leben voller Umwege, doch der Däne sieht das alles gemütlich.

Mit der Pistole auf Brautwerbung

Willi Stock hat sich in der Legion die gerade Linie zu eigen gemacht, nachdem er in Schläfrig-Holstein ein Leben voller Falltüren geführt hatte. Als sich seine Verlobte auch noch von ihm entlobte, rannte er 3500 Kilometer, um Abstand zu seiner Kieler Kummer-Sprotte zu kriegen. In der Legion kam er zum Stehen. Heute sieht er das Leben wie über Kimme und Korn, manchmal buchstäblich: Der Legionär Kurt aus Düsseldorf, eine rheinländische Frohnatur, hatte von seiner spanischen Freundin den Laufpaß bekommen und drehte durch. Er trieb sie mit der Pistole im Anschlag vor sich her und, als er verfolgt wird, verschanzt er sich mit ihr in einer Wohnung. Die Militärpolizei umstellt das Gebäude, der »deutsche Willi« stürmt, Pistole in der Hand, durch die Tür, als Kurt seine Geisel gerade freiläßt. Kurt und Willi, beide die Waffen aufeinander gerichtet, stehen sich gegenüber. Keiner drückt ab. Zentimeter für Zentimeter zieht sich Willi Stock zurück. Als er das Zimmer verlassen hat, fällt ein Schuß. Der unglückliche Brautwerber hat sich die Waffe in den Mund gesteckt und abgedrückt.

Nach Kurts Ende kam seine Düsseldorfer Vorgeschichte heraus. Dort war er sieben Jahre verlobt gewesen, mit einer Braut, die immer wieder den Hochzeits-Termin verschob, bis sie endgültig Schluß machte. Kurt verkroch sich in seine Wohnung, aß nichts mehr und starrte vor sich hin. Er verlangte eine Aussprache mit der Ex-Braut. Sie weigerte sich. Er prügelte sie krankenhausreif, unternahm einen Selbstmordversuch und wurde in die Psychiatrie eingewiesen, entkam von dort, flüchtete nach Spanien und schrieb sich, ohne seine Geschichte zu erwähnen, bei der Legion ein. Von der Legion wußte er durch einen gemeinsamen Urlaub mit der Ex-Braut in der Nähe einer Garnison. Gut ein Jahr später ist er tot.

Die Liebe ist ein seltsames Spiel

Willi Stock ist eine neue Beziehung nach seiner alten Enttäuschung ruhiger angegangen. Er las von einer Sitzbank des Flughafens seiner Garnisonsstadt eine abgegriffene und schon Monate alte Illustrierte auf – so eine, die man immer wieder liegen läßt – und blätterte darin herum. Er hatte Zeit und keinen entsprungenen Soldaten verhaftet. Schließlich fand er im *Herzblatt* was er suchte, die Anzeigen und Hilferufe einsamer Herzen. Eine Annonce gefiel ihm besonders gut, er schrieb und war erstaunt, als die Antwort kam. Eine niedersächsische Bauerntochter, sie steuerte auf die Dreißig zu und fürchtete, tief hinter Wacholdersträuchern und Heidegestrüpp verborgen, von keinem Mann mehr entdeckt zu werden, meldete Interesse an Willi Stock an. Die Liebe ist ein seltsames Spiel, sie bekamen sich und später eine Tochter. Nun wohnen sie zusammen im Camp der Legion in einer Sahara-Baracke, die Gegend ist der Sahara sehr ähnlich, und Frau Stock ist wieder einsam, weil die Nachbarn nicht mit ihr reden und schon mal einen Stein durchs Fenster warfen. Schuld ist Willi und sein Einhundert-Prozent-Diensteifer. Wer möchte schon einen Nachbarn haben, der nichts übersieht und alles verhaftet, was zu verhaften erlaubt ist? Willi Stock stört das nicht. Demnächst wird er sich die Krampfadern ziehen lassen und später dann ein Detektivbüro aufmachen, um die Baustellen der boomenden Touristenindustrie vor Räubern zu schützen. Willi ist sich sicher, viele seiner alten Bekannten wiederzutreffen, wenn er sie, wie gewohnt, verhaftet. »Wetten?«, fragt er durch die kalte Kippe.

Immer nur lächeln: Kim Ho C.L.

Einer leidet nie

Maximo Testa aus Rom ist vor zwölf Jahren seinen Mafia-Verstrickungen entkommen. Noch ein paar Jahre Tauchstation in der Legion, dann, hofft er, könne er sich wieder unerkannt unter die Leute am Tiber mischen.

Aus Indien kam der Sikh Baldev Singh unter die Soldaten. Keiner weiß warum. Die Blutgruppe (0 Rh+) von ihm ist bekannt, mehr ist aus seinem Leben nicht zu erfahren.

Leidet nie: *Legionario* Moon.

Nur die Blutgruppe bekannt: Baldev Singh C.L.

Keine Papiere, keine Arbeit, gestohlen: Joseph Aleva C.L.

Auch von dem Südkoreaner mit dem untypischen Namen Kim Ho gibts wenig zu vermelden. Er kam ohne Papiere nach Spanien, sollte abgeschoben werden. »Wegen einfach nicht zu unterdrückender Abenteuerlust«, flunkert Kim, meldete er sich in dieser Situation zur Legion. Wahrscheinlich wußte er bis dahin selbst nicht, was für ein tadelloser Soldat er ist. »Nie, wirklich nie«, versichert sein Vorgesetzter, Manfred von Fleckenstein, »habe ich ihn bei einer Nachlässigkeit erwischt. Und ich hab' mir wirklich Mühe gegeben«.

Der Senegalese Moon kann über seine neuen weißen Kameraden nur vor lauter Freude strahlen. Der hochgewachsene schwarze Mann hat nun spanische Papiere und zeigt die Zähne: »Ob ich unter Rassismus leide? Ich leide nie«, lacht Moon und schüttelt seine riesige Faust.

Joseph Aleva aus Guinea ist da weniger mit natürlichen Gaben gerüstet. Vielleicht auch deshalb sieht er die spanische Gesellschaft in zwei Klassen aufgeteilt: »Die einen werden verhaftet, die anderen verhaften.« Er rettete seine schwarze Haut vor dem Gefängnis durch seine Dienstverpflichtung bei der Legion. Er hatte keine Papiere, keine Arbeit und hatte gestohlen. Eigentlich war Joseph auf dem Wege nach London zu seinem Bruder, der vergeblich auf ihn wartete – und bis heute auf eine Nachricht. Nach drei Jahren Legion bekommt Joseph eine Aufenthalts- und Arbeitserlaubnis für Spanien.

Das ständige Warten auf die Schlacht

Apostel Jon Mihai aus Rumänien kam als Tourist in eines der Anwerberbüros der Legion. »Lieber in Afrika als Soldat verbluten, als unter Draculas Nachfolgern beim Broterwerb zu verhungern!«

Manuel Constantino Rodriguez de Vasconcelos aus Portugal blieb den Spaniern – wie alle Portugiesen – ein Rätsel. Der Liebhaber verschlungener Tätowierungen wollte in Portugal seinen normalen Wehrdienst nicht leisten und verschrieb sich der

**Verpaßt immer die Kriege:
Mickey beim Überwinden der Sturmbahn.**

Fremdenlegion. Sollte es tatsächlich noch etwas Schlimmeres geben als die Knute der spanischen Legion?

Das hätte Mickey aus England interessiert, ihn, dem nichts hart genug ist. Auch die spanische Legion nicht. Er mag die Spanier nicht, die Spanier mögen ihn nicht – ein typischer Engländer, kalt und verletzend wie eine schartige, rostige Messerklinge sei »Old Crow«, sagen sie. Was wirklich an Mickies Nerven zerrt, ist das ständige Warten auf die Schlacht. Immer nur üben, immer nur Aperitifs – wann kommt das große Fressen? Den Frieden sieht er als echte Gefahr, seine Potenz als Kämpfer einzubüßen.

Mickey hat noch ein Problem, *bad luck, mala suerte,* Pech: Er verpasst immer die Kriege, und dies ein Mann wie er! Er war vier Jahre in der britischen Armee, acht Jahre in der französischen *Légion Etrangère* und dient seit fünf Jahren in der spanischen Legion. Als um die Falkland-Inseln Krieg, richtig Krieg, geführt wurde, war er bei den Spaniern. In der britischen Armee diente er, als die Franzosen im Herzen Afrikas Militär-Expeditionen unternahmen. Der Krieg um die spanische Provinz Sahara fand nicht statt. Sie war schon geräumt worden als Mickey kam.

Nun schöpft der Engländer, bei dem selbst das Lächeln muskulös wirkt, wieder Hoffnung: »Mein Vertrag läuft hier aus. Dann hau ich ab nach Südafrika. Ich habe Kontakte zu einem Sicherheitsbüro, das Söldner vermittelt«, verrät er. Was er da will? Mickey verzieht keine Miene, deutet mit dem Kopf zur Zielscheibe: »Warum ist der Mann auf der Scheibe wohl schwarz?« Dann fährt Mickey mit seinen Zielübungen fort: »Klick!« Es ist Siesta, er ist der einzige Waffenträger auf dem Kasernenhof und wieder »Klick« . Mickey übt ohne scharfen Schuss. »Alles läßt sich beim Drill in der Kaserne und beim Manöver üben, nur das Töten nicht!« Wenigstens ehrlich ist er.

Roland Schwenk bedient sich der deutschen und englischen Sprache. Er wirkt ausgeglichen und gebildet. Eine Laufbahn als Militär? Er verweigert jeden Lehrgang, will nicht befördert werden. Der amerikanische Geheimdienst stöberte Roland Schwenk auf. Er heißt Schnider und flog unter diesem Namen einen US-Jet im Vietnamkrieg. Da war er den Amis abhanden gekommen. Roland dient weiter als Gefreiter. Die Legion gibt ihn nicht her.

Eine Leiche auf St. Pauli blieb zurück

Auch all die anderen nicht, die gestrauchelt sind oder in den zivilen Gesellschaften schwer daneben gegriffen haben. Auch nicht Philip Gustav Trankle aus Itzehoe. Er wagte sich im alten Hamburg nicht mehr »rum«, weil er im Rotlichtbezirk von Hamburg-St. Pauli eine Leiche auf dem Pflaster hinterlassen hatte. Totschlag verzeiht nicht der Kiez, nicht die Polizei, aber die Legion, wenn der Mann sich bewährt.

Der Schweizer Grafiker Hans verließ die Enge seiner Heimat wegen einer Unterschlagung. Sein Dienst in der Legion müßte nach schweizer Gesetzen auch noch bestraft werden. Das macht ihm alles keine Angst. Nur wenn sein Abgang in die Legion in der sippenlastigen Alpenfestung herauskommen würde… das plagt ihn wirklich. Sein Bruder ist Politiker und der sichere Skandal würde dessen Karriere beenden. Es gibt weniger Schweizer in der Legion als in der vatikanischen Garde.

Einer liebt nur Autos und die Theke

Den Berliner Bernd Kowarzik trieben »Abenteuerlust und kleine Schwierigkeiten« zur Legion. Er hat eine Marokkanerin geheiratet. Das hat seinen Aufstieg bei der Legion verhindert. Als Prostituierte dienen den Legionären oft Marokkanerinnen. Die von Bernd auch. Er hat ihr verziehen, die anderen nicht.

Jean Marc Labarre aus dem französischen Nantes hatte Probleme jeder Art, »… aber von allem nur ein bißchen.« Sagt er. Bei der französischen Legion konnte er sich nur drei Wochen halten, dann schmiß ihn der Sicherheitschef raus.

Horst aus Reutlingen will keinen Krieg. Der Schwabe ist leidenschaftlicher Autoschlosser und Land-Rover-Freak, von denen es in der Legion viele gibt: »Ich werde einigermaßen bezahlt, gut verpflegt, hier scheint meistens die Sonne, und abends saufe ich einen im Kreise meiner Freunde. Hier habe ich viele Freunde. In Deutschland stand ich alleine an der Theke.«

Manfred, seit acht Jahren dabei, bringt die Gründe seiner Legions-Verpflichtung auf den Nenner: »Ich stamme aus der DDR, war dort aus politischen Gründen im Knast, wurde von der Bundesrepublik freigekauft. Im Westen Deutschlands habe ich alles versucht, aber man gab mir keine Chance. Von drüben sein und dann auch noch aus dem Knast, nee! Hier habe ich meine Heimat gefunden.« Manfred hat es bis zum Unteroffizier gebracht, könnte Zivil tragen, legt aber Uniform und Pistole nur im Bett ab.

Einmal mit den Panzern zu den Moros und zurück

German Arroyo hätte nichts gegen zwei bis drei Jahre Kriegseinsatz. Er ist bei der Legion, um herauszufinden »wie es ist, wenn einem die Kugeln um die Ohren flitzen«. Der Spanier würde das aus der Sicht des Offiziers erleben. Aber er sieht ein Problem: »Wer ist heute unser Feind? Wir haben weit und breit keinen.« Als Zwischenziel hat sich German die Eroberung der Spanier vorgenommen. »Die Legion muß alles tun, um die Spanier für sich zu gewinnen. Wenn die Wehrpflichtigen und Freiwilligen die Legion wieder verlassen«, sagt er, »wirkt diese Erfahrung das ganze Leben nach.«

Sein Kamerad *Capitan* Miguel de Rojas hat den Feind vor Augen: Die Marokkaner, die Mauren, *los Moros*, wie sie in Spanien genannt werden. Er hofft in seinem Legionärsleben auf einen Einsatz mit seiner Panzer-Truppe gegen die *Moros*: »Einmal aufmischen, und nur mit meiner Kompanie. Dann wieder zurück!« Alle denken so, die *Moros* vor der Haustür haben. Je länger sie dem Treiben der Muselmanen in den Garnisonen zugesehen haben, desto schärfer sind die Töne. Viele Offiziere der Legion sehen den Kampfwert der Legion schwinden, seit Wehrpflichtige gegen einen höheren Sold freiwillig ihr Jahr in der Legion abdienen. »Was wir an jungen Soldaten bekommen, ist ein Querschnitt der spanischen Bevölkerung«, sagt *Capitan* Miguel de Rojas, »die meisten haben bereits Erfahrungen mit Drogen oder sind anderweitig destabilisiert oder unfähig.« Drogensüchtige schickt Rojas wieder nach Hause, die Legion duldet sie nicht. Eine Sisyphus-Arbeit, denn die Dealer belagern bereits die Kasernentore. Unter dem Burnus tragen sie Haschpäckchen im Ziegelstein-Format. Ohne Angst schwatzen sie auf die Wachposten auf der Mauer ein, heben den Klumpen gefesselter Träume in Plastik werbend empor: »*Good Ketama, chocolate, Kif-Kif!*« säuseln Achmed, Mohamed oder Ali.

Ketama – im nördlichen Marokko im Rifgebirge gelegen – Hauptstadt aller Hanf-Brüder und -Schwestern, unweit der Garnison Melilla. Kenner schätzen, daß bereits 90 Prozent der Rekruten dort das Zeug rauchen. Etliche von ihnen würden meilenweit laufen, um nach Ketama zu kommen. Auf ihren Waden haben sie Tätowierungen – sie zeigen Wasserpfeifen, aus denen bläuliche Nebel gen Palmenkrone und Mondsichel und Sterne von Ketama ziehen...

Juan José Castro Lauda hatte im Morgengrauen die Wache übernommen. Die Lage zwischen der Siedlung der Mauren und der Grenze des *Tercios* war ruhig. Als Juan José durch einen Kameraden abgelöst werden soll, findet der den Legionär auf dem Bauch liegend neben seinem Jeep. Der Soldat ist voller Blut und tot, neben ihm liegt sein Bajonett. Auch im Jeep, den der Tote benutzt hatte, Blutspuren, keine Spuren eines Kampfes. Todesursache: Stich ins Herz. Das Bajonett war durch das hohe Gewicht des Griffes wieder aus der Brust gefallen. »Selbstmord«, sagt der Bericht an den Vater des Toten in Galicien. Dort trifft die Leiche seines Sohnes drei Tage nach dessen Tod ein, in einem verschlossenen Sarg. »Wir konnten ihn nicht identifizieren«, sagt der Vater, eine Leichenschau sei, trotz des unnatürlichen Todes, auch nicht gemacht worden, behauptet er weiter. Erst sieben Monate später wird der Abschlußbericht den Eltern von Juan José zugestellt. Der Vater beschwert sich bei der Presse. Die tut, was die spanische Presse am liebsten macht, sie spekuliert: Der Legionär sei ermordet worden, weil er die Bedingungen der Drogenmafia, die jeden Tag mächtiger werde in Melilla, nicht akzeptierte. Eine interessante Geschichte für die Presse, erwiesen ist daran nichts.

Die Legion tut sich schwer mit der Presse, die Presse tut sich schwer mit der Legion. Ihre Offiziere kennen zwar den »Tag der offenen Tür« und marschieren ihren Besuchern tüchtig was vor, aber mit überprüfbaren Informationen halten sich die Offiziellen zurück. Am nächsten Tag fällt der Schlagbaum wieder schwer in die Zarge, der Chef, und nur er, spricht nicht mit der Presse. Die schreiben dann was sie wollen. Ein Freund hat einen Amigo in der Armee und der wiederum hat einen Amigo bei der Legion. Die Nachricht um 100 Ecken läßt sich zwar nicht überprüfen, siehe oben, aber sie hört sich gut an, und schon entsteht ein Bild im Kopf.

Woher das Mißtrauen gegen die Presse stammt

»Übertriebener und wiederholter lügen als die Presse« gehört zu den geflügelten Worten in Spanien: »Méntir más que la gaceta«. Der Vorwurf gegen die Presse ist alt, er sitzt tief, und wer die Art und Weise verfolgt, wie gut 20 Jahre nach der Franco-Zensur die Journalisten in Spanien werkeln, kann nur wenig Hoffnung haben, daß sich künftig etwas an dem alten Vorwurf ändert. *Periodico oder Gaceta,* beides ist die Bezeichnung für eine Zeitung. *Gaceta de Madrid* war der Titel eines Blattes im 18. Jahrhundert. Es wurde berühmt durch die unglaublichen Geschichten, die da gedruckt standen. *Gazetta* hieß ein venezianisches Geldstück. Es war genau so viel wert wie ein Informationsblatt, das die venezianische Regierung herausgab, um über den Krieg gegen die Türkei zu berichten: Die Nachrichten waren parteiisch, sie waren falsch und sie waren immer sensationell aufgemacht. Kurz, das Blatt taugte nichts, »es war keine *Gazetta* wert« , begründete aber den später weit verbreiteten Sensations-Journalismus in Europa.

Wie einen die Folgen einer »schlechten Presse« ganz persönlich treffen können, schildert Manfred von Fleckenstein. Wäre sein Auftrag schiefgegangen, wäre es wieder eine Sensation gewesen: »Ich mußte mal einen toten Legionär zu seinen Angehörigen nach Albacete überführen. Die Familie glaubte, daß ihr toter Sohn oder Bruder von der Legion ermordet worden sei. Ich dachte schon, sie würden mich lynchen. Die ganze Zeit trug ich meine durchgeladene Pistole in der Hosentasche. Der Mann hatte sich erschossen, weil seine Eltern sich scheiden lassen wollten…«

Ein anderer Fall, die gleichen Vorwürfe – fast zwanghaft. Einem Legionär – schwer der Flasche zugetan – wurde in Madrid von einem Räuber ein Ziegelstein auf den Kopf geschlagen. Die Ärzte be-

Kamele, Panzer, Stern und Mondsichel: *Teniente* **Bogeda Berenger C.L.**

scheinigten nach dem Tod des Legionärs, einige Tage nach dem Überfall, »ein tödliches Blutgerinsel im Gehirn, verursacht durch einen schweren Schlag.« »Die Eltern beschuldigten uns des Mordes«, erinnert sich von Fleckenstein.

Statt Bohnen-Eintopf Haschisch in Dosen

Teniente Bogeda Berenger dreht sich einen Joint, langsam und bedächtig. Seine Augen sind kaputt vom Licht und Staub der Sahara. Er trägt nach Art der Legionäre das Hemd seines sommerlichen Dienstanzuges weit offen. Auf seiner Brust baumelt eine prächtige Ausgabe des Legions-Amuletts: Büchse und Armbrust unter einer Hellebarde. Bei *Teniente* Berenger wird dem Zeichen der Legion einiges mehr aufgeladen. Die Hellebarde trägt den gekreuzigten Christus, an dessen Füße eine Münze mit einem Skorpion geheftet ist. Daran schließt eine Münze, auf der ein kleines Mädchen einen Wolfskopf umarmt. Das Ganze baumelt an einer Patronenhülse, an der eine starke Goldkette befestigt ist, darüber, rot wie Blut, ein gefaßter Edelstein, dick wie ein Finger. Alles hängt golden und wie festgezurrt im wuchernden schwarzen Brusthaar des Sahara-Kämpfers. Auf dem verbliebenen textilen Rest der Offiziersbrust sind die angelegten Orden aus Platzgründen nur noch notdürftig präsentiert. Zu sehen sind Kamele, Panzer, Stern und Mondsichel. Der *Teniente* zündet sich seinen Joint an und spricht: »Lassen Sie sich nichts vom Oberst erzählen. Schreiben Sie, was sie sehen.« Ende der Mitteilung. Es heißt, er würde gelegentlich zur Pistole greifen und die Fliegen von der Wand schießen. Gesehen habe ich es nicht und auch nicht, wie er mit seinem Panzer *Moros* platt machte. Alles nur Erzählungen. Was ich später sehe, sind Schäferhunde im Einsatz. Beim Ausschiffen der Afrika-Truppen wird das Gepäck der Soldaten nach Rauschmitteln abgeschnüffelt. Es wird wohl nur eine Nase voll von den gewaltigen Stoffmengen, die aus Marokko herüberdrängen, abgefangen. So entdeckten Legionäre des *Tercios* »Duque de Alba« aus Ceuta statt Bohnen-Eintopf mit Kutteln Haschisch in ihren Blechbüchsen, die sie während eines Manövers auf dem spanischen Festland öffneten: Genau 225 Kilo Kif-Kif *made in Maroc*. Rauschgiftschmuggler aus der afrikanischen Enklave hatten sie der Legion auf ihrem Weg nach Europa untergeschoben.

Was Spanier über ihren marokkanischen Nachbarn denken, zeigt am besten eine Karikatur, die von der größten und angesehensten spanischen Tageszeitung *El Pais* während eines Staatsbesuches des Magreb-Herrschers veröffentlicht wurde. Sie zeigt irgendeinen Menschen, der infernalisch niest: »Haaaaschiesch!« Erschrocken reißt König Hassan II. von Marokko seinen Burnus auf, dessen Innenseite mit lauter Rauschgift-Päckchen behangen ist und damit den umworbenen und gehätschelten Vertragspartner der Spanier als dealenden Oberschmuggler bloßstellt.

Schuld hat immer der Gärtner

Adolf Dahmen hat seinen Einsatz gegen die Moros schon hinter sich. An Adolf Dahmen ist alles kaputt: Die Beine, die Hüfte, die Zähne, die Seele und, wenn er nicht aufpaßt, bald auch die Leber. Genau 20.000 Deutsche Mark hat es ihn gekostet, diesen Zustand zu erreichen, Zinsen nicht gerechnet. Soviel hatte er sich nach seiner Scheidung vom Liechtensteiner Kredit-Hai Huber borgen müssen, um sich wenigstens ein Bett und einen Tisch in seine ausgeräumte Wohnung stellen zu können. Dann gings erst richtig abwärts: Ratenrückstand und Pfändung beim Berliner Senat, für den er als Gärtner im »Öffentlichen Dienst« Unkraut zupfte. Vorladung ins Rathaus, er schämte sich – der Ratenrückstand summte sich dennoch weiter auf. Wieder rief das Rathaus, er schämte sich noch mehr – und lief weg bis nach Marseille. Er sprach bei der Legion der Franzosen auf deutsch mit rheinischem Einschlag vor, überzeugte nicht als künftiger Kämpfer und wurde abgelehnt. Nun erinnerte er sich an einen alten Fernsehbeitrag über die Legion der Spanier und nahm mit dem letzten Geld das nächste Schiff nach Barcelona. Von seinem mißglückten Auftritt bei den Franzosen hatte er gelernt: Straff trat er vor die Legionswerber der Spanier. Die befanden den 36jährigen als *Novio de la muerte* – Verlobten des Todes – für passabel und schickten ihn gegen die Polisario-Aufständischen nach Spanisch-Sahara in die Flitterwochen. Da passierte es dann:

153

»Nachts bin ich zum Austreten vor den Drahtverhau geschlichen und auf einem anderen Weg wollte ich wieder rein ins Camp«, erzählt er. Schuld hat immer der Gärtner, zum Scheißen zu dämlich: Ein spanischer Wachposten rief ihn prompt an. Adolf in seiner vorgeschobenen Stellung verstand nichts, radebrechte etwas, das er für Spanisch hielt. Das machte ihn verdächtig, und richtig alarmiert war der Posten, als Adolf Dahmen sich auch noch erhob und die Parka-Kapuze auf seinem Kopf deutlich gegen den Sternenhimmel stand – wie im klassischen Mauren-Look… Schon flog die Handgranate gegen den unerfahrenen Legions-Zugänger aus Berlin. Adolf Dahmen: »Das rechte Bein war weg, ich sah es noch. Das linke Bein in Stücken und nun für immer geschient, die Hüfte war zerschmettert.« Wenigstens die Hilfe kam schnell. Versorgt war er in zwei Minuten, ein Hubschrauber holte den zertrümmerten Legionär aus der Sahara-Öde ab und flog ihn ins Lazarett.

»Die Legion«, sagt Adolf Dahmen mit glänzenden Augen, während er einem Trupp marschierender Legionäre hinterherschaut, »hat alles für mich getan, um mich zu retten. Ich habe mich nie verloren gefühlt, sie gibt mir das Gefühl, daß sie mich braucht, auch wenn ich ein Krüppel bin.« Adolf Dahmen wurde als Legionär nicht entlassen, lebt weiter unter Kameraden einer Versorgungs-Kompanie, die ihn zum ersten Mal in seinem Leben die Geborgenheit wie in einer Familie erfahren lassen. Er liebt seine Familie, die Legion, das glaubt man ihm.

Der gebürtige Jülicher wartet nun auf seine spanische Staatsbürgerschaft, trinkt an Spitzentagen 26 Bier und manchmal noch eine Flasche Apfelkorn obendrauf. Bei so einer Zechlage wird der schwache Mensch Adolf Dahmen ganz schwach. Dann erzählt er – diesmal ohne sich zu schämen – die Geschichte vom Geldhai, der ihm in die Wüste schrieb: »Während Sie in der Sahara Krieg spielen, holen wir uns unser Geld von Ihren Eltern!« »Da hab' ich nur gelacht«, sagt er, »Vater ist in Stalingrad geblieben, Mutter aus Kummer früh gestorben!«

»Die Legion gibt mir das Gefühl, daß sie mich braucht«: Adolf Dahmen C.L.

Bundeswehr-Deserteur träumt von Schnitzeln in der Wüste

Mangelnde Sprachkenntnisse haben Peter Jörg Weber die Frontpartie seiner Zähne gekostet: »Während der Grundausbildung in der Legion sollte ich das Dutzend Gebote des *Credo legionario* aufsagen. Der Ausbilder hakte immer wieder nach, er verstand mein Spanisch nicht. Ich konnte ja auch kein Spanisch und versuchte verzweifelt, mich an den Klingklang seiner Worte zu erinnern. Plötzlich schlug mein *Sargento* mit der Faust zu«, berichtet Weber und verzieht seinen Mund zu einem verlegenen Grienen, kein bißchen Schneidezähne werden sichtbar.

Später will Weber sich gerächt haben. »Ich schlug meinem ehemaligen Ausbilder den Stiel einer Hacke quer über die Augen.« Damit waren sie quitt.

Jörg Peter Webers Zahnbruch liegt seit 14 Jahren still, er wurde inzwischen selbst zum *Sargento* befördert, aber richtig zubeißen kann er noch immer nicht. Das Prügeln in der Legion wird inzwischen bestraft. Wer sich nicht beherrschen kann, kassiert zwischen drei Jahren und einem Tag bis hin zu sechs Jahren Gefängnis. Unaufgefüllte Zahnlücken unter altgedienten spanischen Soldaten sind die Regel. Das liegt einerseits am spanischen Gesundheitssystem, das keinerlei Zahn-Prophylaxe kennt. Die Krankenkassen zahlen fürs Ziehen der Zähne, wer danach seine Lücken schließen will, muß tief in die eigene Tasche greifen, bei Soldaten ist selten was im Hosensack. So kommt es, daß viele Spanier aus materieller Not Mut zur Lücke zeigen.

Andererseits wurde gerade bei den spanischen Legionären Entbehrung zum Programm erhoben: Wenig Wasser, wenig Frischgemüse, wenig Frischfleisch. Was über die langen, heißen Wüstenpisten an die Front gelangte, war vielfach in Konserven verpackt – der Tod alle Zähne und der Szene: Für *Sargento* Peter Jörg Weber war Wasser an der Frontlinie viel zu wertvoll, um sich damit einfach nur zu waschen oder die Zähne zu putzen. Wozu auch? Frauenhäuser gabs nur im Camp; was ständig kostenlos und zuverlässig juckte waren die Sandflöhe und der Staub in den Ohren. Dagegen half auch die Wasserration nicht. Wenn sich was regte, wars der Feind und nicht die Männlichkeit.

Andere Einheiten an der Atlantikküste der Sahara hatten weniger triebvernachlässigende Speisezettel. Statt morgens »Brot mit Ölsardinen« und abends »Ölsardinen mit Brot« landeten sie täglich frischen Fisch an und bissen sich durch abgefangene Hummer-Herden. Die lagen schwer im Bauch, weil die notwendigen Zitronen dazu halt in Spanien blühten, aber die konzentrierte Eiweißzufuhr der Soldaten erregte den ganzen Küsten-Strich.

Häufig träumte Peter Jörg Weber im Wüsteneinerlei abseits der Küste von den Künsten des Kochs einer ehemaligen Grenzlandkaserne in Braunschweig. Dann entstieg Webers Phantasien und Erinnerungsnebeln ein Hexenmeister raffiniertester Bundeswehr-Küche und servierte dem Legionär ein Jägerschnitzel mit Bratkartoffeln, Gurkensalat und ein frisch gezapftes Bier. Mehr nicht. In solchen Augenblicken war dem Legionär auf der Düne im Sahara-Meer ganz sabbelig im Mund: »Danke, Deutschland! Und dem Küchen-Bullen, General Bocuse, eine dreifache Fata Morgana aus Sahne-Baisers aufs Haupt!«

Das Aus für Peter Jörg Webers Träume kam schon lange vor dem Jägerschnitzel. Er saß morgens betrunken in der Bundeswehr-Kantine der Grenzlandkaserne. Ein Oberleutnant stellte ihn zur Rede, Weber wollte aber nicht reden und nicht gehorchen. Schon immer gehörte der Umgang mit Betrunkenen beim Militär zu den heikelsten Themen. Es will gelernt sein und Webers Oberleutnant hatte es noch nicht gelernt – er manövrierte sich und Weber in eine Lage, die mit einer Festnahme enden mußte.

Wer türmt schon in den Norden?

Stabsunteroffizier Weber, noch immer betrunken, wurde seinem Kommandeur vorgeführt. Der Oberst: »Mann, Sie haben doch einwandfreie Zeugnisse. Was ist los mit Ihnen?« Der lallte nur was von »alles Scheiße, Herr Oberst, alles Scheiße!« Mehr war aus dem Mann nicht rauszukriegen. Noch im Suff entschied sich Weber für die Flucht. Das Auto stand vor der Kaserne, er fuhr nach Hause, warf ein paar Sachen in den Koffer, schmiß die Tür ins Schloß und entschwand im Auto nach Süden, wer türmt schon in den Norden? Weg, bloß weg! Plötzlich gehörte er zu den 3500 Einwohnern der Bundesrepublik, die das untere Ende der Jahres-Statistik belegen: »Aufenthalt unbekannt, spurlos verschwunden!«

Ein Kumpel hatte ihm den Tip von der Legion der Spanier gegeben, er wußte nichts von ihnen. In Barcelona, untere Unterstadt, am Hafen, dort wo die Schiffbrüchigen aller Länder spätestens stranden, wenn sie nicht schon vorher untergegangen sind, erhielt Legions-Anwärter Weber von den Legionswerbern ein befreiendes Handgeld für die nächste Sauftour durch die Gassen rechts und links der *Ramblas* und die Zugfahrkarte nach Madrid. Jetzt gehöre er den Spaniern, das hatten sie ihm eingebleut. Er kam auch in der Madrider Kaserne an und erhielt eine Uniform, »die mir sehr gefiel«, erinnert sich Weber.

Danach wurde es finster für ihn. Seine Ausbilder scheuchten ihn und wenn er nicht mehr weiter konnte, traten sie ihn, vorwärts. Er sang wie von Sinnen Lieder, deren Inhalt er nicht verstand, brüllte Parolen wie nie zuvor als Bundeswehrsoldat, marschierte 180 Schritte in der Minute endlose Stunden lang, schleppte Kanonen und Nachschub über Geröllhalden, bis er umfiel. Das aber war neu in Webers Soldatenleben: Wo er lag, lagen auch andere, die sich gegenseitig wieder Mut machten und sich erhoben.

Vom »Buschu« zur Legion: *Brigada* (Hauptfeldwebel) **Manfred Graf von Fleckenstein.**

Weber ertrug zum ersten Male in seinem Leben das Leben von seiner quälerischen Seite. Es machte ihn trotzig. Lieber dies, als zurück zur keifenden Schwiegermutter und zu seiner Frau, die mit ihm zankte. *Hatten die nun gezankt und gekeift, weil er trank, oder trank er, weil die zankten und keiften?* Er wußte es nicht mehr und wollte es auch nicht mehr wissen. (Weber wurde später der Verschollenen-Statistik wieder entrissen. Ihm wurden noch drei Briefe aus Deutschland zugestellt, dann brach die Verbindung endgültig ab: Einer dokumentierte seine Entlassung aus der Bundeswehr, im zweiten Schreiben wurde ihm seine Scheidung mitgeteilt, die dritte Botschaft betraf sein Kind. Es war adoptiert worden. Weber hat nie geantwortet.)

Als Legionär Peter Weber durch alle Höllentäler durch war, die sein neuer Arbeitgeber für ihn bereithielt, hatte er mehr erdulden müssen als je zuvor. Er war ein anderer Mann geworden, heil dem Sahara-Konflikt entronnen, soff nicht mehr wie ein Loch und ist nun für die Arrestanten seiner Einheit mitverantwortlich: »Jedes Wochende fehlen fünf bis sechs Legionäre, die bei ihren Mädchen bleiben oder im Rausch die Kurve nicht mehr kriegen«, sagt Weber.

Er sperrt die Festgenommen dann weg, in die Papiere wird nichts eingetragen. Davon, was aus ihm in Deutschland noch hätte werden können, wenn es ihm so ergangen wäre, kann Weber nur träumen: »Hätte sitzt auf dem Klo und zieht an der Kette«, meint er und zuckt die Schultern. Einem wie ihm muß zweimal eingeschenkt werden, bis der erste Schluck ins Blut geht. »Nimm-zwei-Weber« ist Spanier geworden, das geht heute schneller als zu Francos Zeiten. Der *Generalissimus* unterzeichnete nur drei Staatsbürger-Urkunden am Tag. Weber hat seine zweite Frau gefunden, eine Kanarin, ist stolz auf seine zwei Töchter und zufrieden, obwohl seine Frau ein Jägerschnitzel immer noch für eine militärische Einrichtung hält.

Nach Dienstschluß, drei Uhr nachmittags(!), geht er Nebenverdiensten nach – »das machen alle hier« – , als Lastwagenfahrer mit allen spanischen Lizenzen, das Angebot eines Detektiv-Büros aus Deutschland liegt vor, er verdient als Kranführer – und als Barkeeper: Ein zweites Haus muß her für sein zweites Leben. Weber hat, da könnte er sich beinahe ein Wort bei Ernst Jünger ausborgen, in seinem Leben schon fast alles erlebt und häufig auch schon das Gegenteil.

Ein Major der Wehrmacht enttäuscht seinen Sohn

Adel verpflichtet, auch wenn er den Grafen bei alltäglichen Dingen nicht mehr im Namen führt, sonntags schon eher. Manfred Graf von Fleckenstein sieht sich selbst als ein Produkt deutscher Wertarbeit. Er gehört nicht dem deutschen Rübenadel an, er lebt und denkt in der Tradition des Soldaten-Adels: Ehre und Treue. Das hat ihm das Leben schwer gemacht. Als sein Vater 1958 als einer der letzten deutschen Wehrmachts-Offiziere aus russischer Kriegsgefangenschaft entlassen wird, erwartet sein Sohn auf der Bahnhofsrampe von Friedland einen Kriegshelden. Doch Wehrmachts-Major von Fleckenstein ist ein gebrochener Mann: »Nie, nie wieder Barras« wird er später zu seinem Sohn sagen, der die Familientradition beim neuen deutschen Militär fortsetzen will.

Manfred, noch in der Pubertät, ist tief enttäuscht. Sein Vater taugt nicht zum Vorbild, eigentlich hat er keinen Vater mehr. Seine Mutter unterschreibt heimlich Manfreds Bewerbungs-Unterlagen für den Bundesgrenzschutz. Ihr Sohn ist erst 17 und der Vater weigert sich. Sein Sohn bringt es bis zum Oberwachmeister, nimmt seinen Abschied und wird zum Fluglotsen ausgebildet. Alles scheint bestens geregelt, als ihm seine Frau ohne Vorwarnung eine harte Landung beschert: Er erwischt sie mit dem Hausfreund.

Steine auf die Ehebrecherin

Der Ehebruch wird zum Totalschaden, als Manfred von Fleckenstein die Realität der Scheidungsgesetze erfährt. Er will sich scheiden lassen, sie nicht. Er muß für ihren Lebensunterhalt zahlen, ohne Ende. Die längst kassierten Scheidungs-Gesetze waren damals von der CDU-Ministerin Elisabeth Schwarzkopf zum Schutze der Ehe gegen die Männer in Stellung gebracht worden. Der gehörnte Ehemann war darüber so verbittert, daß er der Bundesrepublik den Rücken kehrte und sich bei der spanischen Legion einschrieb. »Von meinem Gehalt hätte ich nach Abzug der Unterhaltszahlungen nicht leben können, deshalb bin ich abgehauen«, sagt von Fleckenstein.

Manchmal, wenn die Wut in ihm aufstieg, hätte er der Ehebrecherin am liebsten das Schicksal eines Vorfahren an den Hals gewünscht. Der war im 14. Jahrhundert bei Zürich als Ritter der Kaiserlichen während der Unabhängigkeitskämpfe von Österreich gestellt und gesteinigt worden. Ein Abbild des toten Hauptmanns von Fleckenstein überlebte auf der überdachten Holzbrücke am Zürcher See bis in unsere Tage. Dann verbrannte auch Nicolaus von Fleckenstein, als die Brücke brannte. Ein anderer Vorfahr diente der österreichischen Herrscherin Maria Theresia als Minister. Statt den Himmel über Frankfurt zu kontrollieren, tauschte Nachfahr Manfred von Fleckenstein sein Dasein mit einem Himmel über der Wüste. In der Heimat, der fernen, sang Hildegard Knef: »Ein Legionär im Wüstensand, verliert so leicht nicht den Verstand. Denn hätt' er nur etwas Verstand, läg er jetzt nicht im Wüstensand…« »Ja, ja, das Hildchen«, dachte von Fleckenstein. »Außer einem Koffer in Berlin hatte sie ja nichts verloren. Und der gehörte urheberrechtlich der Dietrich, die mehr als einen Mann auf dem Gewissen hatte.«

Kopfgeldjäger, aber einer kam durch

In der Sahara fing der Ex-Oberwachmeister des »Buschu«, so nennt von Fleckenstein den Bundesgrenzschutz noch heute, als einfacher Legionär wieder von vorne an, und zwar ganz tief unten. Auch als Legionär ist der Graf geblieben was er war: korrekt, gutmütig, nie zotig, eher vorsichtig, immer loyal und immer dienstbereit. Aber in der Sahara hat auch er an Flucht gedacht, um den brutalen Offizieren, die mit Peitschen und Fäusten auf die gemeinen Legionäre einschlugen, zu entkommen. Die Chancen standen zehn zu neunzig gegen Fahnenflüchtige. Draußen lauerten tödliche Gegner: Der Durst und die Kopfgeldjäger.

»Zwei Legionären war die Flucht aus dem Camp zunächst gelungen«, berichtet von Fleckenstein, »Wochen später sahen wir sie wieder. Als Fotos im Großformat. Sie waren ganz klein, unter der Sonne der Sahara zu schwarzen Bündeln geschrumpft. Die Fotos wurden zur Warnung aller groß aufgehängt.«

Bewaffnet ins Bett

Manfred von Fleckenstein blieb am Leben, an der Fahne und erlebte die Revolte eines Teiles des Militärs gegen die noch junge Demokratie in den spanischen Besitzungen von Nordafrika; die spanische Provinz Sahara war kampflos geräumt worden. Noch bevor der Oberst der *Guardia Civil* Antonio Tejero am 23. Februar 1981 zum Startschuß des geplanten Staatsstreiches (»23-F«) in die Stuckdecke des spanischen Parlaments schoß, waren die Urlauber seiner Einheit wieder ins *Cuartell* einbestellt worden. Waffen und Munition wurden ausgegeben. Und weil die Legionäre jederzeit mit ihrem Einsatz rechneten, marschierten sie bewaffnet zum Essen und ins Bett. Fehlalarm, der Staatsstreich blieb aus und die Legionäre erhoben sich – aber nur aus den Betten.

Noch einmal kam Kampfstimmung auf in der Garnison, als Argentinien gegen England und die Falkland-Inseln zog. Da wollten die Legionäre für Argentinien und die Malvinas streiten. Listen wurden ausgelegt, ein Legionär nach dem anderen trug sich als Freiwilliger gegen England, das perfide Albion, ein. Zum Einsatz kamen sie nie. Nur Manfred von Fleckenstein, heute Hauptfeldwebel in der *Brigada*, tat sich danach noch hervor. Er heiratete eine Spanierin und zeugte zwei Töchter.

Eine Braut, die unter die Haut geht

Tattoo-Dieter aus Hamburg spürt den Wind der Veränderung bei der Legion auch außerhalb des Kasernenzauns, der ihn und seine Lebensgefährtin von den Soldaten trennt. Immer weniger Arbeit fällt für sie an, seit bei der Legion Tätowierungen nicht mehr gern gesehen werden. Die Gefahr von Aids-Ansteckungen durch blutversiffte Punktier-Nadeln fürchtet die Legions-Führung mehr als Tod & Teufel. Immer wieder beschlagnahmen sie primitivste Tätowier-Maschinen, nach denen sie gezielt fahnden, wenn nach langen Tattoo-Sitzungen auf Legionärs-Armen oder Brüsten erste frische Einstiche sichtbar werden.

Da ging es bei der alten Legion bunter zu. Kaum ein Krieger wandelte dort unter afrikanischer Sonne, der nicht zumindest das Wappen der Legion auf der Haut trug. Beliebt auch riesige Christusköpfe, Pilger, Engel, aufgespießte Herzen, Sprüche, exotische Raubtiere und immer wieder Bräute – trotz der permanenten Gefahr, ein Leben lang mit einem Mädel herummarschieren zu müssen, das sich längst in die Büsche geschlagen hatte. Dann doch lieber gleich die »Verlobte des Todes«, die blieb dem *Caballero Legionario* zeitlebens treu, die ging ihm richtig unter die Haut: Blauschwarze Kapuze über grinsendem Totenschädel, die Braut des Legionärs, die jeder teilte. Die schönsten Tätowierungen prämierte alljährlich eine offizielle Legions-Jury – bis Aids aufkam.

Tattoo-Dieter nörgelt über die schmucklosen Zeiten. Er hat das beste Tätowier-Besteck, hält auf Sauberkeit, aber der Kundenstrom wird dünner und Tattoo-Dieters Luft zum Leben vor dem Kasernen-Zaun auch. Früher klingelte es wie verrückt in seiner Kasse, als er noch auf Hamburg-St. Pauli ein Tattoo-Studio unterhielt. »Das Leben war hart«, schildert Tattoo-Dieter seine Fluchtgründe nach Spanien, »jeden Tag zwei Buddeln Wodka mindestens und Weiber, Weiber, Weiber! Ich hab mich um den Verstand gesoffen und gevögelt. Und dann ist es passiert, ich hab einen Freier im Streit erschlagen.«

Als unabhängige Einheit – mit Wohnung, Studio und Hundezwinger – rollt nun der geflohene Hamburger in seinem Kleinbus zwischen den Kasernen-Puff-Zonen und Talmi-Eldorados der touristischen Hauptquartiere hin und her, je nach Jahreszeit. An seiner Seite ein Rottweiler, scharf wie ein Rasiermesser, und eine traurige Dirne von St. Pauli, der das Jugendamt die Kinder wegnahm.

Eine Hure wird Ehren-Legionärin

Es gab Zeiten, da war die Legion auf Dienste und auf Liebes-Dienste von außen nicht angewiesen, die Einheiten waren autark zwischen Tisch und Bett. Legionäre waren Gärtner, Viehmäster und Züchter; sie stellten fast alle Handwerker, Barbiere und Zahnklempner, Ärzte und Prediger; sie bauten vielfach ihre Kasernen und Dörfer – im andalusischen Stil – selbst. »Legionäre können alles!«, behaupten sie bis heute ohne jegliche Bescheidenheit, aber doch eben nicht alles. Vicenta Valleroy Salmeron, genannt »*La Peque*«, die Kleine, und ihre Kolleginnen legten da Hand an, wo die Not am Mann am größten war. Sie bildeten das Heer der Kurtisaninnen für die *Caballeros*, denn auch Bordelle betrieb die Legion.

Alles aus und vorbei. Die andalusischen Gefilde blieben in Marokko, die blühenden Gärten wurden aufgegeben und mit Spanisch-Sahara der letzte Zahn gezogen.

Vicenta war mit 14 Jahren ins Rif gekommen, diente der Sache später in Melilla, dann in Ceuta. Der Weg zu ihr war nicht zu verfehlen. Gleich ne-

Eine Braut, die unter die Haut geht: Legionär mit standesgemäßem Brustschmuck.

ben dem Camp der Legion, an der Grenze zu Marokko und unterhalb des Felsmassivs Ibel Musa, hatten die Spanier ihr letztes Bordell eingerichtet und in den Militärkarten vermerkt: »Casa La Peque«. Keine schlechte Anschrift für einen Puff. Im Altertum stellte das Massiv des Ibel Musa eine der Säulen des Herkules dar, die andere bildete der Fels von Gibraltar, in den sich später die Engländer mit Tonnen von Dy-

La Peque, »die Kleine«, beim Plausch mit Offizieren. Die älteste Hure der Legion (87) steht heute nicht mehr zu Diensten; sie züchtet Hunde und wird von der Legion liebevoll versorgt.

namit sprengten. Seitdem liegen sich englische Elite-Regimenter und spanische Legionäre an der Straße von Gibraltar gegenüber und bewachen, was schon Herkules tat – den Aus- und Eingang des Mittelmeeres. An *La Peques* Pforte klopfte kaum einer noch, sie wurde launisch und ängstlich – dienstuntauglich. Sie züchtete lieber Hunde und schlief nachts hinter dem Medikamenten-Schrank im Sanitäts-Bereich, denn sie fürchtete den Überfall von *Moros.* Die Legion versorgte sie mit allem, setzte sie stets bei offiziellen Anlässen mit auf die Gästeliste, um sie 1984 schließlich zur Ehren-Legionärin zu befördern. Da saß *La Peque* hocherfreut und verschrumpelt, die Augen hinter einer Sonnenbrille verborgen und vor sich auf dem Tisch eine grüne Banane, zwischen den Generälen Pallás und Ponciano. »*Espiritu de compañerismo*«... das macht den Spaniern so leicht keiner nach.

Legionäre auf Abwegen – und erwischt von der Presse

Spanische Zeitungen lieben schlüpfrige Geschichten und Legionäre, die nicht in die richtige Richtung marschieren. Ideal wird es, wenn ein Legionär in schlüpfriger Mission unterwegs ist. Wie es in San Gregorio bei Zaragoza passierte. Der Kapitän der achten Kompanie des *Tercios* »Don Juan de Austria« hatte das Übungsschießen mit seinem Panzer beendet. Bei den Schießübungen galt es, Mann und Gerät auf Tüchtigkeit vor einem zu erwartenden Bosnien-Einsatz zu testen. Statt nach der Knallerei mit Mann und Panzer in die Unterkunft zu rollen, gab der *Capitan* Order zu neuen Taten auf der Spielwiese des Straßenpuffs »Rubi«. Der Panzer, eher ein gepanzertes Fahrzeug zum Mannschafts-

Transport mit aufgebautem Maschinengewehr, ging vor dem Bordell in Stellung. Der Kapitän, zwei Oberleutnante, zwei Unteroffiziere und zwei Gefreite – der dritte Gefreite blieb beim Panzer als Wache! – klopften an die Club-Tür, es wurde ihnen aufgetan, dann entschieden sie sich aber doch für die Terrasse. Was nun bei »Rubi« genau und haarklein passiert ist, möchte natürlich jeder gerne erfahren, dieses Wissen ist jedoch nicht für jeden verfügbar. Da das die Tat aufdeckende Blatt *El Mundo* diese wohl nur allzu gern im Nahkampf-Stil *(combate cuerpo a cuerpo)* geschildert hätte, muß man davon ausgehen, daß wohl nix passierte. Wenn da nicht eine Rechnung gewesen wäre, die von den Legionären partout nicht beglichen werden wollte. Der anschließende Krach wäre mit legionseigenen Kurtisaninnen nicht losgebrochen, da zahlte man brav mit Gutscheinen oder einen Einheits-Tarif. So genau weiß das auch keiner mehr. Auf jeden Fall kam nach dem Krach alles raus und noch 'ne Rechnung: Zwei Wochen Arrest vom Chef der Einheit, zwei Arreste vom Regimentsstab wegen unerlaubten persönlichen Gebrauchs von staatlichen Hilfsmitteln – ein Monat und 15 Tage – ,wegen Handlungen gegen die militärische Würde noch einmal zwei Monate Arrest. Als Quittung für die vorbildliche Führung seiner Kompanie im Bosnien-Einsatz dekorierte der Oberst seinen Kapitän mit dem Verdienst-Kreuz, später bekam er für sein Führungstalent noch eine Auszeichnung. Der Oberbefehlshaber der vereinigten Bosnien-Streitkräfte belobigte den *Capitan* der Spanier schriftlich, daß er und seine Kompanie ihn beeindruckt hätten. Die Ordensverleihung brachte *El Mundo* erst richtig aus dem Tritt. Empört titelte das Blatt: »Chef der Legion von Almeria lobt den Kapitän, der mit einem Panzer ins Bordell fuhr«. Entsetzlich, wie verschlungen die Pfade der Legion sein können. Mit *La Peque* wäre das nicht passiert! Und ausgerechnet zum NATO-Gipfel stand die Geschichte über den Seitensprung der Legion im Blatt, so als ob die Spanier militärisch sonst nichts zu bieten wüßten. Besorgt nahm der amerikanische Präsident Bill Clinton, ein Ungedienter, den ebenfalls ungedienten spanischen Ministerpräsidenten José María Aznar auf dem Madrider Gipfel zur Seite und gab ihm einen Rat: »Für safen Sex benutzen unsere Jungs Kondome, aber keine Panzer!« Leider stimmt auch diese Geschichte nicht ganz: Clintons NATO-Rat an Aznar war leider nur Motiv einer Karikatur in der Zeitung…

Eine neue Haut ist wie ein neues Leben – aber zuerst geht es durch die Hölle

Fluchtpunkt Legion: Koordinaten für alle, die eine neue Haut suchen, um sich ihrer alten, beschädigten, zu entledigen; Irrweg für jene, denen ihre Haut lieb ist und nie zu eng wird. Söldnerdienste. Verachtet von Menschen, die ihre Haut nicht zu Markte tragen, die im Leben mit heiler Haut davongekommen sind, weil sie stets ihre Haut zu retten wußten.

Die Zahl der Flüchtigen, die der Faszination vom wilden Männer-Leben erlagen, die Tod & Teufel und fremden Sold nicht fürchteten und bei der Legion unterschrieben, sind bereits Legion.

Alles auf eine Karte

Millionen sind noch unterwegs auf der Suche nach einem für sie passenden Fluchtpunkt. Wer von ihnen wird Söldner werden? Ihre Fluchtgründe lesen sich banal bis trivial, wie Kurzschlüsse, *Blackouts*. Warum wurden sie nicht einfach Kellner im Café an der Riviera, Olivenpflücker in Andalusien oder Wanderarbeiter zur Weinernte von Süd nach Nord? Alles wäre bequemer und weniger lebensgefährlich gewesen. Was den Leichtsinn überborden ließ, war der Gewinn, der aus einem Abenteuer zu kitzeln war. Alles auf eine Karte setzen, alles ausreizen – das Leben ist ein Spiel und vom Tod umzingelt. Wer in kleinen Dingen im bürgerlichen Leben versagte, hofft vielfach, wenigstens unter den Soldaten als Mann groß rauszukommen und alle Schmach auf einen Schlag zu tilgen.

Auf und davon

Sie waren damals und sie sind auch noch heute auf der Flucht vor Fahndern und Gefängnisstrafen, vor der Pein einer abgestorbenen Ehe, vor dem Gerichtsvollzieher, vor Verheerung und vor Unfruchtbarkeit, vor Übervölkerung, vor Einsamkeit und vor verschmähter Liebe, vor Langeweile und vor Provinzialismus, vor Ordnung und Verordnungen, vor mühsamer Arbeit und vor demütigender Arbeitslosigkeit, vor Hunger, vor intellektuellem Verdruß und vor Bonn als Hauptstadt, vor politischem Provinzialismus und vor politischer Verfolgung, vor coolen Katzen, vor östrogenem Zeitgeist und vor einem Männerleben ohne Muskelkater, vor Menschenketten und vor Lichterketten, vor Blechtrommeln, vor *Love Parades* und vor Drogen, vor evangelischen Singkreisen, vor Sauertöpfen und vor Töpfer-Kursen.

Die Franzosen halten ihr Tor auf

Für einige dieser Naiven, Trotzigen, Abenteurer und Versprengten, die sich überall abgemeldet haben, war die Fremdenlegion stets die Erste Adresse, Schlußstrich und gleichzeitig letzte Chance: Neuer Lebenswille gegen ein Handgeld, ein warmes Essen und einen Platz für die Nacht. Die Spanier haben den Fremden, den *Guiries,* wie sie etwas abschätzig genannt werden, den Zugang zu ihrer Legion im Augenblick versperrt. Ob das eine kluge Entscheidung war, wird sich bei der aktuellen Militär-Unlust der Spanier erst noch erweisen müssen. Auch bei der Legion stehen zwei Drittel der Einheiten nur auf dem Papier, das letzte Drittel ist entweder überhaupt nie zum Dienst mit der Waffe erschienen, im Urlaub, auf Lehrgang oder nicht diensttauglich.

Die französische Fremdenlegion blieb sich treu und hält ihre Kasernentore weiter offen, auch wenn die Bewerber für die *Légion Etrangère* heute, wegen der großen Nachfrage durch den Ausfall der spanischen Konkurrenz, schärfer gemustert werden können: Von zehn Bewerbern werden neun abgewiesen. Aber wer ein Kämpfer zu werden verspricht, bekommt seine Chance. In aller Welt vertreten 8500 dieser *Képis* aus 110 Nationen französische Interessen – und immer häufiger schützen sie das Leben von Menschen verbündeter Nationen, wenn die ihre Bürger aus Kriegswirren nicht heraushauen können, weil sie keine Freiwilligen dafür haben, die fähig sind...

Neues aus der Gerüchteküche

So hielten das auch die Spanier bis in die Mitte der 80er Jahre. Bis etwa zu diesem Zeitpunkt hatte die Madrider Regierung die Legion im dunkeln tappen lassen, was der Disziplin der Truppe stark zusetzte. Gerüchte wurden ausgestreut: Die Legion wird aufgelöst, die Legion bekommt einen neuen Namen: »Regiment Prinz von Asturien;« die Legion wird nur kleiner, die Legion wird größer, die Reiterschwadronen werden abgeschafft – was stimmte. Nach Jahren der Latrinenparolen und überkochender Gerüchteküchen dann die Planung für die Zukunft, häppchenweise, stark zeitversetzt: Die Legion wird verkleinert auf 6500 Mann, das Tercio »Gran Capitan« *1° de La Legión* bleibt in Melilla bestehen, das *Tercio* »Duque de Alba« *2° de La Legión* hält weiterhin die Stellung in Ceuta, das bisherige Hauptquartier der Legion wird von Malaga nach Almeria verlegt, u. a. wegen idealer Flug- und Hafenanbindungen im Alarmfall. Das *Tercio* »Don Juan de Austria« *3° de La Legión* verläßt seine isolierte Garnison auf Fuerteventura, die es nach der befohlenen kampflosen Räumung von Spanisch-Sahara hatte einnehmen müssen, und wird, zusammen mit dem *Tercio* »Alejandro Farnesio« *4° de La Legión*, die *Brigada de La Legión* »Rey Alfonso XIII.« bilden. Diese Brigade wird, mit Unterstützung durch Einheiten und Verbindungs-Stäbe von Luftwaffe, Marine und Heer der spanischen Armee, eine Eingreiftruppe aufbauen, die notfalls innerhalb von 24 Stunden jeden Punkt der Erde erreichen kann.

Die Legion in Ronda hatte schon im Aufbau von Spezialkommandos Erfahrungen sammeln können. So entstanden die BOEL: *Bandera Operaciones Especiales de La Legión* – nach Art der deutschen Fernspähkompanien, nur besser ausgebildet, wirksamer – und die FAR: *Fuerza de Acción Rápida,* eine schnelle Eingreiftruppe, mit dem englischen SAS vergleichbar (siehe nächstes Kapitel).

Unbemerkt von der Öffentlichkeit, nahm die Madrider Zentralgewalt eine Korrektur der Geschichte vor. Bisher hatte das *Tercio* »Gran Capitan« in seinem Wappen einen Mauren mit einer Gefangenen-Kette um den Hals geführt. Nun sollte die Kette verschwinden, und schwinden sollte mit ihr der Hochmut der Spanier gegen alles Maurische, ein Liebesdienst, um den Nachbarn Marokko nicht weiter

Die Zahl der Flüchtigen, die der Faszination vom wilden Abenteuer-Leben erlagen und bei der Legion unterschrieben, verachtet von Menschen, die ihre Haut nicht zu Markte tragen, ist bereits Legion...

zu verprellen, der bei dem geschichtlichen Ereignis aber noch nicht entstanden war. Die Kette um den Hals des Mauren war zwar eine Übertreibung der tatsächlichen Kampf- und Kapitulations-Umstände beim Fall von Granada, aber der Schlachtenlenker und *Gran Capitan* aus dem Hause Medina-Sidonia hatte sich mit der Einnahme der letzten maurischen Feste auf spanischem Boden 1492 dieses Wappen erworben und 500 Jahre nahm daran keiner Anstoß.

Keine Ausländer, keine Kriminellen, keine falschen Namen

Auch nicht an Kriminellen in der Legion, die in der Vergangenheit einen Teil der Strafe in ihren »Bewährungs-Einheiten« absitzen konnten und schärfer rangenommen wurden als andere. Nur noch saubere Jungs; ohne schwere Vorstrafen und ohne Verfolger und immer unter richtigem Namen!

Für die Ausländer in den *Tercios* kam mit einem scharfen Schnitt 1986 die Verbannung aus der Legion: Nicht-Spanier durften nicht mehr angeworben werden, aus der Fremden-Legion hatte eine hispanisierte Legion zu werden. Damit kippte die sozialistische Regierung Felipe Gonzales – sie konnte aus historischen Gründen nie ein Verehrer der Legion sein – den Grundsatz des spanischen Legionsgründers Millán Astray und vergaß eine bittere Lehre aus der Geschichte der Spanier: »Ein ausländischer Legionär ist so gut wie zwei Spanier; und ich kann ein spanisches Leben retten!«

Nach langen Jahren des Hickhacks und lustloser Planspiele, wozu die Legion noch taugt in unseren Tagen, gaben schließlich der Boom der Terroranschläge religiöser Fanatiker und Maggy Thatcher den Ausschlag.

Nur mit großen Mühen konnte die streitbare Dame des englischen Empires genügend einsatzfähige Truppen aufbieten, um Argentinien daran zu hindern, sich der Falkland-Inseln zu bemächtigen. Plötzlich war allen Regierenden klar: Gegen Überfälle der argentinischen Art und Terror noch unbekannten Ausmaßes können auf Dauer nur schnelle Einsatztruppen und Spezialisten etwas ausrichten.

Hochmotiviert müssen sie sein und sofort verfügbar – für die Legion kam die Stunde der Wiedergeburt, diesmal unter den Sozialisten. Das Potential war noch brauchbar, die Legion hechelte nach zeitgemäßen Aufgaben und ihr *Credo legionario* war nicht tot.

Es gibt, so sagen sie, drei Sorten von Menschen: Die Toten, die Lebenden und die Legionäre, die den Tod leben – die »Verlobten des Todes«, im Spanischen weiblich.

Frieden für andere – Neue Aufgaben für Legionäre

Eine Reportage

Die Nacht kommt zweimal in der Sierra von Ronda. Unter dem dichten Dach der Stein- und Korkeichen decken die Schatten der Berge die wenigen Lichtungen schon lange vor dem Sonnenuntergang zu. Wer im Dickicht zu geduldigem Ausharren gezwungen ist, fühlt sich jeden Abend und jeden Morgen aufs neue betrogen – der Tag könnte so viel länger sein, das himmlische Blau über Andalusien verlöscht sanft und kommt stark- nur nicht im Tal.

Ich bin in einer dieser finsteren Bergfalten zwischen der Meeresenge von Gibraltar und Ronda mit der Legion verabredet. Genauer gesagt, bin ich mit dem Teil der Legion verabredet, von dem bisher und zu diesem Zeitpunkt in der Öffentlichkeit zu hören, aber noch nichts zu sehen war: *Bandera de Operaciones Especiales de la Legión (BOEL)*. Auch an diesem Abend ist an den vereinbarten Koordinaten von der »Legions-Einheit für Spezial-Operationen« weder etwas zu hören und zu sehen sowieso nichts.

Harte Knochen: Angehörige der UOEL-Fernspäher, die auch gerne mal nachts unterwegs waren, mit ihrer Standarte (man beachte die Fledermäuse auf dem Fahnentuch).

Von UOEL zu BOEL

Der Vorläufer von BOEL hieß UOEL. Die *Unidat de Operaciones Especiales de la Legión* hatte Kompaniestärke und wurde aus Mannschaften des 4. *Tercio* von Ronda gebildet. Die UOEL-»Einheit für Spezial-Einsätze« führte Capitan Castillo, der später eine *Bandera* der Legion in Melilla übernahm. Es gab zu dieser noch andere UOEL-Einheiten in anderen Standorten mit Fernspähtrupp-Aufgaben. Um 1985 wurden drei weitere UOEL-Einheiten der Legion in Ronda gegründet. Nun nannte man die Truppe BOEL: »*Bandera de Operacions Especiales de la Legión*«. Aus der *Unidat* war eine *Bandera*, ein Bataillon geworden, die 19. *Bandera*. Sie bekam den Status einer *Bandera Independiente,* eines unabhängigen, selbständigen Bataillons, aber zum *Tercio Alejandro Farnesio 4.° de la Legion* in Ronda gehörig. Alejandro Farnesio war einst spanischer Befehlshaber der *Tercios* in Flandern (1546–1592). Zum Kommandanten des Gründungs-Bataillons BOEL berief man *Teniente Coronel* José López Hijós, ein in Menschenführung und Militäraktionen phantasievoller und beherrschter Truppier, spanischer Meister im Pistolenschießen und heute General.

Sollten sie mich sehen und hören, wären sie wirklich sehr gut. Ich habe nun schon so ausgiebig ins Dickicht gelauscht und gestiert, daß in die Sierra-Ronda-Realität aus Bächen, Bergen, Bäumen und Büschen Bewegung gekommen zu sein schien. Das Buschwerk da vorn, am Verlauf des Rio Genal, war unter Vogelgezwitscher vorgerückt, ich hätts schwören können. Aber natürlich war es mal wieder nicht so, die Büsche blieben angewurzelt. Ich werde es aufgegeben, nach Spuren im Sand zu suchen, Zweige auseinanderzubiegen oder abends, wenn die Sandfliegen für eine kurze Zeit in einer bestimmten Luftschicht verweilen, in dieser Flugbahn-Höhe zu lauschen. Diese Luftschicht, geschaffen aus noch sonnenwarmer Luft und erster aufsteigender Kühle der herandämmernden Nacht, kann für kurze Zeit das Telefon ersetzen. An meinem Luftschichten-Telefon verriet sich bislang kein Legionär der BOEL, wohl weil die Legionäre dieser Spezial-*Bandera* selbst zu den ausgebufftesten Lauschern der spanischen Infanterie gehören.

Der Verband war im Aufbau und noch recht klein und unauffällig - besonders in diesem Augenblick, *Caramba!* – wurde aber schon zur Gründungs-Taufe Hoffnungsträger des militärischen Teils der Nation: Mit BOEL meldeten die Spanier ernsthaft ihre (infanteristische) Rückmeldung nach Europa an. Die BOEL-Truppe besaß (zunächst) keinen Kampfauftrag, die Potenz der Einheit sollte aber so kräftig und bestimmend sein, daß ihre Vaterschaft für eine noch vage geplante »Schnelle Eingreiftruppe« an Statur und Geist unverkennbar wäre. Der (Einsatz-) Geist sollte aus der Tradition der Legion stammen, die überzeugende Statur aus der Zusammenarbeit mit europäischen NATO-Partnern gewonnen werden.

Der natürliche Waffenpartner auf der deutschen Seite waren für die BOEL die Fernspäh-Kompanien der Bundeswehr, deren Auftrag es am Anfang auch war, weit hinter den feindlichen Linien Fernspähtrupps von höchstens Gruppenstärke mit dem Fallschirm abzusetzen, um durch Erkundungen, »die zwischen taktischer und strategischer Kriegsführung enstehenden Nachrichtenlücken durch gezielt gesammelte Informationen zu schließen«, soviel wußte ich vom Auftrag der BOEL-Fernspäher. Wo sie nur blieben?

Die Nacht kam und mit ihr ein Schluck aus der Flasche: »Prost, BOEL! Ihr könnt mir mal im Mondschein begegnen. Morgen oder nimmer, die Warterei reicht!« Wind kommt auf, dann Regen. Die Zeit verrinnt, der Regen verrauscht, die Flasche ist in mich leergelaufen, ich bin im Auto eingeschlafen. Ein dumpfer Schlag gegen die Seitenscheibe holt mich zurück. Aha, denk ich, die Legion!? Ich finde die Taschenlampe und sehe im Lichtkegel – fest auf die Scheibe gepreßt, wie Horror hinter Glas – zwei riesige gelbe geöffnete Zahnreihen mit einer aufgestauten dicken Zunge in der Mitte, umrahmt von plattgedrückten Nüstern und einem verschobenen Pferdemaul. Etwas höher und etwas weiter entfernt glotzt mich aus dem Dunkel ein entsetztes Pferdeauge an. Die Legion ist das nicht, denke ich, obwohl... *Caballeros Legionarios*,... die sind doch nicht mehr mit dem Pferd unterwegs, oder?

Das Pferd ist weg, die Legion nicht da, der Regen rauscht, die Zeit verrinnt, ich schlafe ein, ich wache auf, ich rieche Rauch, ich sehe aus dem Fenster, ich sehe: Eine Vielzahl kleiner Lagerfeuer, Soldaten in

Legions-Fernspäher am Lagerfeuer.

Tarnanzügen hocken davor und halten an Ästen Hemden und Strümpfe zum Trocknen ans Feuer. Einige Soldaten sitzen auf einem umgestürzten Baumstamm und kauen ohne zu sprechen. Ich trete hinzu.

»BOEL«?

»Si, si, BOEL!!«

»Bist der Deutsche, ja?«

»Si, jo soy un Alemán de Alemania!«

Sie lachen über mein altes Witzchen und bieten mir was zu essen an. Eicheln rollen in meine Hand. Ich staune.

»Sind gut, sind süß, kann man essen,« sagt einer auf deutsch, der Hans heißt, Schweizer ist und weiter ißt. Ich fange noch einige freundliche Blicke aus müden, tarnfarbenverschmierten Gesichtern ein. Ich zähle zwölf Legionäre. Schweigen. Nüsse knacken. Kauen. Es ist die Art der Unterhaltung, die bleibürzelige Begegnungen am Morgen erträglich machen – keine.

Ein Legionär zerbröselt Eicheln zu winzigen Krümeln. Auf einem Blech über einem Feuer hat er aus weißen Eichelnkrümeln dunkelbraune Eichelnkrümel geröstet. Sie müssen die richtige Farbe haben, sie kommen in eine große Blechdose, die über einem anderen Feuer steht und in der Wasser brodelt: Muckefuck, Kaffee-Ersatz aus gerösteten Eicheln, statt aus geröstetem Korn, wie sonst bei Habenichtsen üblich.

Der Kaffee-Becher kreist, auf einer Zelt-Dreiecks-Bahn liegen allerlei Früchte des herbstlichen Waldes, der gedeckte Frühstückstisch der Legion. Der Schweizer stellt mir einen Legionär ohne Dienstgrad vor, ein großer, kräftiger, freundlicher Bursche, der selbstbewußt wirkt und auf vorsichtiger Distanz bleibt. »Hier,« sagt Hans, »dieser *Caballero* ist von Beruf *Porcero*, Schweinehirt. Er zieht mit seiner Herde durch große Teile der Extremadura, er kennt alles, was eßbar ist. Schau ihn dir an, der Mann ist ein

Verleihung der *Boina*, des grünen Baretts der Legions-Elite, an einen BOEL-Legionär.

echtes Naturereignis. Diese Leute sind wichtig für unsere Truppe. Sie sind beharrlich wie die Bauern, sie weichen nicht. Wir haben Legionäre, die sind flexibel wie Chamäleons, schlau und kämpferisch wie Dachse, und wir haben fitte Jungs, die verstehen sich auf Elektronik und Mechanik. Eine gesunde Mischung, um zu überleben.«

Wie ein Christus steht Hans, der Legionär, im Wald. Ein Arm weist auf seine Kameraden, der andere auf die Zeltbahn mit den Früchten. »Kommet an die reich gedeckte Tafel unseres Herrn, seht nur, was er uns bescheret hat: Geröstete Maronen, Blatt-Kaktus-Früchte, wilder Lauch, Mais.«

»Die riffeligen Roten da«, wendet sich Hans an mich, »kennst du aus dem Madrider Wappen, das mit dem Bär, der einen Maulbeer-Baum plündert. Schmecken gut, sind selten. Zur Zeit sind wir Sammler. Jagen lassen sie uns nicht.« Alle grinsen, Hans grinst, er zwinkert mir zu. »Solange mußt du Eicheln essen, geben Kraft, stopf dir die Taschen davon voll, solang der Vorrat reicht, die schwarzen Schweine sind ganz wild darauf. Jetzt ist Eichelmast-Zeit. In den Hungerjahren Spaniens waren die Menschen Konkurrenten der Schweine, nicht umgekehrt,« freut sich Hans im saubersten Hochdeutsch, das je aus der Schweiz kam. Hans ist zu Hause Intellektueller, bei der Legion hat er es zum Unteroffizier gebracht, selbst das ist ihm schon zuviel.

Irgendwie fühl ich mich gleich viel fülliger und erzähle Hans von dem Pferd, das nachts mein Auto knutschte. »Mann, ich sage dir,« begeistert sich der Schweizer Hans, »der Wald der Sierra Ronda steckt voller Tiere, jede Menge Hirsche, Forellen, Wildschweine, Kühe, Pferde, Schafe, Ziegen und Unmengen von Hausschweinen ohne Haus. Deutsche rennen hier auch rum!«

»Go mi an Land mit dat Touristenpack,« verfall ich unversehens ins Hamburgische, touristische Be-

Im ersten Morgengrauen durchwaten Teilnehmer eines Einzelkämpfer-Lehrgangs der BOEL einen Fluß.

gegnungen machen mich immer verlegen, »die wüllt allns und givt nix.«

»Ne, ne,« erwidert Hans, » das sind echte deutsche Krieger, Crème de la crème, Soldaten von der Fernspäh-Kompanie 100 aus dem Bremer Raum, glaube ich. Wir üben zusammen.«

Ich bin überrascht und erfreut. »Und, wie läufts?« will ich wissen.

»Ja, nu, läuft so, kann man sagen,« antwortet Hans windelweich und schaut zu seinen Kameraden. Die sehen zu Boden. Schweigen. Nüsse knacken. Kauen.

Das laute Schweigen wird von drei Männer unterbrochen, die, von Sandbank zu Sandbank hüpfend, über den Fluß kommen. Die Legionäre waren aufgesprungen, bauten ihr Männchen im Walde, einer meldete: »Gruppe... mit zwölf Legionären und einem deutschen Journalisten bei der Eichel-Mast, mi Teniente Coronel!«

»Grunz, grunz«, grüßte der angesprochene Oberstleutnant zurück und trat an eines der Feuer. So schnell, wie die formale Gesellschaft im Wald entstanden war, so schnell löste sie sich auch wieder auf. Der Oberstleutnant war der Kommandant des BOEL-Bataillons, José López Hijós, ein freundlicher Mann, von offener, direkter Art, mit einem Hang zur Ironie. Ein junger Hauptmann und ein Oberleutnant begleiteten ihn.

Die Umstände, erzählten mir die Spanier, die letztlich dazu führten, daß ich länger als geplant im Unterholz stecken blieb, wären letztlich von der deutschen Außenpolitik bestimmt worden: Die Hardthöhe hätte es nicht für opportun befunden, eine Kompanie Bundeswehr just in dem Augenblick in die Nähe der Straße von Gibraltar zu entsenden, als die Amerikaner in aller Öffentlichkeit überlegten, einem arabischen Potentaten am Mittelmeer, dem es offensichtlich Lust bereitete, die USA zu demütigen, dem Widerling, mit einem kräftigen Streich ihrer Luftwaffe eines aufs Haupt zu schlagen. Mit Vergnügen beobachteten die Offiziere meine Verblüffung.

Sie selbst schienen die Gründe der Deutschen immer noch nicht recht verstanden zu haben: Die deutschen Dienststellen hätten ihnen gesagt, daß die deutschen Fernspäher jetzt nicht reisen sollen, weil das von den Arabern falsch ausgelegt werden könnte. Manische Deutsche und ihre germanische Wucht am Rhein – am Ende waren Fernspäher doch in Spanien eingerückt, verborgen vor den Augen der Weltöffentlichkeit und ihren drohenden Zeigefingern unter den Kork- und Steineichen der Sierra Ronda. Das war auch gut so, denn das Bild, das diese Truppe abgab, war nur mit Schmerzen zu ertragen.

Sind die Deutschen etwa aus Zucker?

Im Verlaufe der Übung »Guerrilla 87« meldete sich eine erstaunliche Quote der Soldaten dieser Elite-Einheit fußkrank aus dem Übungs-Geländestreifen südlich von Ronda ab. Die jungen Deutschen machten insgesamt einen unglücklichen, verbiesterten Eindruck. Heimweh nach dem niedersächsischen Teufelsmoor? Verlegen über die schlechten Leistungen ihrer Truppen, in dem urigen Gelände der Sierra? Ein Heimvorteil, den die Spanier für sich nutzten, und, das sollte sich durch die Regenfälle schnell erweisen, die Dienstvorschriften ließen den Spaniern mehr Spielraum. Die verdrucksten Deutschen spielten nicht mehr mit, als sie vor Flußbetten standen, in denen sich auch noch Wasser wälzte. Der Regen in den Bergen begann die Talläufe ganz undramatisch aufzufüllen.

Während die BOEL-Truppen die Hindernisse auf allerlei Wegen durchwateten oder mit Hilfe von Seilschaften überwanden, verlangten die Deutschen – gemäß einer Dienstvorschrift, die nach dem berüchtigten »Iller-Unglück« wohl für alle Fälle und für alle Zeiten erlassen worden war – nach LKWs. Sie sollten auf beiden Seiten der Flußufer die Seilkonstruktion halten, von der die Deutschen glaubten, sie würde den örtlichen Bedingungen nach erforderlich sein. So kann man nicht Krieg spielen, Guerilla schon mal überhaupt nicht.

Die Männer der übenden Fernspäh-Einheit waren im Streß, das sah jeder, der ihnen im Wald begegnete. Es konnte doch nicht sein, daß der Regen die Truppe aufweichte, die Burschen waren doch nicht aus Zucker? Die Späher der BOEL verschafften sich den Stoff, aus dem die Aufklärung kommt: Seelischer Stress schlug den Fernspähern bis auf die Füße durch, sie genierten sich, denn die Spitze der Fernspäh-Einheit bestand aus Alkoholikern und solchen, die nicht »Nein« sagen konnten, wenn die Flasche kreiste. Die Logistik für den Flaschen-Nachschub in die Höhen und Tiefen der Sierra organisierte der Kompaniefeldwebel. Dankbarster Konsument war der Chef der Übungseinheit selbst. Hatte der den Kanal voll, kroch er auf allen Vieren aus dem abendlichen deutsch-spanischen Feuerkreis hin zu seinem Schlafsack – mit fatalen Folgen.

Die Spanier litten mit. Den Waffenbruder aus *Alemañia*, das läßt sich denken, hatten sie mit hohen Erwartungen und freundschaftlichen Gefühlen erwartet, aber das da? Wie sagte doch ein Verteidigungsminister – noch einer aus Hamburg – »Soldaten der Bundeswehr sind keine Legionäre!« Da hat er recht.

Ganz neu und immer auf dem Sprung: Die Legionärs-Brigade von Almeria

BOEL-Legionäre durchlaufen – im Wortsinne – eine harte Ausbildung. Ist der Legionär nun die Härte? Das Ziel der Legionärs-Schmieden in Ronda und anderswo soll nicht die Produktionsstätte von sturen Kommißköppen sein, die nur das tun, was man ihnen sagt und sonst nichts. Folgt man den Worten der Armee-Führung, sind geistig rege, strapazierfähige Legionäre gefordert, die risikofreudig und eigenverantwortlich einen Auftrag »nach Lage der Dinge« erfüllen können. »Die Dinge« liegen für den BOEL-Legionär überwiegend hinter den Linien des Gegners, da ist sein Jagdgebiet, sein Kleinkrieg, seine Guerilla. Während in den Anfängen der BOEL noch das Sammeln von Informationen im feindlichen Gebiet im Vordergrund stand, wird künftig die BOEL im Hinterland des noch unbekannten, möglichen Gegners

An der Fliegerfaust. Die schnelle Eingreiftruppe der Legion ist mit modernstem Gerät ausgerüstet.

mächtig mit Sprengstoff hantieren. Der Legionär vom Sammler und Jäger zum Zerstörer. Der Zerstörer kommt von überall her. Er kommt von See, über die Berge, über Land und aus der Luft. Wenn es die Situation verlangt, ist der Zerstörer auch darauf trainiert, den Angriff überfallartig aus der Luft zu beginnen.

Die Ziele der Zerstörer sind limitierte Objekte, die auch im nuklearen Ambiente liegen können. Sprengung von »Modulen« im gegnerischen Informations-System, »chirurgische« Eingriffe im Versorgungsnetz der anderen Seite, Sabotage gegen Verteilersysteme und lähmende Anschläge gegen Nachschubwege, Flughäfen, Radarstellungen, Luft- und Seestützpunkte, Guerilla in eigenem, vom Gegner besetzten Gebiet und Contra-Guerilla gegen eingesickerte Kombattanten des Gegeners stehen auf dem Lehrplan des Legionär-Unterrichts.

Folgt man den Veröffentlichungen der offiziellen Militär-Zeitschrift *Defensa* und der staatlichen Nachrichten-Agentur *Efe,* so ist die BOEL eine permanente Hauptversammlung von Supermännern. Ein BOEL-Mann lernt in seiner Mindestdienstzeit von zwei Jahren nicht nur das Ski-Laufen, sondern auch Helikopter-Skiing, wenn er sich spezialisieren will. Dem Spezialistentum sind kaum Grenzen gesetzt: Sportarten der Freizeitgesellschaften finden sich auch in der Legion wieder. Die Burschen, deren ganzer Ehrgeiz darin besteht, wie ein Schwalbennest unter einem vorspringenden Felsen zu baumeln, haben Aussichten auf allerschönste Hängepartien und Perspektiven bei der BOEL: *Freeclimber* sind die Erstbesteiger schwierigster Felswände auf dem Wege zum Angriffsziel. Einsam sind die tapferen Pfadfinder: Sie allein erkunden und präparieren die Route - die Legionäre folgen.

Grünes Licht - und Glück ab! Legionsfallschirmjäger beim Automatiksprung über die Heckrampe.

Der Weg über den Gipfel könnte auch den Beginn eines Umsturz-Krieges markieren. Er ist ausdrücklich erwähnt. Der Sprung mit dem Fallschirm - freier Fall in Friedenszeiten nur für Dienstgrade - ist obligatorisch wie Überlebens-Training, Nahkampf, lautloses Töten, Sprengen, drahtlose Nachrichten-Übermittlung. Legionäre dieser Einheit werden mit Grundkenntnissen der psychologischen Kriegsführung vertraut gemacht, sind in chemischen und bakteriologischen Kampfstoffen unterwiesen, können versteckte Kommunikationswege aufdecken, zerstören oder anzapfen, sie kennen sich in Topografie aus, sie üben die Umstellung ihres Lebensrhythmus, schlafen am Tage und marschieren mit riesigen Gepäckhalden auf dem Rücken durch die Nacht, sie marschieren sehr viel und noch mehr laufen sie – in der Kaserne eigentlich nur – am liebsten sitzen sie in Hubschraubern und Booten für schnelle Anlandungen, weil das spannender ist und die Füße schont.

Den Übungs-Kampfplatz unter Wasser erreichen nur die Spezialisten unter den Spezialisten – das ist ein Feld für sich. Und da wären noch die Bogenschützen in den Reihen der BOEL, die »Robin Woods« der Eichenwälder der Sierra Ronda, die Indianer der Legion. Ihre Ziele bei einem Flüster-Krieg dürften klar sein. Sie verschießen auch Botschaften in bedrängten Zeiten. Eine von diesen pfeilschnellen Nachrichten kam neben einem Legions-Camp an einem Baum nieder: Pock! An der Spitze des Pfeiles heftete die bis heute unbestrittene Spitzen-Meldung der Legion: »*A mi La Lagión!*«, der Wald-Legionär brauchte Hilfe.

Verhör-Methoden sind zu Friedenszeiten ein heikles Thema, im Krieg gehen die letzten guten Sitten meist über Bord. »Was wir wissen wollen, erfahren

Zwei Kampftaucher nach einem Übungseinsatz mit »reicher Beute«. Der alte FR-8-Karabiner, dient hier sicher nur zu Übungszwecken – (Salz-)Wasser läßt den Schaft aufquellen, der Lauf schwingt nicht mehr frei und die Präzision geht zum Teufel.

wir mit einer Flasche Gin,« erzählte der Gründer BOEL, »die servieren wir dem Gefangenen zum Verhör.« Bei so viel Gastfreundschaft muß die Legion aufpassen, nicht zu viele Gefangene zu ergattern. Und wenn die Schnaps-Pulle den Fallschirm-Abwurf nicht überlebt? Also doch Daumenschrauben und andere Fingerfertigkeiten? »Wir üben alles, was weh tut, und wir üben das in allen *Tercios*,« sagt ein Verhör-Spezialist der Legion, »wir üben das, damit wir wissen, was auf uns zukommt, wenn wir selbst Gefangene sein sollten. Es bleibt also nicht aus, daß wir wissen, wo es richtig schmerzt und was die Zunge löst. So ist das, basta!« Die Fachzeitschrift *Military Balance* schrieb freiwillig - ohne Einsatz von Gin und Folter: »Die spanische Legion in ihrer heutigen Form steht als Modell-Eliteeinheit da.«

Im Prinzip haben die Spanier mit ihrer Spezialtruppe keine anderen Pläne als ihre Verbündeten auch. Abgesehen von den spanischen Bündnispflichten in der NATO, hat das Mitglied Spanien in der europäischen Union eine »Schnelle Einsatztruppe« aufgestellt, um bei Konflikten in Europa und bei außereuropäischen Krisen – die, die von der UN gemanagt werden – mitanzutreten. Es ist, wie bei den Verbündeten meist auch, eine Sondertruppe, eine Brigade. Die spanische Brigade heißt *Brigada de La Legión »Rey Alfonso XIII« (BRILEG)*. Sie ist für sich allein genommen noch nicht die »Schnelle Einsatztruppe«.

Der Name der Brigade ist nur der Oberbegriff für zwei *Tercios* der Legion, die, hinter einem Schild vereint, zusammen kämpfen sollen: Das von Fuerteven-

Motorisierte Legionäre neben ihrem gepanzerten, schwimmfähigen Sechsrad-Mannschaftstransporter BMR-600, der auf der Straße eine Spitzengeschwindigkeit von 100 km/h erreicht.

tura abgezogene Tercio »Don Juan de Austria, 3.° de La Legión« und der Rest des Tercios »Alejandro Farnesio, 4.° de La Legión« in Ronda mit der Bandera Independiente BOEL.

Die Brigade der Legion ist mit großen Truppen-Teilen in Viator auf der Basis »Alvarez de Sotomayor« bei Almeria stationiert. Ihr BOEL-Rückgrat, ein statisches Wunder, lebt ihre Sonderrolle in Ronda. Aus der angestrebten Mannschaftsstärke von 2500 Mann stellt die Brigade für Einsätze der Fuerza de Acción Rápida (FAR), die »Schnelle Einsatztruppe«, einen Großteil der Soldaten.

Erfordert die Bewältigung einer Krise die Unterstützung anderer Einheiten, ruft die FAR-Führung zum Beispiel die XXIII Brigade der motorisierten Infanterie zu Hilfe, ein gepanzerten Verband der Division

FIR und FAR

Der Vorläufer der FAR ist die FIR: *Fuerza de Intervención Rápida,* die Schnelle Eingreiftruppe. Auch die FAR soll »intervenieren«, eingreifen; sprachlich war das den Politikern in Madrid wohl zu direkt, und so wich man auf »*Acción*« aus, *action* ist eben heute alles. FAR und FIR gehen auf den Plan NORTE zurück, der von den Kernländern Westeuropas beschlossen wurde, um den Europäern mit ihren vereinten, schnellen Brigaden eine gewisse politische und operative Unabhängigkeit von den Amerikanern zu verschaffen. Innerhalb der spanischen BRILEG spielt die BOEL deshalb eine »Rückgrat-Rolle«, weil in ihr der neue Legions-Typ erprobt und geschaffen wurde. Das *Tercio* in Ronda war bis 1985 nur damit beschäftigt, die anderen drei *Tercios* bei der Umstruktuierung zu unterstützen. BOEL-Unteroffiziere und Offiziere machten und machen leichter Karriere.

Blauhelm-Legionär mit modernem CETME-Gewehr Modell L (Kaliber 5,56 mm x 45) plus Zieloptik; Splitterschutzweste und Mehrfach-Kommunikationseinrichtung unter dem Gefechtshelm.

Etwas ungewohnt für die »Verlobten des Todes« waren die humanitären Momente des Bosnien-Einsatzes. Standartenträger mit Findelkind - beide in UNO-Blau.

Guzman el Bueno. Der Krisenverband wird dann in Almeria zusammengemixt. Entsprechend ist der Standort Almeria mit Stäben aller Waffengattungen gespickt.

Bei so viel versammelter militärischer Potenz in Almeria und dynamischen politischem Willen in Madrid, die weltweiten Probleme übernational anzugehen, blieb es in der Vergangenheit nicht aus, von Abgesandten der neuen Missions-Truppe heimgesucht zu werden.

Militärische Berater und Beobachter der Spanier traten bereits in Angola, El Salvador, Nicaragua und Guatemala auf. Richtig sichtbar wurde das rote Bommel der Legionäre im bosnischen Mostar; die blutrote Quaste zwischen den Augen der Legionäre faszinierte auch die Albaner und sorgte vielleicht für ein wenig Frieden an den Wahlurnen der Skipetaren.

Das unruhige rote Pendel kehrte mit der Legion wieder zurück nach Bosnien, um präsent zu sein bei der hartnäckigen Friedens-Mission einer internationalen Allianz. Ein »happy-ending« für immer im Zwist der Balkanvölker dürfte den Missions-Truppen so sicher beschert sein wie die Hochzeit des Teufels mit der berühmten Großmutter.

Wann und wo immer sich der Ernstfall für die Legionäre einstellen sollte, sie sind von Kopf bis Fuß nicht nur auf Liebe eingestellt. Für die, die mit dem Tod verlobt sind, ist im Augenblick der Wahrheit die Hochzeits-Salve *»Viva la Muerte«* nicht vom Tisch – des vielschichtigen Umbaus von *La Legión* zum Trotz; *»A mi La Legión!«* steht täglich auf dem Dienstplan.